全国高职高专教育"十二五"规划教材

管理学基础

主　编　薄晓东　王　军
副主编　陈荣荣　林妙玲　王　涛
参　编　胡　敏　耿　斌　范　玥
　　　　付　娆　谢　敏

东南大学出版社
·南京·

内 容 简 介

本书以充分体现岗位职业能力与素养作为出发点和切入点，努力从内容和形式上有所突破和改进，切实做到理论够用、重在实践、学以致用、学有所成，着重培养学生的管理意识以及创新思维能力。本书打破原有的教材体系，以走进管理为引导，设置了六大模块、两大专题，具体内容包括：走进管理；识别管理；计划；组织；人力资源规划与团队建设；领导；控制；企业文化建设专题；管理前沿专题。

本书适于高职高专院校及本科院校开设管理课程的各专业使用，同时也可作为管理学知识的普及读本，供从事管理实际工作的管理工作者及社会人士阅读。

图书在版编目(CIP)数据

管理学基础/薄晓东,王军主编. —南京：东南大学出版社,2011.12(2016.7重印)

ISBN 978-7-5641-3153-1

Ⅰ.①管… Ⅱ.①薄… Ⅲ.①管理学 Ⅳ.①C93

中国版本图书馆CIP数据核字(2011)第249750号

管理学基础

出版发行	东南大学出版社
社　　址	南京四牌楼2号　邮编：210096
出 版 人	江建中
网　　址	http//www.seupress.com
经　　销	全国各地新华书店
印　　刷	南京玉河印刷厂
开　　本	787mm×1092mm　1/16
印　　张	12
字　　数	290千字
版　　次	2011年12月第1版
印　　次	2016年7月第3次印刷
印　　数	6001—8000册
书　　号	ISBN 978-7-5641-3153-1
定　　价	23.00元

本社图书若有印装质量问题，请直接与营销中心联系。电话：025—83791830

前言
PREFACE

管理学是一门年轻的应用性学科，也是一门系统研究管理活动及其基本规律的科学。随着经济社会的不断改革、发展，管理知识已经进入人们生活的每一个领域，成为人们生活中所必须掌握的基本知识。有人说，中国在 21 世纪取得什么样的成就，完全取决于中国企业如何进行管理。

现代管理学大师德鲁克说："管理是一种实践，其本质不在于'知'，而在于'行'；其验证不在于'逻辑'，而在于'成果'。"本书突出实践这一本质要求，将岗位职业能力与素养作为出发点和切入点，努力在内容和形式上有所突破和改进。在内容取舍上力求实用性、针对性，不主张求大求全，"谁是管理者"、"管理是什么"以及"管理者做什么"贯穿始终，重点给出高职高专学生在其生活、工作和学习中最需要的内容。在编写方式上，切实做到理论够用、重在实践、学以致用、学有所成。本书设置了足够多的案例和案例分析，力求做到讲解与思考的有机结合，充分地调动学生积极思考，培养学生的管理意识以及创新思维能力。

本书每一模块以最贴切的案例进行导入，引出问题；中间辅以管理聚焦加深对知识的学习和理解；结尾给出开篇案例的分析，并以思考与练习、案例分析、技能提高进行全面实践与实战；最后以网上练习拓展思维和眼界。全书内容实用，通俗易懂，不仅适用于高职高专学生，也适合应用型本科院校、成人高校的经管类专业的老师和学生以及企业的管理人员使用。

本书的具体内容包括：走进管理、识别管理、计划、组织、人力资源规划、团队建设、领导、控制、企业文化建设专题、管理前沿专题。

本书由从事多年管理学教学和科研工作的教师编写。参加本书编写的人员有日照职业技术学院薄晓东、王涛，山东外国语职业学院王军，广东南方职业学院林妙玲，石家庄职业技术学院陈荣荣、耿斌，安徽中澳科技职业学院胡敏，廊坊东方职业技术学院范玥、付娆、谢敏。全书由薄晓东、王军担任主编，陈荣荣、林妙玲、王涛担任副主编，具体编写分工如下：薄晓东（模块一、管理前沿专题），林妙玲、王涛（模块二），陈荣荣、耿斌（模块三），王军（模块四、企业文化建设），胡敏、范玥（模块五），付娆、谢敏（模块六）。初稿完成后由薄晓东对全书进行了修改定稿。

在本书的写作过程中，编者参考了国内外有关管理学学者、专家的论著，并引用了其中相关的内容，还有个别案例和阅读资料来自网上，编者未能与作者取得联系，冒昧地将资料收录，敬请谅解，在此向他们表示深深的感谢！

同时由于编写人员水平有限，书中难免有错误和疏漏之处，敬请广大读者批评指正。

编　者
2011 年 10 月

目录
CONTENTS

走进管理 ·· 1

模块一　识别管理 ·· 7
 任务一　管理概述 ··· 8
  一、何为管理 ··· 8
  二、管理系统及其构成 ·· 10
 任务二　管理者与管理对象 ·· 10
  一、谁是管理者 ··· 10
  二、管理者做什么 ··· 13
  三、管理对象 ·· 15
 任务三　管理机制与方法 ·· 17
  一、管理机制 ·· 17
  二、管理方法 ·· 19
 案例分析与问题解决 ·· 20
 技能提高 ··· 22

模块二　计划 ··· 25
 任务一　制定组织目标 ··· 26
  一、组织愿景和使命 ·· 26
  二、企业外部环境分析 ·· 27
  三、组织目标的制定 ·· 28
  四、SWOT 分析法 ·· 29
 任务二　设计计划书 ·· 32
  一、计划的内涵 ·· 32
  二、计划的编制 ·· 33
  三、计划的实施 ·· 35
  四、计划工作制定和实施过程中常见的错误 ·································· 40
 任务三　决策管理 ··· 41
  一、决策 ·· 41
  二、决策类型 ··· 42
  三、决策过程 ··· 42
  四、决策方法及技巧 ·· 44

案例分析与问题解决 46
　　技能提高 49

模块三　组织 51
任务一　组织结构设计 52
　　一、组织及其相关概念 52
　　二、组织结构设计 53
　　三、影响组织结构设计的因素 54
　　四、组织结构设计的程序 55
　　五、常见的组织结构形式 55
任务二　职权配置与规范设计 60
　　一、职权配置 60
　　二、授权 65
　　案例分析与问题解决 67
　　技能提高 69

模块四　人力资源规划与团队建设 71
任务一　人力资源规划 72
　　一、人力资源管理的内涵 72
　　二、人力资源规划 76
　　三、员工招聘与解聘 77
　　四、员工培训 77
　　五、绩效评估 78
任务二　团队建设 79
　　一、团队内涵 79
　　二、建设现代团队的标准 84
　　三、团队建设的要素与步骤 85
　　四、团队精神 86
　　五、团队管理的几个主要方面 89
　　案例分析与问题解决 89
　　技能提高 97

模块五　领导 98
任务一　领导艺术 101
　　一、领导的内涵 101
　　二、权利与指挥 102
　　三、领导理论 104
　　四、领导艺术 111
任务二　激励的方法 114
　　一、激励的内涵 114

二、激励理论 …………………………………………………………… 116
　　三、激励原则与方法 …………………………………………………… 120
任务三　沟通技巧 …………………………………………………………… 123
　　一、沟通的内涵 ………………………………………………………… 123
　　二、沟通的原则与沟通方法 …………………………………………… 126
案例分析与问题解决 ………………………………………………………… 130
技能提高 ……………………………………………………………………… 132

模块六　控制 ………………………………………………………………… 134
任务一　控制活动与要领 …………………………………………………… 135
　　一、控制活动 …………………………………………………………… 135
　　二、控制要领 …………………………………………………………… 138
　　三、有效控制 …………………………………………………………… 143
任务二　控制方法 …………………………………………………………… 145
　　一、预算控制 …………………………………………………………… 145
　　二、作业控制 …………………………………………………………… 147
　　三、库存控制 …………………………………………………………… 148
　　四、目标管理 …………………………………………………………… 149
案例分析与问题解决 ………………………………………………………… 154
技能提高 ……………………………………………………………………… 157

企业文化建设专题 …………………………………………………………… 158
管理前沿专题 ………………………………………………………………… 169
参考文献 ……………………………………………………………………… 184

走 进 管 理

体验一：
　　海尔的崛起与发展：
　　从濒临倒闭的集体小厂发展壮大成为知名的跨国企业。
　　创立于1984年崛起于改革大潮之中的海尔集团，是在引进德国利勃海尔电冰箱生产技术成立的青岛电冰箱总厂基础上发展起来的。在海尔集团首席执行官张瑞敏"名牌战略"思想的引领下，海尔经过十八年的艰苦奋斗和卓越创新，从一个濒临倒闭的集体小厂发展壮大成为在国内外享有较高美誉的跨国企业。
　　2002年海尔实现全球营业额711亿元，是1984年的20 000多倍；2002年，海尔跃居中国电子信息百强企业之首。
　　18年前，工厂职工不足800人；2002年，海尔不仅职工发展到了3万人，而且拉动就业人数达30多万人。
　　1984年海尔只有一个型号的冰箱产品，目前已拥有包括白色家电、黑色家电、米色家电、家居集成在内的86大门类13 000多个规格品种的产品群。在全球，很多家庭都是海尔产品的用户。
　　"名牌战略"：中国第一品牌
　　用户的忠诚度是与海尔产品的美誉度紧紧联系在一起的，18年间，海尔的无形资产从无到有，2002年海尔品牌价值评估为489亿元，成为中国第一品牌。
　　海尔产品依靠高质量和个性化设计赢得了越来越多的消费者。2003年，在国内市场，海尔冰箱、冷柜、空调、洗衣机四大主导产品均拥有30%左右的市场份额。在海外市场，据全球权威消费市场调查与分析机构Euromonitor最新调查结果显示，海尔集团目前在全球白色电器制造商中排名第五，海尔冰箱在全球冰箱品牌市场占有率排序中跃居第一，其小型冰箱占据了美国40%的市场份额。海尔产品已进入欧洲15家大连锁店的12家、美国10家大连锁店的9家，在美国、欧洲初步实现了设计、制造、营销三位一体的本土化布局。
　　2002年海尔实现海外营业额10亿美元，是中国家电业出口创汇最多的企业。
　　海尔发展战略创新的三个阶段：
　　海尔十八年来的高速发展，最主要的就是靠创新。战略创新起着关键作用。
　　1. 名牌战略阶段——在1984年到1991年名牌战略期间，别的企业上产量，而海尔扑下身子抓质量，7年时间只做一个冰箱产品，磨出了一套海尔管理之剑——"OEC管理法"，为未来的发展奠定了坚实的管理基础。
　　2. 多元化战略阶段——在1992年到1998年的多元化战略期间，别的企业搞"独生子"，海尔走低成本扩张之路，吃"休克鱼"，建海尔园，"东方亮了再亮西方"，以无形资产盘活有形资产，成功地实现了规模的扩张。

3. 国际化战略阶段——在1998年至今的国际化战略阶段,别的企业认为海尔走出去是"不在国内吃肉,偏要到国外喝汤",而海尔坚持"先难后易"、"出口创牌"的战略,搭建起了一个国际化企业的框架。

海尔的成功:

美国《家电》杂志统计显示海尔是全球增长最快的家电企业,并对美国企业发出了"海尔击败通用电气"这样的警告;英国《金融时报》评选"亚太地区声望最佳企业",海尔名列第七;美国科尔尼管理顾问公司也将海尔评为"全球最佳运营企业"。同时,张瑞敏也获得了中国企业家目前在全球范围内的最高美誉,1999年12月7日,英国《金融时报》评出"全球30位最受尊重的企业家",张瑞敏荣居第26位。著名的英国《金融时报》发布了2002年全球最受尊敬企业名单,海尔雄居中国最受尊敬企业第一名。2003年8月美国《财富》杂志分别选出"美国及美国以外全球最具影响力的25名商界领袖",在"美国以外全球最具影响力的25名商界领袖"中,海尔集团首席执行官张瑞敏排在第19位。

近年来,海尔已经有十几个成功的案例进入哈佛大学、洛桑国际管理学院、欧洲工商管理学院、日本神户大学等著名高等学府的案例库,成为全球商学院的通用教材,这在中国企业界是唯一的。张瑞敏本人也作为第一个中国人登上了世界商学院的最高讲台——哈佛大学商学院讲学。

海尔人的目标是:进入世界500强,振兴民族工业!

登录海尔网站:http://www.haier.com/

体验二:

丰田汽车工业公司虽然地处弹丸之地的日本,却是名副其实的"世界第二位"的大汽车公司。短短十几年的时间,丰田就从一个名不见经传的小企业成长为世界汽车行业的一大霸主,税后利润也高达几千亿日元。

那么,丰田的秘密是什么呢?它具有被别人形容为"把干毛巾再拧出一把水来"的企业精神。丰田公司的每位员工,都把企业当作自己的家,在呕心沥血的生产工作之中,他们还注意珍惜一分一毫的公司财产,千方百计地为企业节约时间和金钱。

而恰恰是这种全身心的投入,让许多人很不理解,把丰田人看成是只知工作不会享乐的机器,是没有生命活力的生产线。那么,事实是怎么样呢?

或许你不相信,丰田人的生活确实要比一般公司的职工更加丰富多彩,在这一方面,他们同样是世界一流的。

有人说:"丰田在两年内天天开运动会都不成问题。""单是体育设施,就足够供召开全国性的运动会之用",其规模之大,让人羡慕!单以这一点,你就可以看出丰田傲视群雄的实力。

在无论是下雨、刮风、还是黑夜,所有运动都可以搞起来的丰田"全天候型"体育中心里,有田径运动场、体育馆、橄榄球场、足球场、网球场(6个)、室外摔跤场、射箭场、室内游泳池、射箭比赛场、垒球场(2个)、硬式棒球场、软式棒球场,供训练用的集体宿舍等等,应有尽有。另外,总公司、工厂和研究所还附设有体育馆(2个)、柔道场、剑道场、田径赛场、棒球场(2个)、女子垒球场、网球场(7个)、排球场(5个)、游泳池(2个)、摔跤场、工厂运动场7个(各厂附有1个)。职工宿舍还附设有体育馆(3个)、游泳池(3个)、运动场(4个)、网球场(9个)和排球场(9个)。

丰田公司积极号召职工参加运动部、会(25个部、8个同一爱好者会)和文化教育部、会

（13个部、32个同一爱好者会），使职工在体育运动和文化娱乐的世界中，寻求自己的另一种快乐。除活跃在日本联赛中的足球部外，橄榄球、排球、垒球、游泳、滑雪等部约有1 000名会员；围棋、日本象棋、纸牌、吹奏乐团、日本式古筝、吟诗和占卜学等文化教育部等约有1 800名会员。

一个要"把干毛巾拧出水来"的公司，却兴建了如此高档次的体育设施；一群被视为工作狂的人，却组织了如此众多的运动队，这足以证明丰田公司领导的重视和丰田员工的巨大热情。

"丰田运动员的皮肤没有其他公司运动员晒得黑。橄榄球虽然是一支劲旅，但足球却很弱"，这是许多对企业运动关心的人所熟知的一句话。

据丰田方面说，皮肤之所以没晒黑，证明他们多是在晚上练习的。足球弱，不仅是因为练习次数少，而且和其他公司不同，完全没有从外国请那种运动"帮手"。橄榄球实力强，说明其他公司也没有请外来选手，也没有半职业化。这些说法尽管有些为自己打算，可是也有一定的道理。

由于这种原因，虽然丰田的足球每年照例连续吃败仗，但还没有退出甲级队循环赛。这一点，公司里甚至有人说"这是光荣的连败"。

是的，丰田公司的体育运动，绝不是为了装点门面、得些名次。他们搞的是真正的大众化的运动，是为了丰富员工的生活，强健他们的体魄，同时也培养他们勇于奋斗的竞争精神，根本目的是更好地促进生产，而不是为搞活动而搞活动。

在运动场上热火朝天的同时，丰田的社团活动同样异彩纷呈。在IBM公司以至今未成立工会等民间团体为荣的同时，丰田却采取了截然不同的做法，大力提倡社团活动。

首先，在丰田的所有职工都参加按资历划分的不同社团，这样的团体有十几个，如：

男子所属社团：

丰生会　高中毕业职工，8 000人

丰隆会　被提拔的职工，15 000人

丰养会　丰田工业高等学院毕业职工，4 600人

丰荣会　自卫队退伍职工，4 600人

丰进会　大学毕业职工，1 500人

丰泉会　大专毕业职工，500人

丰辉会　短期大学毕业职工，250人

女子所属社团：

绿色会　高中毕业职工，2 000人

绿色俱乐部　短期大学毕业职工，230人

若草会　被提拔的职工，3 800人

44 000名职工中，有2万多人是单身，其中的大多数是过集体宿舍生活。因此，宿舍系统主办的俱乐部活动和自娱活动很多。

这样，丰田职工中参加五六个社团或俱乐部的人并不稀罕，即便是对"集体行动感到头疼"的人，也不能不参加按资历划分的社团和车间娱乐会。

为什么俱乐部活动、公司内部的集体活动能如此活跃呢？因为丰田重视人与人的关系融洽。对于一个拥有数万职工的大型现代企业，员工之间、领导和职工之间的关系尤为重要。因此，有关社团活动，丰田的方针虽然说在金钱上不给予补助，可是在会场、设备、联系

演讲人等方面,却是给予全面支持的。

丰田对社团活动所寄予的另一个莫大期望,是培养领导能力。车间娱乐部的干事有2 000人,女子部有86个,所有的俱乐部和社团都有干事或组织者。不管社团规模大小,要管理下去就需要计划能力、宣传能力、领导能力、组织能力、判断能力,等等。可以说,这些干事和组织者,在活动中似乎在接受提高领导能力的训练。

另外,整个丰田公司的活动也很多,综合运动大会、长距离接力赛、游泳大会、夏令营、成人仪式等,每月总要举行一次某一项活动。这些活动中,总经理、副总经理、董事等领导干部,只要时间允许都要参加,和丰田公司的员工愉快地联欢。

所有这一切,在不知不觉中提高了员工的素质,增进了职工对领导、对公司的感情。

在金钱关系充斥社会的今天,丰田这种家庭化的、不拘形式的活动就像一股清新的风,它带来的绝不仅仅是温馨,更重要的,它是一种动力。

体验三:

阿里巴巴(英语:Alibaba. com Corporation;港交所:1688),中国最大的网络公司和世界第二大网络公司,是由马云在1999年一手创立的企业对企业的网上贸易市场平台。2003年5月,阿里巴巴投资一亿元人民币建立个人网上贸易市场平台——淘宝网。2004年10月,阿里巴巴投资成立支付宝公司,面向中国电子商务市场推出基于中介的安全交易服务。阿里巴巴在香港成立公司总部,在中国杭州成立中国总部,并在海外设立美国硅谷、伦敦等分支机构、合资企业3家,在中国北京、上海、浙江、山东、江苏、福建、广东等地区设立分公司、办事处十多家。

阿里巴巴集团公司已经有11家旗下公司,分别是:阿里巴巴、淘宝、支付宝、阿里软件、阿里妈妈、口碑网、阿里云、中国雅虎、一淘网、淘宝商城、中国万网等。

淘宝网

淘宝网成立于2003年5月10日,由阿里巴巴集团投资创办。淘宝网目前业务跨越C2C(Consumer to Consumer,消费者对消费者)、B2C(Business—to—Consumer,商家对消费者)两大部分。经过6年的发展,截至2009年年底,淘宝拥有注册会员1.7亿。淘宝网2009年的交易额为2 083亿元人民币,2010年达4 000亿元人民币,是亚洲最大的网络零售商圈。

淘宝商城

2010年11月1日,淘宝商城从淘宝网中分拆并独立。淘宝商城是亚洲最大购物网站淘宝网全新打造的B2C。淘宝商城整合数千家品牌商、生产商,为商家和消费者之间提供一站式解决方案,提供100%品质保证的商品,7天无理由退货的售后服务,以及购物积分返现等优质服务,区别于淘宝网的是由商家企业作为卖家,所以有绝对的品质保证。

阿里云

2009年9月,阿里巴巴集团在十周年庆典上宣布成立子公司"阿里云",该公司将专注于云计算领域的研究和研发。"阿里云"也成为继阿里巴巴、淘宝、支付宝、阿里软件、中国雅虎等之后的阿里巴巴集团第八家子公司。

支付宝

支付宝(alipay)最初作为淘宝网公司为了解决网络交易安全所设的一个功能,该功能为首先使用的"第三方担保交易模式",由买家将货款打到支付宝账户,由支付宝向卖家通知发货,买家收到商品确认后指令支付宝将货款放于卖家,至此完成一笔网络交易。支付宝于

2004年12月独立为浙江支付宝网络技术有限公司,是阿里巴巴集团的关联公司。支付宝公司于2010年12月宣布用户数突破5.5亿。

一淘网

一淘商品搜索是淘宝网推出的一个全新的服务体验。一淘网立足淘宝网丰富的商品基础,放眼全网的导购资讯。网站主旨是解决用户购前和购后遇到的种种问题,能够为用户提供购买决策、更快找到物美价廉的商品。

淘花网

淘花网成立于2010年6月29日,由华数淘宝数字科技有限公司(以下简称:华数淘宝)创办,淘花网的使命是"做中国领先的数字内容交易平台"。淘花网数字内容种类主要包括视频、文档、电子书、网络小说、音乐和图片等形式。

阿里软件

阿里软件(上海)有限公司(以下简称:阿里软件)是中国最大电子商务网站阿里巴巴集团继成立"阿里巴巴""淘宝""支付宝""雅虎"后,于2007年1月8日成立的第5家子公司,致力于为中国4 000多万中小企业提供买得起、用得上、用得爽的在线软件服务。

中国雅虎

中国雅虎是雅虎于1999年9月在中国开通的门户搜索网站。2005年8月,中国雅虎由阿里巴巴集团全资收购。

口碑网

淘宝网旗站,致力于打造生活服务领域的电子商务第一品牌。网站为消费者提供评论分享、消费指南,是商家发布促销信息,进行口碑营销,实施电子商务的平台。

阿里妈妈

阿里巴巴旗下的一个全新的互联网广告交易平台。主要针对网站广告的发布和购买平台。它首次引入"广告是商品"的概念,让广告第一次作为商品呈现在交易市场里,让买家和卖家都能清清楚楚地看到。广告不再是一部分人的专利,阿里妈妈让买家(广告主)和卖家(发布商)轻松找到对方!

海外收购

2010年6月,阿里巴巴收购美国电子商务SaaS(软件即服务)提供商Vendio Services(以下简称"Vendio"),这是阿里巴巴第一次在美国市场上进行收购活动。Vendio自称拥有8万用户,开设包括横跨eBay、Amazon等多个B2C平台的网店,每年市场交易金额超过20亿美元。"全球速卖通"是阿里巴巴2010年4月下旬上线开业,旨在帮助国内供应商直接对接全球终端零售商,小批量多批次快速销售,融合订单、支付、物流于一体的外贸小单在线交易市场。通过收购美国Vendio,阿里巴巴"全球速卖通"将直接获得美国本土市场超过8万优质买家和潜在采购客户群,进而带来数十亿美元的采购商机,从而进一步充实"海外淘宝"速卖通平台的竞争实力。对阿里巴巴而言,美国市场是阿里巴巴全球供应商的首要买家市场。

2009年,阿里巴巴在美国的用户超过180万,占阿里巴巴国际交易市场用户总数的16%。Vendio将成为阿里巴巴的一个新的业务部,同时将保留其自身品牌、经营模式以及团队。Vendio类似商派的服务,提供模板和平台免费供卖家搭建网店,如果有eBay和亚马逊账号,卖家也可和Vendio店铺共用同一后台对商品和销售进行管理——但这是个附加服务,Vendio为首次使用者提供两个月的免费通用后台管理期限,之后这些卖家们将支付每月10美元的费用。

——独具特色的企业文化

自阿里巴巴于 1999 年成立以来,基于阿里巴巴价值观体系的强大的企业文化已成为阿里巴巴集团及其子公司的基石。他们在商业上的成功和快速增长以企业家精神和创新精神为基础,并且始终关注于满足客户的需求。

阿里巴巴集团有六个核心价值观,它们支配他们的一切行为,是公司 DNA 的重要部分。在有关雇用、培训和绩效评估的公司管理系统中融入了这六个核心价值观。当新员工加入阿里巴巴时,他们要在杭州总部参加为期两周的入职培训和团队建设课程,该课程的重点集中于公司的远景目标、使命和价值观。而且,在他们定期的培训课程、团队建设训练和公司活动中还要强化这些内容。

阿里巴巴从中国杭州最初 18 名创业者开始成长为在三大洲 20 个办事处拥有超过 5 000 名雇员的公司。他们努力为员工创造能够在积极、灵活和以结果为导向的环境中共同紧密工作的大家庭。无论他们成长为多大的公司,强大的共享价值观使他们保有共同的公司文化和阿里之家。

阿里巴巴的梦想:通过发展新的生意方式创造一个截然不同的世界。

Mission 使命:To make doing business easy. 让天下没有难做的生意。

Vision 愿景:通过小企业的 IT 化,解决小企业采购、销售、管理和融资的难题。

Values 价值观:客户第一、团队合作、拥抱变化、诚信、激情、敬业。

——定位未来十年

1. 为 1 000 万企业生存;
2. 为全世界 1 亿人创造就业机会;
3. 为 10 亿人提供网上消费平台。

课程引出:

一、管理是现代社会极为重要的社会机能

1. 管理在社会化大生产条件下得到强化和发展。社会化大生产,关系复杂,协作紧密,管理的重要性日益增强。
2. 管理广泛适用于社会的一切领域。小到我们的班级和寝室,大到一个国家,都需要管理,并对其绩效产生极为重要的作用。
3. 管理已成为现代社会极为重要的社会机能。

二、管理是一切组织与事业成功的关键要素

1. 管理的核心是人,而人是一切组织与事业成功的决定性要素。
2. 管理是成就事业最重要的宝贵资源。
3. 管理的关键作用已通过大量组织与事业的事例所证明。

三、管理是经管类专业大学生最基本的职业生存能力

1. 管理是经管类专业大学生业务素质结构中最基本的构成部分。
2. 管理是经管类专业大学生未来职业生涯的关键能力,是一种职业生存力。
3. 管理将终身陪伴经管类专业大学生的成长与发展。

模块一　识别管理

学习目标

1. 认识管理的重要性；
2. 理解管理的二重性及相互关系；
3. 了解管理的各项职能；
4. 理解管理者的角色转变和应掌握的技能；
5. 管理者应具备哪些素质；
6. 分析企业管理中存在的热点问题。

开篇案例

　　马丁吉他公司成立于1833年,位于宾夕法尼亚州拿撒勒市,被公认为世界上最好的乐器制造商之一,就像Steinway的大钢琴、Rolls Royce的轿车,或者Buffet的单簧管一样,马丁吉他每把价格超过10 000美元,却是你能买到的最好的东西之一。这家家族式的企业历经艰难岁月,已经延续了六代。目前的首席执行官是克里斯琴·弗雷德里克·马丁四世,他秉承了吉他的制作手艺。他甚至遍访公司在全世界的经销商,为他们举办培训讲座。很少有哪家公司像马丁吉他一样有这么持久的声誉,那么,公司成功的关键是什么?一个重要原因是公司的管理和杰出的领导技能,它使组织成员始终关注像质量这样的重要问题。

　　马丁吉他公司自创办起做任何事都非常重视质量。即使近年来在产品设计、分销系统以及制造方法方面发生了很大变化,但公司始终坚持对质量的承诺。公司在坚守优质音乐标准和满足特定顾客需求方面的坚定性渗透到公司从上到下的每一个角落。不仅如此,公司在质量管理中长期坚持生态保护政策。因为制作吉他需要用到天然木材,公司非常审慎和负责地使用这些传统的天然材料,并鼓励引入可再生的替代木材品种。基于对顾客的研究,马丁公司向市场推出了采用表面有缺陷的天然木材制作的高档吉他,然而,这在其他厂家看来几乎是无法接受的。

　　马丁公司使新老传统有机地整合在一起。虽然设备和工具逐年更新,雇员始终坚守着高标准的优质音乐原则。所制作的吉他要符合这些严格的标准,要求雇员极为专注和耐心。家族成员弗兰克·亨利·马丁在1904年出版的公司产品目录的前言里向潜在的顾客解释道:"怎么制作具有如此绝妙声音的吉他并不是一个秘密,它需要细心和耐心。细心是指要仔细选择材料,巧妙安排各种部件,关注每一个使演奏者感到惬意的细节。所谓耐心是指做任何一件事不要怕花时间。优质的吉他是不能用劣质产品的价格造出来的。但是谁会因为买了一把价格不菲的优质吉他而后悔呢?"虽然100年过去了,但这些话仍然是公司理念的表述。虽然公司深深地植根于过去的优良传统,现任首席执行官马丁却毫不迟疑地推动公司朝新的方向发展。例如,在20世纪90年代末,他做出了一个大胆的决策,开始在低端市场上销售每件价格低于800美元的吉他。低端市场在整个吉他产业的销售额中占65%。公司DXM型吉他是1998年引入市场的,虽然这款产品无论外观、品位和感觉都不及公司的高档产品,但顾客认为它比其他同类价格的绝大多数吉他产品的音色都要好。马丁为他的决策解释道:"如果马丁公司只是崇拜它的过去而不尝试任何新事物的话,那恐怕就不会有值得崇拜的马丁公司了。"

马丁公司现任首席执行官马丁的管理表现出色,销售收入持续增长,在2000年接近6亿美元。位于拿撒勒市的制造设施得到扩展,新的吉他品种不断推出。雇员们描述他的管理风格是友好的、事必躬亲的,但又是严格的和直截了当的。虽然马丁吉他公司不断将其触角伸向新的方向,但却从未放松过对尽其所能制作顶尖产品的承诺。在马丁的管理下,这种承诺决不会动摇。

管理是否有效,在很大程度上取决于管理人员是否真正具备了一名管理者所必须具备的管理技能。美国的管理学专家卡特兹提出,有效的管理者应具备技术技能、人际技能和概念技能。一般来讲,概念技能对高层管理者最重要,因为由高层管理者所作的计划、决策等都需要概念技能。技术技能对基层管理者特别重要,因为其最接近现场作业。由于管理工作的工作对象是人,因此人事技能是所有层次上的管理者必须掌握的基本技能。

任务一　管　理　概　述

一、何为管理

(一) 定义管理

1. 管理定义的多样化

管理学者们对管理的定义做了大量的研究,并从不同的角度和侧重点,提出了大量的关于管理的定义。

泰勒的定义:管理是一门怎样建立目标,然后用最好的方法经过他人的努力来达到的艺术。

法约尔的定义:管理就是计划,组织,控制,指挥,协调。

西蒙的定义:管理就是决策。

马克斯·韦伯定义:管理就是协调活动。

美国管理协会的定义:管理就是通过他人的努力来达到目标。

2. 现代管理学定义

管理一词有"管辖"、"处理"、"管人"、"理事"等意,是指人们对一定范围内的人员及事务进行安排和处理,以期达到预定目标的活动。现代管理是一种高度科学化、组织化的活动,因此,现代管理是指一定组织中的管理者,通过实施计划、组织、人员配备、指导与领导、控制等职能来协调他人的活动,使别人同自己一起实现既定目标的活动过程。

管理是一种社会现象和文化现象,它是一种与人类社会共生的社会活动,只要有人类社会存在,就会存在着管理活动。管理是人类社会实践的产物,也是人类社会实践的组织方式。管理的最基本形式是组织，或者说组织是管理最原始和最基本的手段。管理的任务是有效地实现人类活动的社会协作，通过最佳的协作方式和最优的组织结构保证在实现目标的过程中作出最小的支出，使人力、物力和财力都能发挥出最大效应。管理是一个体系，是管理者、被管理者、相应的物质载体，以及管理手段、技术和方法构成的组织系统。管理是一个过程，是管理者与被管理者共同实现他们的既定目标的活动过程。管理的最主要内容是处理人际关系。人类的管理活动走过了从艺术到科学的阶段，进入到科学与艺术相统一的阶段。

管理的概念体现了管理的一般特征：

(1) 管理的主体——人和客观客体及可利用资源。

(2) 管理的任务和目标——组织的有效目标和适应环境的创新活动。

(3) 管理的本质——有效利用资源和创新成果。

(4) 管理的方式和手段——计划、组织、领导、控制、创新。

(二) 管理的属性

1. 管理的二重性

管理的性质是二重的，这是马克思主义管理理论的主要内容，是研究资本主义管理科学，建立社会主义管理科学的理论基础和基本出发点。他在《资本论》中写道"资本的管理不仅是一种由社会劳动过程的性质产生并属于社会劳动过程的特殊职能，它同时也是剥削社会劳动过程的职能，因而也是由剥削者和他所剥削的原料之间不可避免对抗决定的……因此，如果说资本主义的管理就其内容来说是二重时，——因为它所管理的生产过程本身具有二重性：一方面是制造产品的社会劳动过程，另一方面是资本的价值增殖过程，——那么，资本主义的管理就其形式来说是专制的。"(资本论，第一卷，人民出版社，1975，P 368～369)

可见，管理具有两重性：管理的自然属性和管理的社会属性。

管理二重性原理。一方面，管理是人类共同劳动的产物，具有同生产力和社会化大生产相联系的自然属性；另一方面，管理同生产关系、社会制度相联系，具有社会属性。

(1) 管理的自然属性。也称管理的生产力属性或一般性。在管理过程中，管理是社会劳动过程的一般要求。管理是社会化生产得以顺利进行的必要条件，它与生产关系、社会制度没有直接联系。管理在社会劳动过程中具有特殊的作用，只有管理才能把生产过程中各种要素得以组合和发挥作用，这也与生产关系和社会制度没有直接联系。

(2) 管理的社会属性。也称管理的生产关系属性或管理的特殊性。体现在管理作为一种社会活动，它只能在一定社会历史条件下和一定的社会关系中进行。管理具有维护和巩固生产关系、实现特定生产目的的功能，管理的社会属性与生产关系、社会制度紧密相连，故称管理的社会属性。

2. 管理二重性之间的关系

管理二重性是相互联系、相互制约的。管理的自然属性是由一定的生产力状况所决定；管理的社会属性是由一定的生产关系所决定的。一方面，管理的自然属性不可能孤立存在，它只是在一定的社会形式、社会生产关系下发挥作用；同时，管理的社会属性也不可能脱离管理的自然属性而存在，否则，管理的社会属性就成为没有内容的形式。另一方面，两者又是相互制约的。管理的自然属性要求具有一定社会属性的组织形式和生产关系与其相适应;同时,管理的社会属性也必然对管理的方法和技术产生影响。

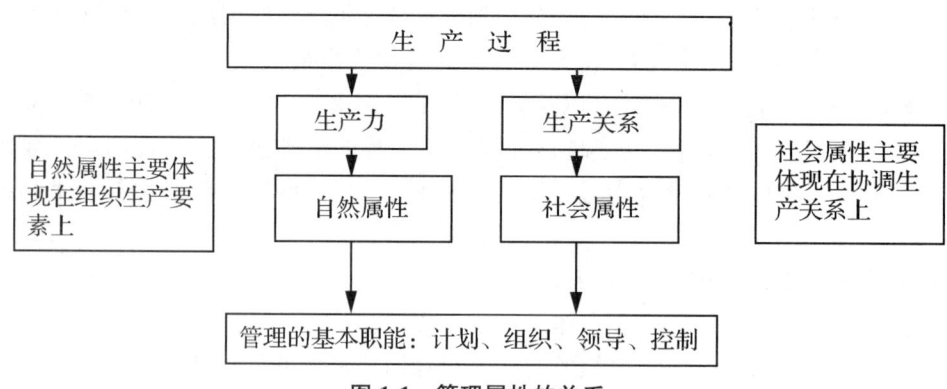

图 1-1　管理属性的关系

二、管理系统及其构成

(一)管理系统

管理系统,是指由相互联系、相互作用的若干要素或子系统,按照管理的整体功能和目标结合而成的有机整体。

关于管理系统的理解:

(1) 管理系统是由若干要素构成的,这些要素可以看作是管理系统的子系统;而且这些要素之间是相互联系、相互作用的。

(2) 管理系统是一个层次结构。其内部划分成若干子系统,并组成有序结构;而对外,任何管理系统又成为更大社会管理系统的子系统。

(3) 管理系统是整体的,发挥着整体功能,即其存在的价值在于其管理功效的大小。而任何一个子系统都必须是为实现管理的整体功能和目标服务的。

(二)管理系统的构成

管理系统一般由以下要素构成:

(1) 管理目标;

(2) 管理主体;

(3) 管理对象;

(4) 管理机制与方法;

(5) 管理环境。

任务二　管理者与管理对象

一、谁是管理者

(一)管理者的类型

按管理层次划分:

1. 高层管理者:负责制定企业的现行政策,并计划未来的发展方向。

2. 中层管理者：执行企业组织政策，指挥一线管理人员或操作人员工作。
3. 基层管理者：一般只限于督导操作人员的工作，不指挥其他管理人员。

（二）管理者应具备的素质

1. 管理者素质的含义：管理者的素质是指管理者的与管理相关的内在基本属性与质量。管理者的素质主要表现为品德、知识、能力与身心条件。
2. 管理者的基本素质

表1-1　管理者基本素质

基本素质	含义	内容
政治与文化素质	指管理者的政治思想修养水平和文化基础	政治坚定性、敏感性；事业心、责任感；思想境界与品德情操；人文修养与广博的文化知识等
基本业务素质	指管理者在所从事工作领域内的知识与能力	一般业务素质和专门业务素质
身心素质	指管理者本人的身体状况与心理条件	健康的身体；坚强的意志；开朗、乐观的性格；广泛而健康的兴趣等

管理聚焦

新闻记者出身的佐佐木明，1976年受到卫星电算机浪潮的启示，产生了专门从事设计机种向大公司出售"智慧"的想法，便同两位朋友白手起家，开办了"头脑公司"——微型系统科技公司。当时日本的科技开发机构多属于官方或大公司，像松下、日立、东芝等电器公司，均设有开发新产品的科技研究所。佐佐木明的公司能生存下去吗？能够同大公司的科研所竞争吗？特别是佐佐木明本人，既没有计算机的科技知识，也没有开发公司的资本，用什么来建立新的公司呢？头脑公司为自己的出现动起了头脑：他们的第一个奋斗目标是：要用并不比别人高明的技术，开发别人还没有注意到的社会需要，力求赶在大公司前面研制出新产品。他们的第二个奋斗目标是：在千百万人司空见惯的社会现象中，发现别人还没有发现的路子，即了解潜在的市场需求。佐佐木明在观察到社会的潜在市场后，立即着手"学习机"的设计与制造。业精于勤，功成于思，佐佐木明等人经过一年半的刻苦钻研，克服了技术和经费上的困难，终于研制成了"学习机"。头脑公司也从此享有声誉，从几个人发展到十八个人，但仍然保持着初建时期的勤奋作风。

（三）管理的角色

1. 人际关系方面的角色，可表现为三个方面

（1）作为组织的官方代表，负责对外联系，例如代表本企业参加外界的一些会议，接待外单位来的人员；

（2）作为组织的领导人，负责选拔所属的职工并对他们进行指导和激励；

（3）作为组织的联络员，负责对外联系，对内又起着上下级的联系作用。

2. 信息情报方面的角色

一个组织在运行活动中，情况不断变化而存在着大量的信息情报。管理者在发现情报的线索时，就要追踪到底，掌握全部情况，这是信息接受者的角色；同时管理者也需要对下属

人员传递有关信息,这时就扮演了信息传递者角色。当然,管理者代表本组织对外发布信息时,则担任了组织发言人的角色。

3. 决策方面的角色

管理者作为组织的领导人,有责任确定组织的发展方向。对如何开展一项工作,管理者有权做出决定,这是企业家的角色。在组织内部出现矛盾和纠纷时,管理者要面对现实,解决矛盾,排除障碍,起着调解人的作用。有时管理者又扮演了资源分配者的角色,根据计划需要,给有关部门调配人力和资金资源。作为领导人,管理者还需代表组织与各类人员和集体进行谈判,所以他又是一个谈判者。

(四) 管理者的技能

管理者应具有三种基本的管理技能,即技术技能、人际技能和概念技能。

表 1-2 管理者技能表

基本技能	含义	内容
技术技能	指管理者掌握与运用某一专业领域内的知识、技术和方法的能力	专业知识、经验;技术、技巧;程序、方法、操作与工具运用熟练程度
人际技能	指管理者处理人事关系的技能	观察人,理解人,掌握人的心理规律的能力;人际交往,融洽相处,与人沟通的能力;了解并满足下属需要,进行有效激励的能力;善于团结他人,增强向心力、凝聚力的能力等
概念技能	指管理者观察、理解和处理各种全局性的复杂关系的抽象能力	对复杂环境和管理问题的观察、分析能力;对全局性的、战略性的、长远性的重大问题处理与决断的能力;对突发性紧急处境的应变能力等。其核心是一种观察力和思维力

1. 技术技能

是指执行一项特定的任务所必需的那些能力,一般是指从事自己管理范围内所需的技术和方法。

2. 人际技能

是指与人共事、激励或指导组织中的各类员工或群体的能力,即与人打交道的交际本领。有了这种交际技能,对外就有利于争取到对方的合作,而对内则可以了解、协调下属,调动其积极性。

3. 概念技能

是指管理者能在混乱而复杂的环境中,洞察事物、辨清各种要素、抓住问题实质,形成正确的概念,从而可以做出解决的办法。

对于不同层次的管理者而言,这三种技能的重要程度也是不同的。一般地,对于高层管理者,最重要的是概念技能。而对于基层管理者来说,由于它最接近现场作业,所以技术格外重要。由于管理者的工作对象是人,因此人际技能对于各个层次的管理者来说都是重要的。

不同层次管理者对管理技能需要具有差异性。各层次管理者对管理技能需要的比例如图 1-2 所示。

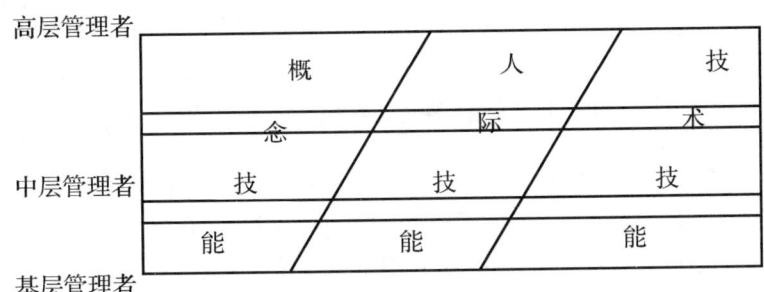

图 1-2 不同层次管理者对管理技能需要比例

(五) 现代管理者素质的核心——创新

1. 创新意识。管理者要树立创新观念,要真正认识到创新对组织生存与发展的决定性意义,并在管理实践中,事事、时时、处处坚持创新,要有强烈的创新意识。

2. 创新精神。这是涉及创新态度和勇气的问题。管理者在工作实践中,不但要想到创新,更要敢于创新,要有勇于突破常规、求新寻异、敢为天下先的大无畏精神。

3. 创新思维。不但要敢于创新,还要善于通过科学的创新思维来完成创新构思。没有创造性思维,不掌握越轨思维的方法与技巧,不采用科学可行的创造性技法,是很难实现管理上的突破与创新的。

4. 创新能力。在管理实践中,促使创新完成的能力是由相关的知识、经验、技能与创造性思维综合形成的。

二、管理者做什么

(一) 涵义与内容

管理职能是管理者实施管理的功能或程序。即管理者在实施管理中所体现出的具体作用及实施程序或过程。管理职能的内容,管理学界普遍接受的观点是,管理职能包括计划、组织、领导和控制。

(二) 四大管理职能

管理是一个过程,这一过程中管理的职能一般可划分为计划、组织、领导、控制四个方面。

1. 计划

这是管理的首要职能,它对未来事件作出预测,以制定出行动方案。计划工作是为事物未来的发展规定方向和进程,重点要解决好两个基本问题:一是目标的确定问题,如果目标选择不对,计划再周密具体也是枉费心机,这是计划的关键;二是进程的时序,即先做什么,后做什么,可以同时做什么,均不能错位,这是计划的准则。

在管理科学中,研究的是计划的动态过程,也就是说,要研究计划是如何产生的这一过程,从而探索制定计划的一系列科学程序和方法,为管理提供科学的计划决策。管理的计划职能就是要选择组织的整体目标和各部门的目标,决定实现这种目标的行动方案,从而为管理活动提供基本依据。因此,计划职能是管理的首要职能,是从现在通向未来的桥梁。

管理聚焦

IS 计划帮助 Tenneco 重获竞争优势

Tenneco Business Services,总部在德克萨斯州的休斯敦,是一家生产多种产品——包括传动系统(排气的、发射的和人力的)和包装物(纸、塑料和铝制品)——的公司。1996年当销售额达到100亿美元、净收入为4.12亿美元时,发展似乎已不太好。近至1997年,公司的股票就一直很低,债务达90亿美元。

一项基准分析表明,Tenneco 的基本业务(如订单和发票)的处理成本就是它的竞争者的两倍。很明显,Tenneco 必须降低它的数据处理成本,提供更高效的信息系统服务。新的财务管理信息系统的开发起到了重要作用。

Tenneco 制定了以减少数据冗余和降低成本为目标的 IS 计划。IS 计划的第一个关键策略是创建 IS、财务、人力资源和其他一般职能部门之间可以共享的通用服务。现在所有部门使用同一个财务管理信息系统,这不仅帮助公司削减了成本,还使组织的灵活性增强,标准化提高,在财务信息的交换上使用通用语言。第二个关键策略是在3年之内实施软件包,改善整套供应链。一旦完成,预计这项工程每年会为公司节约1.5亿美元以上。

当今社会是一个竞争日益激烈的多元化社会,经济生活复杂多变,任何企业都处在风云莫测的环境中,作为企业经营者不仅要有危机管理意识,更要掌握管理概念与内容,还要把这些理念、技巧融入到日常的职责和行动中去,从而在企业发展面临危机时,能从容应对,赢得生存和发展的机会。

真正的领导者须帮助追随者决定他们要去哪里,如何到达。然后他们必须在出现困难险阻时保持让组织走正确的道路。当领导者正确认识自己的作用,认真负起责任,追随者几乎会一路响应,然后往往就能成功。

2. 组织

是指完成计划所需的组织结构、规章制度、人财物的配备等。它有两个基本要求:一是按目标要求设置机构、明确岗位、配备人员、规定权限、赋予职责,并建立一个统一的组织系统;二是按实现目标的计划和进程,合理地组织人力、物力和财力,并保证它们在数量和质量上相互匹配,以取得最佳的经济和社会效益。

3. 领导

是指"激励和引导组织成员以使他们为实现组织目标做贡献"。管理者必须具备领导其工作小组成员朝着组织目标努力的能力。为了使领导工作卓有成效,管理者必须了解个人和组织行为的动态特征、激励员工以及进行有效的沟通。在当今的经营环境中,有效的领导者还必须富有想象力——能够预见未来,使他人也具有这种想象力以及授权员工去把想象变成为现实。只有通过卓有成效的领导,组织的目标才有可能实现。

4. 控制

控制是促使组织的活动按照计划规定的要求展开的过程。控制职能是按照既定的目标、计划和标准,对组织活动各方面的实际情况进行检查和考察,发现差距,分析原因,采取措施,予以纠正,使工作能按原计划进行。或根据客观情况的变化,对计划作适当的调整,使其更符合于实际。控制必须具备三个基本条件:一有明确的执行标准,如数量、定额、指标、规章制度、政策等;二是及时获得发生偏差的信息,如报表、简报、原始记录、口头汇报等;三是纠正偏差的有效措施。缺少任何一个条件,管理活动便会失去控制。

有时,也把管理领导职能分为指挥和协调两个职能。即管理的五职能说:计划、组织、指挥、协调、控制。

管理的上述职能是相互关联、不可分割的一个整体。一方面,在管理实践中,计划、组织、领导和控制职能一般是顺序履行的,即先要执行计划职能,然后是组织职能,领导职能,最后是控制职能。但另一方面,上述顺序不是绝对的,在实际管理中这四大职能又是相互融合,相互交叉的。通过计划职能,明确组织的目标与方向;通过组织职能,建立实现目标的手段;通过领导职能,把个人的工作与所要达到的集体目标协调一致;通过控制职能,检查计划的实施情况,保证计划的实现。管理的这几个职能的综合运用,归根结底是为了实现组织的目标。

(三)正确理解各管理职能之间的关系

一方面,在管理实践中,计划、组织、领导和控制职能一般是顺序履行的,即先要执行计划职能,然后是组织、领导职能,最后是控制职能。但另一方面,上述顺序不是绝对的,在实际管理中这四大职能又是相互融合、相互交叉的。

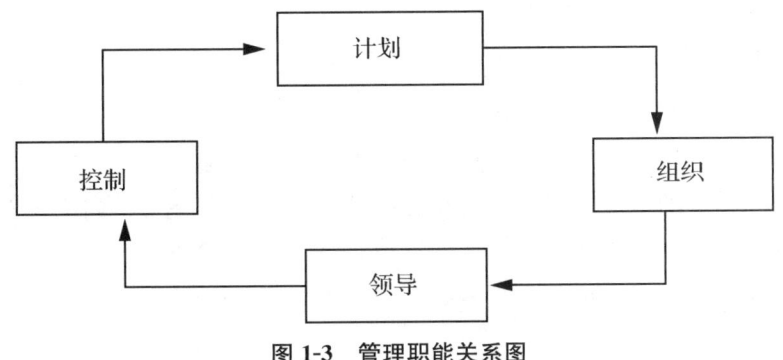

图1-3 管理职能关系图

(四)正确理解管理职能的普遍性与差异

原则上讲,各级各类管理者的管理职能具有共同性,都在执行计划、组织、领导、控制四大职能。但同时,不同层次、不同级别的管理者执行这四大职能时的侧重点与具体内容又是各不相同的。

三、管理对象

(一)管理对象的内涵与外延

1. 管理对象的内涵——管理者为实现管理目标,通过管理行为作用其上的客体。
2. 管理对象的外延——管理的对象应包括各类社会组织及其构成要素与职能活动。

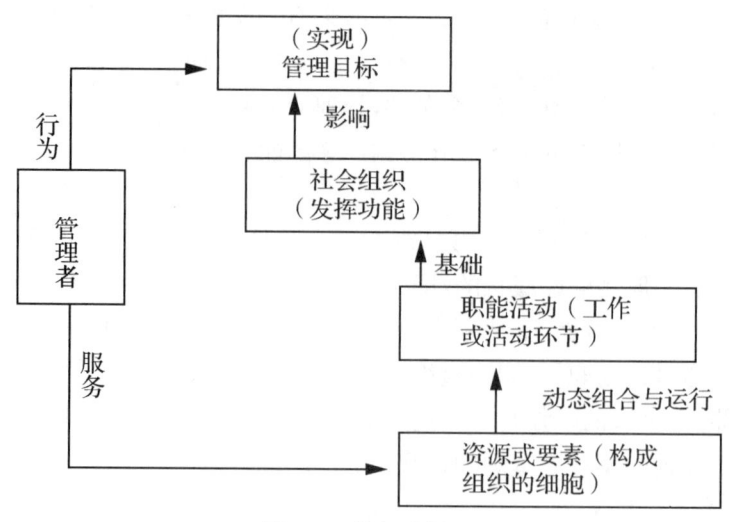

图 1-4 管理对象图

(二) 组织的形态

1. 社会组织。指为达到特定目的,完成特定任务而结合在一起的人的群体。

按组织的社会功能性质划分：{ 政治组织 / 经济组织 / 文化组织 / 宗教组织 / 军事组织 / 其他社会组织 }

2. 社会组织内部的单位或部门。指在各种社会组织(独立法人)内部设置的各种单位或部门,既包括履行组织基本职能的各业务单位,又包括行使各种管理和服务职能的各种部门。它们不是独立的社会法人,只是社会组织内部半自治性的群体或组织。

3. 资源或要素

管理要素包括人员、资金、物资设备、时间和信息,各有其特定的属性与功能。

(1) 人员。人是管理对象中的核心要素,所有管理要素都是以人为中心存在和发挥作用的。管理者要在人与人之间的互动关系中,通过科学的领导和有效的激励,最大限度地调动人的积极性,以保证目标的实现。管理人,是管理者最重要的职能。

(2) 资金。资金是任何社会组织,特别是营利性经济组织的极为重要的资源,是管理对象的关键性要素。要保证职能活动正常进行,经济、高效地实现组织目标,就必须对资金进行科学的管理。

(3) 物资设备。物资设备是社会组织开展职能活动,实现目标的物质条件与保证。通过科学的管理,充分发挥物资设备的作用,也是管理者的一项经常性工作。

(4) 时间。时间是组织的一种流动形态的资源,也是重要的管理要素。管理者必须重视对时间的管理,真正树立"时间就是金钱"的意识,科学地运筹时间,提高工作效率。

(5) 信息。在信息社会的今天,信息已成为极为重要的管理对象。现代管理者,特别是高层管理者,已越来越多地不再直接接触事物本身,而是同事物的信息打交道。信息既是组织运行、实施管理的必要手段,又是一种能带来效益的资源。管理者必须高度重视,并科学地管理好信息。

4. 职能活动

管理是使组织实现目标的过程效率化、效益化的行为,因此,最经常、最大量的管理对象是社会组织实现基本职能的各种活动。管理的功效,主要体现在组织的各种职能活动在管理的作用下更有秩序、更有效率、更有效益。管理者正是在对各种活动进行筹划、组织、协调和控制的过程中,发挥着管理的功能。

任务三 管理机制与方法

一、管理机制

(一) 管理机制的涵义与特征

1. 管理机制的涵义。

所谓管理机制,是指管理系统的结构及其运行机理。

2. 管理机制的特征。

(1) 客观性;

(2) 自动性;

(3) 可调性。

3. 管理机制的重要性。

管理机制是决定管理功效的核心问题。

(二) 管理机制的构成

管理机制是以客观规律为依据,以组织的结构为基础,由若干子机制有机组合而成的。

1. 管理机制以客观规律为依据。

2. 管理机制以管理结构为基础和载体。一个组织的管理结构主要包括以下方面:

(1) 组织功能与目标;

(2) 组织的基本构成方式;

(3) 组织结构;

(4) 环境结构。

3. 管理机制本质上是管理系统的内在联系、功能及运行原理。主要包括运行机制、动力机制和约束机制三个子机制。管理者在管理中存在何种管理关系,采取何种管理行动,达到的管理效果如何,归根结底,是由管理机制决定的。

(三) 运行机制

1. 运行机制的涵义。运行机制主要指组织基本职能的活动方式、系统功能和运行原理。

2. 运行机制的普遍性。任何组织,大到一个国家,小到一个企业、单位、部门,都有其特定的运行机制。

(四) 动力机制

动力机制是一种极为重要的管理机制,是为管理系统运行提供动力的机制。所谓动力机制,是指管理系统动力的产生与运作的机理。

为什么一个下级会服从上级的领导？员工的生产积极性从哪里来？一个科技工作者为什么会热衷于其科研工作？一个系统的运行,一名组织成员的行为,都是在一定的动力机制作用下发生的。

主要有三大动力机制,不同的机制,依据不同的规律,有不同的内容。

动力机制主要由以下三方面构成：

表 1-3 动力机制构成表

动力机制的构成	内容	作用原理
利益驱动	人们会在物质利益的吸引下,采取有助于组织功能实现的行动,从而有效推动整个系统的运行	是由经济规律决定的
政令推动	管理者凭借行政权威,强制性地要求被管理者采取有助于组织功能实现的行动,以此推动整个系统的运行。	是由社会规律决定的
社会心理推动	管理者利用各种管理手段或措施,对被管理者进行富有成效的教育和激励,以调动其积极性,使其自觉自愿地努力实现组织目标	是由社会与心理规律决定的

(五) 约束机制

所谓约束机制,是指对管理系统行为进行限定与修正的功能与机理。约束机制主要包括以下几方面的约束因素：

1. 权力约束。权力约束是双向的。一方面,利用权力对系统运行进行约束;另一方面,要对权力的拥有与运用进行约束,以保证正确地使用权力。失去约束的权力是危险的权力。

2. 利益约束。利益约束是约束机制极为有效的组成部分,故常被称为"硬约束"。利益约束也是双向的。一方面,以物质利益为手段,对运行过程施加影响,奖励有助目标实现的行为,惩罚偏离目标的行为;另一方面,对运行过程中的利益因素加以约束,其中突出地表现为对分配过程的约束。

3. 责任约束。主要指通过明确相关系统及人员的责任,来限定或修正系统的行为。例如,明确规定企业法人代表对国有资产保值、增值负有的责任,并加以量化和指标化。

4. 社会心理约束。这主要是指运用教育、激励和社会舆论、道德与价值观等手段,对管理者及有关人员的行为进行约束。

管理聚焦

鼎立建筑公司原本是一家小企业,仅有 10 多名员工,主要承揽一些小型建筑项目和室内装修工程。创业之初,大家齐心协力,干劲十足,经过多年的艰苦创业和努力经营,目前已经发展成为员工过百的中型建筑公司,有了比较稳定的顾客群,生存已不存在问题,公司走上了比较稳定的发展道路。但仍有许多问题让公司经理胡先生感到头疼。

创业初期,人手少,胡经理和员工不分彼此,大家也没有分工,一个人顶几个人用,拉项目,与工程队谈判,监督工程进展,谁在谁干,大家不分昼夜,不计较报酬,有什么事情饭桌上就可以讨论解决。胡经理为人随和,十分关心和体贴员工。由于胡经理的工作作风以及员工工作具有很大的自由度,大家工作热情高涨,公司因此得到快速发展。

然而,随着公司业务的发展,特别是经营规模不断扩大之后,胡经理在管理工作中不时感觉到不如以前得心应手了。首先,让胡经理感到头痛的是那几位与自己一起创业的"元老",他们自恃劳苦功高,对后来加入公司的员工,不管现在公司职位高低,一律不放在眼里。这些"元老"们工作散漫,不听从主管人员的安排。这种散漫的作风很快在公司内部蔓延开来,对新来者产生了不良的示范作用。鼎立建筑公司再也看不到创业初期的那种工作激情了。其次,胡经理感觉到公司内部的沟通经常不顺畅,大家谁也不愿意承担责任,一遇到事情就来向他汇报,但也仅仅是遇事汇报,很少有解决问题的建议,结果导致许多环节只要胡经理不亲自去推动,似乎就要"停摆"。另外,胡经理还感到,公司内部质量意识开始淡化,对工程项目的管理大不如从前,客户的抱怨也正逐渐增多。

上述感觉令胡经理焦急万分,他认识到必须进行管理整顿。但如何整顿呢?胡经理想抓纪律,想把"元老"们请出公司,想改变公司激励系统……。他想到了许多,觉得有许多事情要做,但一时又不知道从何处入手,因为胡经理本人和其他"元老"们一样,自公司创建以来一直一门心思地埋头苦干,并没有太多地琢磨如何让别人更好地去做事,加上他自己也没有系统地学习管理知识,实际管理经验也欠丰富。

出于无奈,他请来了管理顾问,并坦诚地向顾问说明了自己遇到的难题。顾问在做了多方面调研之后,首先与胡经理一道分析了公司这些年取得成功和现在遇到困难的原因。

归纳起来,促使鼎立建筑公司取得成功的因素主要有:
①人数少,组织结构简单,行政效率高;
②公司经营管理工作富有弹性,能适应市场的快速变化;
③胡经理熟悉每个员工的特点,容易做到知人善任,人尽其才;
④胡经理对公司的经营活动能够及时了解,并快速作出决策。

对于鼎立建筑公司目前出现问题的原因,管理顾问归纳为:
①公司规模扩大,但管理工作没有及时地跟进;
②胡经理需要处理的事务增多,对"元老"们疏于管理;
③公司的开销增大,资源运用效率下降。

对管理顾问的以上分析和判断,胡经理表示赞同,并急不可耐地询问解决问题的"药方"。

二、管理方法

(一) 管理方法的涵义与分类

1. 管理方法的涵义。

管理方法,是指管理者为实现组织目标,组织和协调管理要素的工作方式、途径或手段。

2. 管理方法的分类(七种分类)。

表1-4 管理方法分类表

分类标志	划分的具体方法
方法作用的原理	经济方法、行政方法、法律方法和社会心理学方法
方法适用的普遍程度	一般管理方法和具体管理方法
方法的定量化程度	定性管理方法和定量管理方法

续表

分类标志	划分的具体方法
运用技术的性质	管理的软方法(指主要靠管理者主观决断能力的方法)和硬方法(主要指靠计算机、数学模型等的数理方法)
管理对象的范围	宏观管理方法、中观管理方法和微观管理方法
方法所应用的社会领域	经济管理方法、政治管理方法、文化管理方法、军事管理方法
管理对象的类型	人事管理方法、物资管理方法、财物管理方法和信息管理方法

3. 企业管理方法的现代化。要提高管理方法的效能,就必须实现管理的四化。
(1) 实现管理方法的科学化;
(2) 实现管理方法的最优化;
(3) 实现管理方法的文明化;
(4) 实现管理手段的现代化。

表1-5 四大常用方法的比较

方法名称	内容	特点	主要形式
经济方法	是指依靠利益驱动,利用经济手段,通过调节和影响被管理者物质需要而促进管理目标实现的方法	(1) 利益驱动性 (2) 普遍性 (3) 持久性	价格、税收、信贷、经济核算、利润、工资、奖金、罚款、定额管理、经营责任制
行政方法	是指依靠行政权威,借助行政手段,直接指挥和协调管理对象的方法	(1) 强制性 (2) 直接性 (3) 垂直性	命令、计划、指挥、监督、检查、协调、仲裁等
法律方法	是指借助国家法规和组织制度,严格约束管理对象为实现组织目标而工作的一种方法	(1) 高度强制性 (2) 规范性	国家的法律、法规;组织内部的规章制度;司法和仲裁
社会学心理学方法	指借助社会学和心理学原理,运用教育、激励、沟通等手段,通过满足管理对象社会心理需要的方式来调动其积极性的方法	(1) 自觉自愿性 (2) 持久性	宣传教育、思想沟通、各种形式的激励等

案例分析与问题解决

现在让我们再回到前面的开篇案例上来。人际关系角色包含了人与人(下级和组织外的人)以及其他具有礼节性和象征性的职责,具体角色包括挂名首脑、领导者和联络者。信息传递角色包括接受、收集和传播信息,具体角色包括监听者、传播者和发言人。决策制定角色是作出抉择,包括企业家、混乱驾驭者、资源分配者和谈判者。

从案例中,我们知道马丁是首席执行官,属于高层管理者。作为高层管理者,概念技能对马丁最主要。因为他必须制定指导性计划和吉他公司的发展愿景。这种管理技能往往来自组织的高层,即高层管理者马丁。除此马丁还必须具备一定的人际技能,以便其将这些公司的指导性计划和发展愿景与中、基层管理者以及操作者进行沟通,取得他们的支持,从而带来组织的成功。马丁需要最少的是技术技能,他应该会雇用有必备技术技能的员工去制造质量卓越的马丁吉他。然而雇用能满足组织宗旨和计划的员工是一项困难的工作,因此这种技能必须来自马丁。

　　从案例中,我们看到当马丁访问马丁公司世界范围的经销商时,他在扮演挂名首脑、领导者、传播者和监听者。当马丁代表公司环球访问时,他在扮演挂名首脑;当马丁访问经销商,并向他们展示坚定的、值得追随的领导风采时,他在扮演领导者;当马丁将公司总部的信息传递给各个经销商,并提供给他们最新的公司信息时,他在扮演传播者;当马丁访问各个经销商时,由于他能汇集各个经销商的信息给公司总部,以便改进产品和服务,因此他在扮演监听者。当马丁评估新型吉他的有效性时,他在扮演企业家和混乱驾驭者。作为企业家,马丁站在技术前沿,寻求公司的发展机会,带领公司达到新的水平。马丁在评估新型吉他的有效性时,他要在多种设计方案间进行比较,选择最终方案是否与新型吉他相匹配,这时他在扮演混乱驾驭者。当马丁使员工坚守公司的长期原则时,他在扮演领导者、谈判者和资源分配者。马丁吉他的长期原则是公司过去、现在乃至将来发展的关键因素。马丁作为领导者,他重申并使员工始终聚焦于该目标上。他还可以运用这些原则处理各种冲突和资源配置,这时他在扮演谈判者和资源分配者。

　　案例中,马丁宣布:"如果马丁公司只是崇拜它的过去而不尝试任何新事务的话,那恐怕就不会有值得崇拜的马丁公司了。"这句话对全公司的管理者履行计划、组织、领导和控制职能意味着什么？这里,马丁实际上是强调马丁吉他必须变革,才能走向美好的明天。如果马丁的管理层假定顾客需求和竞争者仍然保持现状,马丁吉他公司将走向衰退乃至退出。因此,他的这句话对于管理者意味着要始终牢记在产品、过程和服务上进行变革与创新。也就是说,管理者要在计划、组织、领导和控制等所有职能的履行中进行变革与创新。

思考与练习

1. 管理的定义和特征?
2. 管理的职能及相互之间的关系?
3. 管理者的角色与技能?
4. 试述管理二重性?
5. 学校的教师是管理者吗?
6. 管理者与领导者的区别?
7. 管理者有哪些类型?
8. 管理者的素质包括哪些方面?
9. 当前企业管理中的热点问题探讨

案例分析

　　私营企业"叶萍服装店"店主兼经理吕叶萍三年前办起这家服装店以来,一直经营得很顺利。最近,她不断收到许多顾客的口头或书面抱怨,反映该店在产品质量和交货方面都有很多问题,还常常碰上原材料不足的情况;有两家关键主顾甚至取消了对该店的大宗订货。这使她困惑不解,不明白她的生意究竟出了什么毛病。小吕1974年高中毕业后,就下乡插队落户。那时,她就迷上了服装裁剪缝制这门手艺,在生产队的缝纫组里跟一位老裁缝学习与实践操练,并赢得过"巧手姑娘"的美誉。1977年她返城回家,大学没考上,在家待业,很觉技痒,就先参加了一个里弄缝纫组的工作。一年多以后,她进入街道成衣厂当了一名集体所有制工人。她的经验、手艺和才能,使她很快脱颖而出,当上了厂服装设计组组长。

小吕十分喜爱这工作,白天干活,晚上买来有关书籍自学,还自费先后进了服装设计和剪裁训练班。1980—1982年期间,厂里交给她各式各样的任务,有些还相当艰巨,她都欣然接受,因为她认为这对于她全面掌握成衣业务是个难得的好机会。她参加设计了妇女时装和童装,跟各种布匹供应商打交道,选购合适的衣料,与有特殊订货要求的客户磋商,讨价还价,洽谈合同,她还负责过特殊订货设计、剪裁和缝制间的协调工作,甚至协助过会计整理账目。到1983年初,小吕觉得自己已经熟谙服装业务,可称"羽翼丰满",终于决定停薪留职自己筹资开办服装店。这样,经过积极准备,在当年6月正式办起了这家"叶萍服装店"。创业之初,一切从简,她自己任经理,包揽了内、外的全部管理工作,还兼任服装设计师;找来几位熟悉业务的待业知青,一个当秘书兼会计,一个负责下样剪裁,另两人操作缝纫机。小吕觉得一开始就在顾客中建立起信誉,这是至关重要的。由于过去在厂里她参加过跟顾客打交道的活动,一些老"关系户"对她的手艺有些了解,所以开店伊始就得到了几小笔订货。她就兢兢业业地加工这几批衣服,力求做到优质低价,打响第一炮。这头批主顾果然对"叶萍服装店"的活计十分满意。到翌年春天,这小店已经以质量优异、价格公道并能承做特制服装而赢得了声誉。订货额提高了60%,大主顾也由6家增加到了11家。为了配合生产的增长,小吕又增聘了一位剪裁师傅,并把缝纫机操作工从2人增加到4人。她自己主要还是搞服装设计,同顾客谈判特殊订货,以及走访各家供应商选购布料。生意在继续迅速扩展,到1986年春,订货额又增加了150%,并招来了8位成批订货的大主顾。考虑到业务的进一步增长,小吕再请了一位兼职会计员,负责顾客应付账款的造表、登记,以及编制职工工资表和发放工资;还增加了两位剪裁师傅和四名缝纫工。小吕自己则将更多的时间放在服装尤其是时装设计上,因为"叶萍服装店"已经以其优质特制时装而声誉远扬;同时,她还去采购布料,走访可能的主顾,以争取更多的业务。可是,到了1986年初夏,她开始听到了一些顾客的埋怨,反映产品质量有所下降,交货也不及时。这使小吕警觉起来,她十分关心主顾们的感觉,便通过打电话、走访和写信等方式,对出现的问题再三表示抱歉,并保证改进。但是,以后的日子里,顾客们的牢骚反而越来越多了。有位老主顾甚至取消了一笔订货,并且扬言今后不再跟"叶萍服装店"做生意,另一位老主顾则说,情况若不见改善,他也要撤销订货,断绝往来。为此,小吕召开了一次全体职工会议,向职员们说明了顾客反映的情况,并征求大家意见。职工们议论纷纷,有的说,缝纫机买来是旧货,活又重,早就该维修了;有的说,买来的布料有不少疵点;还有的提醒说,有一种布料存货已经用光了。后来她又收到一张没署名的便条,说有几位工人午餐时间太长,干活还常常磨洋工,等等。因此,小吕认为如今真该去请求管理专家来给她一些指点和帮助了。有人告诉她,本地一所大学有一位管理学教授赵博士,对小型企业的经营管理经验丰富,造诣颇深。她决定登门请教,只要确实能改善她家店的营业状况,即使付一笔咨询费也心甘情愿。

思考题:

如果你就是赵博士,根据案例所提供的情况,试分析"叶萍服装店"目前的经营到底出了什么问题以及原因何在?

技能提高

任务一:实地观察了解企业管理,运用管理机制分析与解决管理实际问题

实训目标

通过实训,主要让学生对管理理论和企业管理有初步的认识。具体包括:

1. 提高对管理性质的重要性认识；
2. 提高搜集与处理信息的能力；
3. 提高分析判断的能力；
4. 提高总结与评价的能力。

实训内容与要求

与同学一起参观实训基地企业，学生自愿组成小组，每组6—8人。在调查访问之前，每组需根据课程所学知识经过讨论制定调查访问的主题，并把具体步骤和主要问题计划好，具体问题可参考下列问题：

1. 该企业生产经营的产品类型和品种，各种产品的特点、适用顾客群等。
2. 企业主要的业务环节与过程。
3. 企业的主要机构设置及其关系，以及这些机构设置是如何和谐统一地与其业务发展相适应的。
4. 企业所处的一般环境与任务环境。
5. 企业中有哪些你感兴趣的管理机制？并作简要分析。企业是如何通过运用高科技来提高生产力的？在运用过程中是否存在问题？
6. 企业有哪些经营上的成功？是怎样取得的？

成果与检测

调查访问结束后，组织一次课堂讨论。讨论以下问题：

1. 所调查企业的业务流程图，若你自己创立公司需注意哪些问题。
2. 所调查企业的组织环境分析，书面、300字左右。
3. 所调查企业的管理创新之处，课堂口头评述3分钟左右。

▶▶▶ **任务二：根据对基地企业调查访问所获得的信息资料，组建模拟公司**

实训目标

1. 让学生对管理及管理系统有初步的认识与体验，形成初步的管理思维框架；
2. 对管理者的素质有较为深刻的理解，培养主动学习、自我提高的能力；
3. 深入理解管理机制及管理方法在管理实践中的体现，培养初步运用管理机制及方法的能力。

实训内容与要求

1. 以自愿为原则进行分组，以6～8人为一组。
2. 每组推选临时负责人，初步组建"××公司××（大学生模拟营销）公司"。
3. 对本公司的组建提出各种设想，并进行充分交流。

成果与检测

1. 完成模拟公司的组建。
2. 提出本公司组建的初步构想，各模拟公司成员的意见是否一致。
3. 由教师与学生对各公司组建情况进行评估打分。

▶▶▶ **任务三：调查与访问——管理者的职责与素质**

访问一位你认为成功的管理者，了解他（她）的职位、工作职能，特别是胜任该职务的管理素质与技能，以及所采用的管理办法。

实训目标

1. 懂得调查研究的初步技能;
2. 认识实践中管理者的职责与素质。

实训内容与要求

1. 课下与同学一起参观本课程实训基地企业,学生自愿组成小组,每组 6—8 人。在调查访问之前,每组需根据课程所学知识经过讨论制定调查访问的主题,并把具体步骤和主要问题计划好。

2. 具体问题可参考下列问题:

(1) 企业中主要有哪些管理工作,属于哪种管理层次的?

(2) 这些管理工作的职责和权利。

(3) 做好这些管理工作都需要哪些素质?如何培养?

3. 调查访问结束后,组织一次课堂交流与讨论,时间为一节课

成果与检测

1. 教师根据各小组表现进行评估打分:

(1) 所调查企业的管理工作分类表。

(2) 所调查企业的管理者素质分析报告,书面、300 字左右。

(3) 所调查企业的一把手的管理创新之处,如你是一名管理者需注意哪些问题,课堂口头评述 3 分钟左右。

2. 各小组在讨论的基础上,每个同学把自己调查访问所得重要的信息如照片、文字材料、影音资料等制作成宣传册展出,之后交老师保存。

网上练习

登录中国工商总局(www.saic.gov.cn)网站,初步了解各种企业的形式、特征、企业法规、政府管理文件等。

模块二 计 划

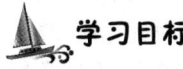**学习目标**

1. 分析企业内（外）部环境；
2. 制定组织的目标；
3. 编制组织的计划书或策划书；
4. 掌握决策的程序与方法。

开篇案例

中兴集团公司是一家拥有20家子公司和分公司的大型集团企业，参与六个行业的经营，集团公司对分公司的管理方式是独立经营，集中核算。

一位分公司的总经理最近听了关于目标管理的讲座，激发了他的热情，更加增强了他关于目标管理确实有效的思想。他最后决定，在下一次职能部门会议上介绍这个概念并且看看它能做些什么。在会议上，他详细叙述了这种方法的理论发展情况，列举了在这个分公司使用这种方法的好处，并且要求他的下属人员考虑他的建议。

并不像每个人所想象的那样简单，在第二次会议上，中层经理们就总经理的提议提出了好几个问题，财务主任要求知道"你是否有集团公司总裁分配给你的明年分公司的目标？"

分公司总经理回答说："我没有，但我一直在等待总裁办公室告诉我，他们期望我们做什么，可他却好像与此事无关一样！"

"那么分公司要做什么呢？"生产经理其实什么都不想做。

"我打算列出我对分公司的期望，"这位分公司的总经理说，"关于目标没有什么神秘的，我打算明年的销售额达到5 000万元，税后利润率达到8%，投资收益率为15%，一项正在进行的项目6月30日能投产。我以后还会列出一些明确的指标，如选拔我们分公司未来的主管人员，今年年底前完成我们的新产品开发工作，以及保持员工流动率在15%以下等等。"总经理越说越兴奋。

中层经理们对自己的领导人经过考虑提出的这些可考核的目标，以及如此明确和自信地来陈述这些目标感到惊讶，一时不知怎么说好。

"下个月，我要求你们每个人把这些目标转换成你们自己部门可考核的目标。不用说，这些目标对财务、营销、生产、工程和人事将是不同的。但是，我希望你们都能用数字来表达，我希望把你们的数字加起来就实现了公司的目标。"

目标并不是一成不变的。根据现有的对外部环境的变化、自身实力和愿望的分析，制定出相应的目标，根据三方面的变化情况，及时修订既定目标，形成新的目标。

任务一　制定组织目标

一、组织愿景和使命

组织的愿景(vision)和使命(mission)是两个看似很玄虚的概念,虽然看似都是和组织的战略紧密关联的两个层面,但是它们所针对的问题是不同的。愿景和使命陈述应该生动活泼、言简意赅、易于记诵,且富有意义和鼓舞性。雇员和管理者共同为公司制定和修改愿景目标反映了他们对自己未来的憧憬。共同的愿景和使命可以使人们精神从单调的日常操作中得到升华,使人们不停地受到激励。

愿景(vision)是企业长远愿望的景象,是组织将来的发展目标,它回答这个问题:组织将来要发展成为什么样?而使命则不同,使命(mission)是回答组织的主要业务,主要的运作内容,它回答这个问题:组织在做什么?可以看到,愿景和使命是相辅相成的,愿景说的是组织的目标在哪里,而使命说的是我们要怎么样才能达到那个愿景,也就是达到组织的目标。再简单地来说,战略愿景考虑的是组织未来的经营道路,例如一个公司试图达成的一种地位;而使命则强调组织当前的活动和运作内容,例如一个公司当前的业务和经营活动。

愿景和使命包括两个主要部分:(1)核心意识形态;(2)远大的愿景。核心意识形态由核心价值观和核心目标两部分组成,它给组织提供了长久存在的基础,是组织的精神。远大的愿景由10—30年的宏伟大胆冒险的目标和生动逼真的描述两部分构成。

1. 核心价值观(core values)

核心价值观是组织持久的和本质的原则。它是一般性的指导原则,不能把它与具体的生产或经营做法混为一谈,不能为了经济利益或短期的好处而放弃它。

2. 核心目标(core purpose)

核心目标是企业存在的理由和目的,不是具体的目标或公司战略。有效的核心目标反映了为公司工作的内在动力,它不仅描述公司的产出或目标顾客,而且表达了公司的灵魂。前 Merck 公司总裁罗伊·瓦格洛斯这样描述 Merck 公司核心目标的持久作用:"想像一下,如果时光突然把我们带到2091年,那该是什么样子。到那时,由于预想不到的新情况的发生,我们的许多战略和方法已经发生了变化,但无论我们的公司有多大的变化,我敢说有一样最重要的东西不会变,那就是 Merck 的精神。……最重要的是,我相信这一点,因为 Merck 公司所专心从事的治病救人的工作是一项正当的事业,是一项激励人们为梦想做出伟大创举的事业。这项事业是没有时间性的。"

3. 10~30年的宏伟的、大胆的、冒险的目标(10-to-30year BHAG)

目光远大的公司经常利用大胆的目标作为促进进步的一种特别有效的手段。一个有效的 BHAG 具有强大的吸引力,人们会不由自主地被它吸引,并全力以赴地为之奋斗;它非常明确,能够使人受到鼓舞;它一目了然,几乎无需任何解释。

前通用电气公司总裁杰克·韦尔奇说,公司的第一步,也是最重要的一步,是用概括性的、明确的语言确定公司的目标。通用电气公司的目标是:"不断提竞争力,争取在我们参加的市场中名列前茅;彻底改革我们的公司,使公司像小公司一样行动快捷、灵敏。"

4. 生动逼真的描述(vivid description)

当我们确立了核心价值观、核心目标及宏伟大胆冒险的远大目标后,想使它们发挥激励、鼓舞作用,必须要用生动逼真的语言将他们表达出来。

愿景和使命描述了组织未来期望达到的图景和组织为之奋斗的任务。愿景和使命陈述与企业战略是不同的。战略是为了达到组织总目标而采取的行动和利用资源的总计划。如果把战略比作是硬件,那么愿景描述则是软件,它是组织的梦,如同个体人一样对未来的梦。

能把组织的愿景和使命很凝练地浓缩在一句话中继而广为流传,这项工作并不简单,越大的组织,组成成分越复杂,理解方式越多样,越不容易得到一个统一的认识水平,而如果愿景和使命的总结过于发虚,那就很容易变成一句空话或者口号,同样无法达到应有的凝聚组织成员的效果。当前中国的企业没有多少能提炼出很响亮的愿景和使命(这与中国企业目前普遍正处于发展上升期有关),倒是毛泽东的一句话完美地体现了一个组织的愿景和使命:打土豪分田地。从组织理论的角度来看,这句话相当响亮相当精彩,为什么?第一,它明确提出了所在组织(红军)的愿景:"分田地",这是很明确很清晰,而且可以在一定时期内实现的;第二,它明确提出了红军的使命:"打土豪",通过"打土豪"获得"分田地",而且这个使命也是很明确的;第三,这个口号注意到了当时红军组织的组成——绝大多数都是目不识丁的农民,理解层次和受过教育的海归派(当时红军的大多数高层管理者)有明显的不同,所以这个口号用最简洁的话语、最不容易产生歧义的表达,达成了最好的沟通效果。整个红军组织通过这句话,最好地明确了自己组织的定位,最好地宣传了自己组织的愿景和使命,最好地凝聚了自己的队伍,同时也源源不断地吸引了一大批后来人才的加入,达到了这个口号的最大效果。

二、企业外部环境分析

(一)企业外部环境分析的必要性

组织不可能作为封闭系统来运作,任何组织都是在一定的特定环境中从事活动。环境是组织生存发展的土壤,既为组织活动提供发展的条件,又起限制作用。外部环境为企业生存发展提供了条件,但同时也必然会限制到企业的生存和发展,要利用机会避开和化解威胁,企业就必须认识外部环境,对外部环境因素进行分析。

(二)企业外部环境分类

绝对地看一切外部环境都会给组织活动带来影响,但影响所及有直接间接及程度不同的差别。按照环境因素是对所有相关组织都产生影响还是仅对特定组织具有影响区分为一般环境因素和特殊环境因素。

一般环境是组织的宏观环境(大环境),主要包括政治法律、社会文化、经济、技术、自然等因素,对任何一个不同使命的组织都会产生影响,而且这种影响通常不会因组织使命不同而有多大差异。

1. 政治法律环境:包括一个国家的社会制度,执政党的性质,政府的方针、政策、法令等。不同国家有不同的社会制度;不同时期的同一国家制度也会发生变化。即使社会制度不变的同一国家,在不同时期,由于执政党的不同,其政府的方针特点、政策倾向对组织活动的态度和影响也是不断变化的。

2. 社会文化环境:包括一个国家或地区的居民教育程度和文化水平、宗教信仰、风俗习惯、审美观点、价值观念等。文化水平会影响居民的需求层次;宗教信仰和风俗习惯会禁止和抵制某些活动的进行;价值观念会影响居民对组织的目标、组织活动以及组织存在本身的认可与否;审美观点则会影响人们对组织活动内容、活动方式以及活动成果的态度。

3. 经济环境:包括宏观经济环境、微观经济环境、中观经济环境。其中宏观经济环境指国民收入和国民生产总值及其变化(国民生产总值 GNP 是指一个国家在一个财政年度内全部最终产品和劳务的市场价值,国内生产总值 GDP 是指在国民生产总值的基础上加上外国人在本国的投资和劳务收入减去本国人在外国的投资和劳务收入);微观经济环境指企业所在地区或所需服务地区的消费者收入水平、消费偏好、储蓄水平、就业等;中观经济环境指部门经济,如工业经济、商业经济、农业经济、林业经济等。

4. 技术环境:特指物质设施基础。

5. 自然环境:就是"天时、地利、人和"中的"地利",包括地理位置、气候条件、资源状况。

特殊环境也被称作组织的任务环境,通常由供应商、顾客、竞争对手、政府机构及特殊利益团体及各要素构成。所谓供应商是泛指组织活动所需各类资源和服务的供应者。所谓顾客是指组织产品或服务的购买者。所谓竞争对手是指与本组织存在资源和市场争夺关系的其他同类组织。

政府机构作为社会经济管理者,对企业的经营行为需要从全社会利益角度进行必要的调节和控制,特殊利益团体也会对企业经营行为产生某种影响和制约。

三、组织目标的制定

(一)环境和追求分析

1. 外部环境分析(可以做):如有关国家政治、经济政策和法规、社会消费倾向的变化等;明确组织未来生存发展可能面对的机会和威胁、可以利用的社会资源。

2. 内部实力分析(能够做):如组织所拥有的物质资源、资金条件、人员素质、管理水平等方面的分析,明确组织能够做什么、不能做什么、通过创新还能做什么,即确定自身的实力。

3. 愿景和追求分析(愿意做且认为值得做):通过对组织成员、特别是领导层价值观和志向的分析,明确组织成员愿意做什么、不愿意做什么,以及希望做到何种程度,即明确组织成员的群体价值观和追求。

(二)拟订总体目标方案

为了保证组织目标的切实可行性,所提出的各目标方案必须是在外部环境允许、内部条件具备,而且符合组织成员价值观的范围之内。在制定每一个可行的总体目标方案时,都要明确服务方向(做什么)和服务对象(为谁做),以及贡献率(做到何种程度)。

(三)评估各总体目标可行方案并选择决策方案

1. 限制因素分析:分析哪些因素会影响目标的实现程度,有多大影响。

2. 综合效益分析:综合分析每一个方案所带来的种种效益,包括社会的和本组织的效益,看是否是组织能够取得最大效益的方案。

3. 潜在问题分析:对实施每一目标方案时可能发生的问题、困难和障碍,进行预测分析,看组织是否有能力解决这些可能遇到的问题。

(四)总体目标的具体化

曾有人做过一个实验:组织三组人,让他们分别向二十公里外的一个村庄步行。

第一组的人对村庄的名称和路途的长短一无所知,只告诉他们跟着向导走就是。刚走了四、五公里就有人叫苦,走了一半时有人几乎愤怒了,他们抱怨为什么要走这么远,何时才能走到。又走了几公里,离终点只剩三、四公里时,有人甚至坐在路边不愿走了。坚持走到终点的只有一半人左右。

第二组的人知道村庄的名字和路段,但路边没有里程碑,他们只能凭经验估计行程时间和距离。走到一半的时候大多数就想知道他们已经走了多远,比较有经验的人说:"大概走了一半的路程。"于是大家又簇拥着向前走,当走到全程的四分之三时,大家情绪低落,觉得疲惫不堪,而路程似乎还很长,当有人说:"快到了!"大家又振作起来加快了步伐。

第三组的人不仅知道村子的名字、路程,而且公路上每一公里就有一块里程碑,每缩短一公里大家便有一小阵的快乐。行程中他们用歌声和笑声来消除疲劳,情绪一直很高涨,所以很快就到达了目的地。

(五)目标体系的优化

组织目标的协调主要通过以下三方面的工作:一是横向协调,即对组织中处于同一层次的不同目标之间进行相互协调;二是纵向协调,即组织中不同层次的目标之间要上下保证,如岗位目标与部门目标之间,部门目标与总体目标之间要保持一致;三是综合平衡,明确各目标的优先顺序和重要程度,以突出重点,以免因小失大。

管理聚焦

张总和刘主管都是西游迷,这天,两人闲着无事,讨论起《西游记》中的人物来。

张总问刘主管:"你认为师徒四人中,谁最没本事、谁最不重要呢?"

"当然是唐僧了",刘主管毫不犹豫地说,"在保护唐僧去西天取经的路上,孙悟空能72般变化、降妖除魔、冲锋陷阵,猪八戒虽然贪吃贪睡,但打起仗来也能上天入海,助猴哥一臂之力;沙僧憨厚老实、任劳任怨,把大家的行李挑到西天;唐僧最舒服,不仅一路上有马骑、有饭吃,而且妖魔挡道也不用其动一根手指头,自有徒儿们奋勇上阵。他做事不明真伪,总是慈悲为怀,动不动还要给孙猴子念上几句紧箍咒玩玩。"

张总摇摇头:"此言差矣。"

刘主管问:"那依你之见呢?"

张总说:"四个人中,最重要的是唐僧。只有他明白去西天的目的是取回真经普渡众生。就是他,在孙悟空赌气回了花果山、猪八戒开小差跑回高老庄、沙僧也犹豫的情况下,他毅然一个人奋勇向前,不达目的誓不罢休。因为他知道为什么要去西天,他知道他为什么做,他知道他做什么;而他的3个徒弟并不知道为什么要去西天,他们只是知道保护好唐僧就行,至于为什么要保护好唐僧,他们不用去考虑。所以,无论路程多么艰险、无论多少妖魔挡道、无论多少鬼怪想吃其肉,唐僧都毫不畏惧,奋勇前进。最后,唐僧不仅取回了真经,而且还使曾经被称为妖精的3个徒弟最终功德圆满成佛。"

目标,永远在技巧和方法前面。一个人如果一开始就不知道他要去的目的地在哪里,他就永远到不了他想去的地方。企业如果没有明确的目标,就永远不能强大。

四、SWOT 分析法

(一)SWOT 分析法的概念

SWOT 分析法(也称 TOWS 分析法)即态势分析法,20 世纪 80 年代初由美国旧金山大学的管理学教授韦里克提出,经常被用于企业战略制定、竞争对手分析等场合。

SWOT 分析代表对企业优势(strength)、劣势(weakness)、机会(opportunity)和威胁(threats)的分析。因此,SWOT 分析实际上是将对企业内外部条件各方面内容进行综合和概括,进而分析组织的优劣势、面临的机会和威胁的一种方法,如图 2-1。

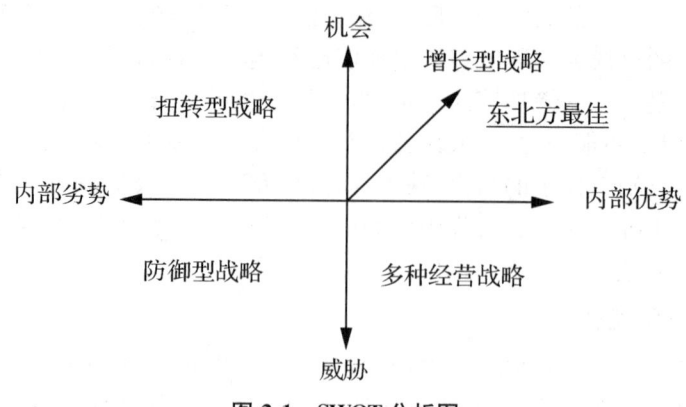

图 2-1　SWOT 分析图

(二) SWOT 分析法优劣势分析

优劣势分析主要是着眼于企业自身的实力及其与竞争对手的比较,而机会和威胁分析将注意力放在外部环境的变化及对企业的可能影响上。在分析时,应把所有的内部因素(即优劣势)集中在一起,然后用外部的力量来对这些因素进行评估。

1. 机会与威胁分析(OT)

随着经济、社会、科技等诸多方面的迅速发展,特别是世界经济全球化、一体化过程的加快,全球信息网络的建立和消费需求的多样化,企业所处的环境更为开放和动荡。这种变化几乎对所有企业都产生了深刻的影响。正因为如此,环境分析成为一种日益重要的企业职能。

环境发展趋势分为两大类:一类表示环境威胁,另一类表示环境机会。环境威胁指的是环境中一种不利的发展趋势所形成的挑战,如果不采取果断的战略行为,这种不利趋势将导致公司的竞争地位受到削弱。环境机会就是对公司行为富有吸引力的领域,在这一领域中,该公司将拥有竞争优势。

2. 优势与劣势分析(SW)

识别环境中有吸引力的机会是一回事,拥有在机会中成功所必需的竞争能力是另一回事。每个企业都要定期检查自己的优势与劣势,这可通过"企业经营管理检核表"的方式进行。企业或企业外的咨询机构都可利用这一格式检查企业的营销、财务、制造和组织能力。每一要素都要按照特强、稍强、中等、稍弱或特弱划分等级。

当两个企业处在同一市场或者说它们都有能力向同一顾客群体提供产品和服务时,如果其中一个企业有更高的赢利率或赢利潜力,那么,我们就认为这个企业比另外一个企业更具有竞争优势。换句话说,所谓竞争优势是指一个企业超越其竞争对手的能力,这种能力有助于实现企业的主要目标——赢利。但值得注意的是:竞争优势并不一定完全体现在较高的赢利率上,因为有时企业更希望增加市场份额,或者多奖励管理人员或雇员。

企业在维持竞争优势过程中,必须深刻认识自身的资源和能力,采取适当的措施。因为一个企业一旦在某一方面具有了竞争优势,势必会吸引到竞争对手的注意。一般地说,企业经过一段时期的努力,建立起某种竞争优势;然后就处于维持这种竞争优势的态势,竞争对手开始逐渐做出反应;而后,如果竞争对手直接进攻企业的优势所在,或采取其它更为有力的策略,就会使这种优势受到削弱。

影响企业竞争优势的持续时间,主要的三个关键因素:

(1) 建立这种优势要多长时间?

(2) 能够获得的优势有多大?

(3) 竞争对手做出有力反应需要多长时间?

如果企业分析清楚了这三个因素,就会明确自己在建立和维持竞争优势中的地位了。

(三) SWOT 分析步骤

1. 确认当前的战略是什么。
2. 确认企业外部环境的变化。
3. 根据企业资源组合情况,确认企业的关键能力和关键限制。
4. 按照通用矩阵或类似的方式打分评价。

把识别出的所有优势分成两组,分的时候以两个原则为基础:它们是与行业中潜在的机会有关,还是与潜在的威胁有关。用同样的办法把所有的劣势分成两组,一组与机会有关,另一组与威胁有关。

5. 将结果在 SWOT 分析图上定位,成功应用 SWOT 分析法的简单规则。

进行 SWOT 分析的时候必须对企业的优势与劣势有客观的认识。

进行 SWOT 分析的时候必须区分企业的现状与前景。

进行 SWOT 分析的时候必须考虑全面。

进行 SWOT 分析的时候必须与竞争对手进行比较,比如优于或是劣于你的竞争对手。

保持 SWOT 分析法的简洁化,避免复杂化与过度分析。

SWOT 分析法因人而异。

一旦使用 SWOT 分析法确定了关键问题,也就确定了市场营销的目标。SWOT 分析法可与 PEST analysis 和 Porter's Five-Forces analysis 等工具一起使用。市场营销课程的学生之所以热衷于 SWOT 分析法是因为它的易学性与易用性。运用 SWOT 分析法的时候,要将不用的要素列入相关的表格当中去,很容易操作。

(四) SWOT 模型的局限性和适应性

1. 局限性:和很多其他的战略模型一样,SWOT 模型由麦肯锡提出已经很久的时间了,带有时代的局限性。以前的企业可能比较关注成本、质量,现在的企业可能更强调组织流程。例如以前的电动打字机被印表机取代,该怎么转型? 是应该做印表机还是其他与机电有关的产品? 从 SWOT 分析来看,电动打字机厂商优势在机电,但是发展印表机又显得比较有机会。结果有的朝印表机发展,死得很惨;有的朝剃须刀生产发展很成功。这就要看,你要的是以机会为主的成长策略,还是要以能力为主的成长策略。SWOT 没有考虑到企业改变现状的主动性,企业是可以通过寻找新的资源来创造企业所需要的优势,从而达到过去无法达成的战略目标。

2. 适应性:在运用 SWOT 分析法的过程中,你或许会碰到一些问题,这就是它的适应性。因为有太多的场合可以运用 SWOT 分析法,所以它必须具有适应性。然而这也会导致反常现象的产生。基础 SWOT 分析法所产生的问题可以由更高级的 POWER SWOT 分析法得到解决。

管理聚焦

SWOT法的应用

某炼油厂是我国最大的炼油厂之一,至今已有50多年的历史,目前已成为具有730万吨/年原油加工能力,能生产120多种石油化工产品的燃料—润滑油—化工原料型的综合性炼油厂。该厂有6种产品获国家金质奖,6种产品获国家银质将,48种产品获114项优质产品证书,1989年获国家质量管理奖,1995年8月通过国际GB/T 19002-ISO 9002质量体系认证,成为我国炼油行业首家获此殊荣的企业。

该厂研究开发能力比较强,能以自己的基础油研制生产各种类型的润滑油。当年德国大众的桑塔纳落户上海,它的发动机油需要用昂贵的外汇进口。1985年厂属研究所接到任务后,立即进行调研,建立实验室。在短短的一年时间内,成功地研究出符合德国大众的公司标准的油品,拿到了桑塔纳配套用油的认可证,1988年开始投放市场。以后,随着大众公司产品标准的提高,该厂研究所又及时研制出符合标准的新产品,满足了桑塔纳、奥迪的生产和全国特约维修点及市场的用油。

但是,该炼油厂作为一个生产型的国有老厂,在传统体制下,产品的生产、销售都由国家统一配置,负责销售的人员只不过是作些记账、统账之类的工作,没有真正做到面向市场。在向市场经济转轨的过程中,作为支柱型产业的大中型企业,主要产品在一定程度上仍受到国家的宏观调控,在产品营销方面难以适应竞争激烈的市场。该厂负责市场销售工作的只有30多人,专门负责润滑油销售的就更少了。

上海市的小包装润滑油市场每年约2.5万吨,其中进口油占65%以上,国产油处于劣势。之所以造成这种局面,原因是多方面的。一方面在产品宣传上,进口油全方位大规模的广告攻势可谓是细致入微。到处可见有关进口油的灯箱、广告牌、出租车后窗玻璃、代销点柜台和加油站墙壁上的宣传招贴画,还有电台、电视台和报纸广告和新闻发布会、有奖促销赠送等各种形式。而国产油在这方面的表现则是苍白无力,难以应对。

任务二 设计计划书

一、计划的内涵

(一) 定义计划

计,动词:管理者确定行动方针、目标的过程。

划,名词:对未来活动所作的安排、预测,计划制订的成果。

无论在名词意义上,还是在动词意义上,计划内容都包括了"5W1H":

What——做什么?说明计划目标、任务与工作要求。

Why——为什么做?说明计划的重要性、意义。

Who——谁去做?计划各项工作中的人选与责任。

When——何时做?计划的时间、进度安排。

Where——何地做？计划所涉及的范围、组织层次。

How——如何做？采用何种基本方法、途径、战略完成计划。

(二) 计划的形式

1. 目标：在未来一段时间内要达到的目的，有些计划只强调要干什么，最终达到什么目的。

2. 战略：源自军事用语。为了实现目标在将来应该怎样干。有的计划着重叙述实现目标的途径，指出工作重点，资源分配优先顺序等。

3. 政策：处理各种问题的一般规定。如一国两制、计划生育。

4. 规章制度：为了落实政策，必须制定一些强制性的行为准则。它规定了过去、现在和将来必须遵守的各种规则和程序。

5. 预算：是一种数字化的计划，表示活动的投入与产出的数量、时间、方向等。

(三) 计划的类型

1. 按时间划分：

(1) 长期计划：5 年以上的计划，指组织的长远目标，如企业的产品发展方向、科研方向等。

(2) 中期计划：5 年之内的计划，它协调长期计划和短期计划之间的关系。

(3) 短期计划：一年以内的计划，具体、详尽，如企业的年度利润计划、生产计划等。

2. 按广度划分：

(1) 战略计划：由高层管理者制定，具有长远性、全局性和指导性的特点。

(2) 行动计划：战略计划的具体化或实施计划，具有局部性、指令性、一次性的特点。

3. 按对象划分：

(1) 综合计划：指具有多个目标和多方面内容的计划，如年度经营计划。

(2) 部门计划：综合计划的子计划，是为了达到组织的分目标而制订的，如生产部门的生产计划、销售部门的销售计划等。

(3) 项目计划：针对组织的特定活动而做的计划，如某项产品的开发计划，职工俱乐部建设计划等。

4. 按效用划分：

(1) 指令性计划：由上级下达的具有行政约束力的计划。

(2) 指导性计划：由上级给出的一般性的指导原则。

二、计划的编制

计划编制本身也是一个过程。为了保证编制的计划合理，确保能实现决策的组织落实，计划编制过程中必须采用科学的方法。

1. 确定目标

制定计划的第一步必须确定我们将要走向何方。计划工作主要任务是将决策所确立的目标进行分解，以便落实到各个部门、各个活动环节，并将长期目标分解为各个阶段的目标。企业的目标指明主要计划的方向，而主要计划又根据反映企业目标的方式，规定各个重要部分的目标。而主要部门的目标又依次控制下属各部门的目标。沿着这样的一条线依此类推，从而形成了组织的目标结构，包括目标的时间结构和空间结构。

2. 认清现在

计划是连接我们所处的此岸和我们要去的对岸的一座桥。目标指明了组织要去的对岸。因此，制定计划的第二步是认清组织所处的此岸，即认清现在。认清现在的目的在于寻求合理的有效的通向对岸的路径，也即实现目标的途径。认清现在不仅需要有开放的精神，即将组织、部门置于更大的系统中，而且要有动态的精神，即考察环境、对手与组织自身随时间的变化与相互间的动态反应。对外部环境、竞争对手和组织自身的实力进行比较研究，不仅要研究环境给组织带来的机会与威胁，与竞争对手相比组织自身的实力与不足，还要研究环境、对手及其自身随时间变化而发生的变化。

3. 研究过去

虽然"现在"不必然在"过去"的线性延长上，但"现在"毕竟是从"过去"走来。研究过去不仅是从过去发生过的事件中得到启示和借鉴，更重要的是探讨过去通向现在的一些规律。从过去发生的事件中探求事物发展的一般规律，其基本方法有两种：一为演绎法，二为归纳法。演绎法是将某一大前提应用于个别情况，并从中引出结论。归纳法是从个别情况发布结论，并推论出具有普遍意义的大前提。现代理性主义的思考和分析方式基本上可分为以上两种，即要么从已知的大前提出发加以立论，要么有步骤地把个别情况集中起来，再从中发现规律。根据所掌握的材料情况，研究过去可以采用个案分析、时间序列分析等形式。

4. 预测并有效地确定计划的重要前提条件

前提条件是关于要实现计划的环境的假设条件，是关于我们所处的此岸到达我们将去的彼岸过程中所有可能的情况。预测并有效地确定计划的前提条件的重要性不仅在于对前提条件认识得越清楚、越深刻，计划工作越有效，而且在于组织成员越彻底地理解和同意作用一致的计划前提条件，企业计划工作就越容易协调。

由于将来是极其复杂的，要对一个计划的将来环境的每个细节都做出假设，不仅不切实际甚至无利可图，因而是不必要的。因此前提条件限于那些对计划来说是关键性的，或具有重要意义的假设条件，也就是说，限于那些对计划贯彻实施有重要影响的假设条件。预测在确定前提方面很重要。最常见的对重要前提条件预测的方法是德尔菲法。

5. 拟定和选择可行性行动计划

"条条大路通罗马"、"殊途同归"，这些都体现了实现某一目标的途径是多条的。拟定和选择行动计划包括三个内容：拟定可行性行动计划、评估计划和选定计划。

拟定可行性行动计划要求拟定尽可能多的计划。可供选择的行动计划越多，被选取计划的相对满意程度就越高，行动就越有效。因此，在可行的行动计划拟定阶段，要广泛发动群众，充分利用组织内外的专家，通过他们献计献策，产生尽可能多的行动计划。在寻求可供选择的行动计划阶段需要"巧主意"，需要创新性。尽管没有两个人的脑力活动完全一样，但科学研究表明创新过程一般包括浸润（对一个问题由表及里的全面了解）、审思（仔细考虑这一问题）、潜化（放松和停止有意识的研究，让潜意识起作用）、突现（突现绝妙的，也许有点古怪的答案）、调节（澄清、组织和再修正这一答案）。具体有头脑风暴法（brain storming）、提喻法等方式。

评价行动计划，要注意考虑以下几点：其一，认真考察每一个计划的制约因素和隐患；其二，要用总体效益的观点来评估计划；其三，既要考虑到每一计划的许多有形的可以用数量表示出来的因素，又要考虑到许多无形的不能用数量表示出来的因素；其四，要动态地考察计划的效果，不仅要考虑计划执行所带来的利益，还要考虑计划执行所带来的损失，特别注意那些潜在的、间接的损失。评价方法分为定性和定量两类。

这一阶段的最后一步是按一定的原则选择出一个或几个较优计划。

6. 制定主要计划

完成了拟定和选择可行性行动计划后,拟定主要计划就是将所选择的计划用文字形式正式地表达出来,作为一项管理文件。拟写计划要清楚地确定和描述"5W1H"的内容,即What(做什么)、Why(为什么做)、Who(谁去做)、Where(何地做)、When(何时做)、How(怎样做)。

7. 制定派生计划

基于计划肯定需要派生计划的支持。比如,一家公司年初制定了"当年销售额比上年增长15%"的销售计划,这一计划发出了许多制定派生计划的信号,如生产计划、促销计划等。再如当一家公司决定开拓一项新的业务时,这个决策也发出了要制定很多派生计划的信号,比如雇佣和培训各种人员的计划、筹集资金计划、广告计划等。

8. 制定预算,用预算使计划数字化

在做出决策和确定计划后,赋予计划含义的最后一步就是把计划转变成预算,使计划数字化。编制预算,一方面是为了使计划的指标体系更加明确,另一方面使企业更易于对计划的执行进行控制。定性的计划往往在可比性、可控制性和进行奖惩方面比较困难,而定量的计划,则具有较硬的约束。

三、计划的实施

实践中计划组织实施行之有效的方法主要有目标管理、滚动方式计划和网络计划技术等方法。

目标管理是美国管理学家彼得·德鲁克(Peter F. Drueker)1954年提出的。我国企业于20世纪80年代初开始引进目标管理法,并取得较好成效。

(一)目标管理基本思想

1. 企业的任务必须转化为目标,企业管理人员必须通过这些目标对下级进行领导并以此来保证企业总目标的实现。

2. 目标管理是一种程序,使一个组织中的上下各级管理人员共同来制定共同的目标,确定彼此的成果责任,并以此项责任作为指导业务和衡量各自贡献的准则。

3. 每个企业管理人员或工人的分目标就是企业总目标对他的要求,同时也是这个企业管理人员或工人对企业总目标的贡献。

4. 管理人员和工人是靠目标来管理,由所要达到的目标为依据,进行自我指挥、自我控制,而不是由他的上级来指挥和控制。

5. 企业管理人员对下级进行考核和奖惩也是依据这些分目标。

(二)目标的性质

目标表示最后结果,而总目标需要由各层次的目标来支持。这样,组织及其各层次的目标就形成了一个目标网络。作为任务分配、自我管理、业绩考核和奖惩实施的目标具有如下特征,见图2-2。

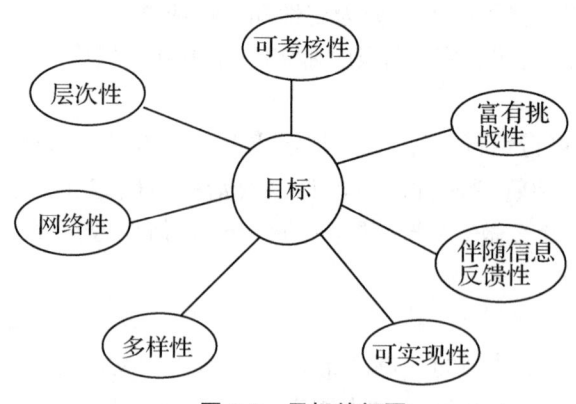

图 2-2 目标特征图

1. 层次性

组织目标形成一个有层次的体系,范围从广泛的组织战略性目标到特定的个人目标。这个体系的顶层是组织的愿景和使命陈述。第二层次是组织的任务。在任何情况下,组织的使命和任务必须要转化为组织总目标和战略,总目标和战略更多的指向组织较远的未来,并且为组织的未来提供行动框架。这些行动框架必须要进一步地细化为更多的具体的行动目标和行动方案,这样,在目标体系的基层,有分公司的目标、部门和单位的目标、个人目标等。

2. 网络性

(1) 目标和计划很少是线性的,目标和计划形成一个相互联系着的网络;

(2) 主管人员必须确保目标网络中的每个组成部分相互协调,不仅执行各种计划要协调,而且完成这些计划在时间上也要协调;

(3) 组织中的各个部门在制定自己部门的目标时,必须与其他部门相协调;

(4) 组织制定各种目标时,必须要与许多约束因素相协调。

3. 多样性

任务和企业的目标通常是多种多样的。同样,在目标层次体系中的每个层次的具体目标,也可能是多种多样的。如果目标的数量过多,其中无论哪一个都没有受到足够的注意,则计划工作是无效的。因此,在考虑追求多个目标时,必须对各目标的相对重要程度进行区分。

4. 可考核性

要想目标可以考核,一个途径是将目标量化。目标量化往往会损失组织运行的一些效率,但是对组织活动的控制、成员的奖惩会带来很多方便。要用可考核的措辞来说明结果会有更多的困难,对高层管理人员以及政府部门尤其如此。但原则是:只要有可能,就规定明确的、可考核的目标。

5. 可实现性

也称作可接受性。如果一个目标对其接受者要产生激发作用的话,这个目标必须是其可接受的,可以完成的。对一个目标完成者来说,如果目标超过其能力所及的范围,则该目标对其没有激励作用。

6. 富有挑战性

如果一项工作完成所达到的目的对接受者没有多大意义的话,接受者也没有动力去完成该项工作;如果一项工作很容易完成,对接受者来说,是件轻而易举的事件,那么接受者也没有动力去完成该项工作,教育学中有一原则叫"跳一跳,摘桃子",说的就是这个道理。

7. 伴随信息反馈性

信息反馈是把目标管理过程中,目标的设置、目标实施情况不断地反馈给目标设置和实施的参与者,让人员时时知道组织对自己的要求、自己的贡献情况。如果建立了目标再加上反馈,就能更进一步改善员工的工作表现。

管理聚焦

德鲁克认为,并不是有了工作才有目标,而是相反,有了目标才能确定每个人的工作。所以"企业的使命和任务,必须转化为目标",如果一个领域没有目标,这个领域的工作必然被忽视。因此管理者应该通过目标对下级进行管理,当组织最高层管理者确定了组织目标后,必须对其进行有效分解,转变成各个部门以及各个人的分目标,管理者根据分目标的完成情况对下级进行考核、评价和奖惩。

在所有的管理职能中,计划职能是最为重要和关键的一项职能。管理者的职责是运用其权限范围内的资源,动员其他人来完成要做的工作,从而达到预期的目的,而计划工作则是管理者合理利用资源,协调和组织各方面力量以实现目标的重要手段,在管理工作中居于首要的地位。

(三) 目标管理的过程

孔茨认为,目标管理是一个全面的管理系统,它用系统的方法,使许多关键管理活动结合起来,并且有意识地瞄准目标,有效地和高效率地实现组织目标和个人目标。

在理想的情况下,这个过程开始于组织的最高层,并且有总经理的积极支持和指导。但是目标设置并非一定开始于最高层。它可以从分公司一级开始,也可以在职能部门这一级甚至更低层开始。例如,某一公司的目标管理首先开始在一个分公司建立,随后逐渐建立到管理的最低层而形成一个互相联系、互相支持的目标网络。在分公司经理的领导下,无论在获利性、成本降低、改善经营方面都取得了成功。不久,其他一些分公司经理和企业总经理也产生了实行类似的目标管理计划,见图 2-3。

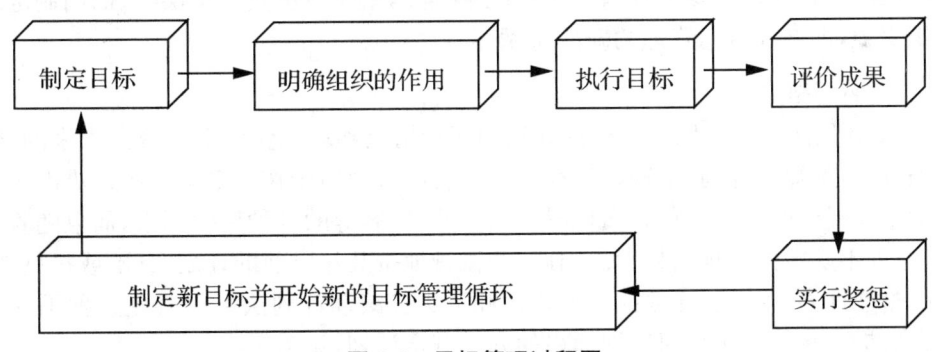

图 2-3 目标管理过程图

1. 制定目标

它包括确定组织的总体目标和各部门的分目标。总体目标是组织在未来从事活动要达到的状况和水平,其实现有赖于全体成员的共同努力。为了协调组织成员在不同时间的努力,各个部门的各个成员都要建立与组织目标相结合的分目标。这样就形成了一个以组织总体目标为中心的一贯到底的目标体系。在制定每个部门和每个成员的目标时,上级要向下级提出方针和目标,下级要根据上级的方针和目标制定目标方案,在此基础上进行协商,最后由上级综合考虑后作出决定。

2. 明确组织的作用

理想的情况是,每个目标和子目标都应有某一个人的明确责任。然而,几乎不可能去建立一个完美的组织机构以致每一特定的目标都成为某个个人的责任。例如,在制定一种新产品投入的目标中,研究、销售和生产等部门的主管人员必须仔细地协调他们的工作。组织通常采用设立一名产品主管人员来统一协调各种职能。

3. 执行目标

组织中各层次、各部门的成员为完成分目标,必须从事一定的活动,活动中必须利用一定的资源。为了保证他们有条件组织目标活动的开展,必须授予相应的权力,使之有能力调动和利用必要的资源。有了目标,组织成员便会有明确努力的方向;有了权力,他们便会产生强烈的与权力使用相应的责任心,从而能充分发挥他们的判断能力和创造能力,使目标执行活动有效地进行。

4. 评价成果

成果评价既是实行奖惩的依据,也是上下左右沟通的机会,同时还是自我控制和自我激励的手段。成果评价既包括上级对下级的评价,也包括下级对上级、同级关系部门相互之间以及各层次组织成员对自我的评价。上、下级之间的相互评价有利于信息、意见的沟通,从而有利于组织活动的控制;横向的关系部门相互之间的评价,有利于保证不同环节的活动协调进行;而各层次组织成员的自我评价则有利于促进他们的自我激励、自我控制以及自我完善。

5. 实行奖惩

组织对不同成员的奖惩是以上述各种评价的综合结果为依据的。奖惩可以是物质的,也可以是精神的。公平合理的奖惩有利于维持和调动组织成员饱满的工作热情和积极性,奖惩有失公正,则会影响成员的工作积极性。

6. 制定新目标并开始新的目标管理循环

成果评价与成员行为奖惩,既是对某一阶段组织活动效果以及组织成员贡献的总结,也为下一阶段的工作提供了参考和借鉴。在此基础上,组织成员及各个层次、部门制定新的目标并组织实施,即展开目标管理的新一轮循环。

(四) 滚动计划法

1. 滚动计划法的基本思想是根据计划的执行情况和环境变化定期修订未来的计划,并逐期向前推移,使短期计划、中期计划有机地结合起来。由于在计划工作中很难准确地预测将来影响企业经营的经济、政治、文化、技术、产业、顾客等的各种变化因素,而且随着计划期的延长,这种不确定性就越来越大。因此,若机械地按几年以前的计划实施,或机械地、静态地执行战略性计划,则可能导致巨大的错误和损失。滚动计划法可以避免这种不确定性带来的不良后果。具体做法是用近细远粗的办法制定计划,见图2-4。

2. 滚动计划法的评价

滚动计划方法最突出的优点是计划更加切合实际,并且使战略性计划的实施更加切合实际。滚动计划相对缩短了计划时期,加大了计划的准确性和可操作性,从而是战略性计划实施的有效方法。

其次,滚动计划方法使长期计划、中期计划与短期计划相互衔接,短期计划内部各阶段相互衔接。这就保证了即使由于环境变化出现某些不平衡时,也能及时地进行调节,使各期计划基本保持一致。

第三,滚动计划方法大大加强了计划的弹性,这在环境剧烈变化的时代尤为重要,它可以提高组织的应变能力。

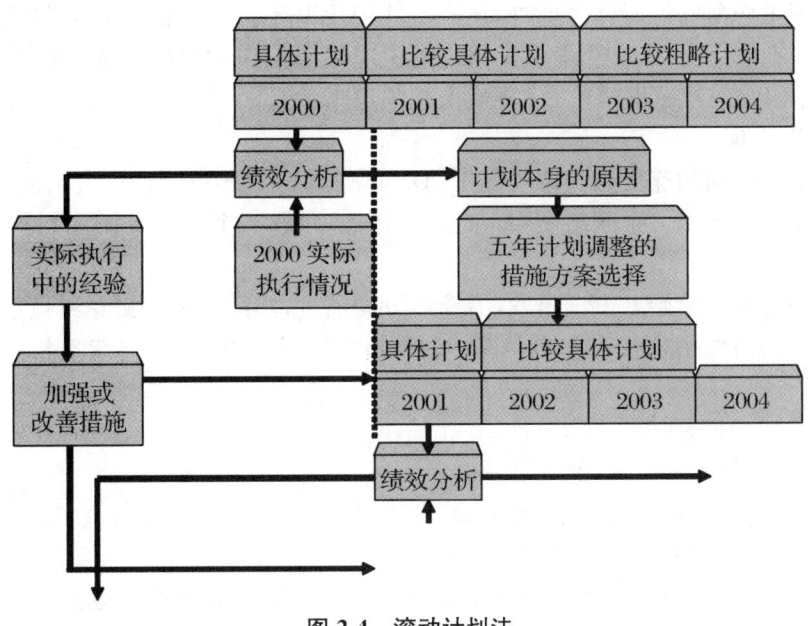

图 2-4　滚动计划法

(五) 网络计划技术

1. 网络计划技术

网络计划技术是 1950 年代后期在美国产生和发展起来的。这种方法包括各种以网络为基础制定计划的方法,如关键路径法、计划评审技术、组合网络法等。1956 年美国的一些工程师和数学家组成了一个专门小组首先开始这方面的研究。1958 年美国海军武器计划处采用了计划评审技术,使北极星导弹工程的工期由原计划的 10 年缩短为 8 年。1961 年,美国国防部和国家航空署规定,凡承制军用品必须用计划评审技术制定计划上报。从那时起,网络计划技术就开始在组织管理活动中被广泛地应用。网络图是网络计划技术的基础。

2. 网络图

网络图是网络计划技术的基础。任何一项任务都可分解成许多步骤的工作,根据这些工作在时间上的衔接关系,用箭线表示它们的先后顺序,画出一个由各项工作相互联系、并注明所需时间的箭线图,这个箭线图就称作网络图。图 2-5 便是一个简单的网络图形。

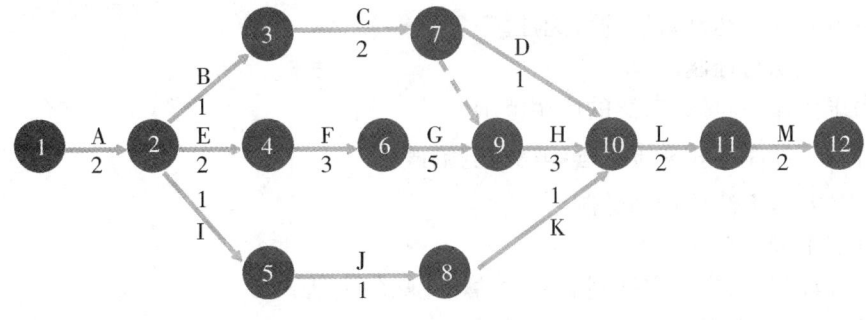

图 2-5　网络图

分析此图可以发现,网络图由以下部分构成。

(1) "→",工序

它是一项工作的过程,有人力、物力参加,经过一段时间才能完成。图中箭线下的数字便是完成该项工作所需的时间。此外,还有一些工序既不占用时间,也不消耗资源,是虚设的,叫虚工序,在图中用"----→"表示。网络图中应用虚工序的目的是为了避免工序之间关系的含混不清,以正确表明工序之间先后衔接的逻辑关系。

(2) "○",事项

它是两个工序间的连接点。事项既不消耗资源,也不占用时间,只表示前道工序结束、后道工序开始的瞬间。一个网络图中只有一个始点事项,一个终点事项。

(3) 路线

路线是网络图中由始点事项出发,沿箭线方向前进,连续不断地到达终点事项为止的一条通道。一个网络图中往往存在多条路线,例如图 2-5 中从始点①连续不断地走到终点⑫的路线有 4 条,即

a:①—②—③—⑦—⑩—⑪—⑫
b:①—②—③—⑦—⑨—⑩—⑪—⑫
c:①—②—④—⑥—⑨—⑩—⑪—⑫
d:①—②—⑤—⑧—⑩—⑪—⑫

比较各路线的路长,可以找出一条或几条最长的路线。这种路线被称为关键路线。关键路线上的工序被称为关键工序。关键路线的路长决定了整个计划任务所需的时间。关键路线上各工序完工时间提前或推迟都直接影响着整个活动能否按时完工。确定关键路线,据此合理地安排各种资源,对各工序活动进行进度控制,是利用网络计划技术的主要目的。

3. 网络计划制定的四个步骤事件

(1) 确定完成项目必须进行的每一项有意义的活动,完成每项活动都产生事件或结果。

(2) 确定活动完成的先后次序。

(3) 绘制活动流程从起点到终点的图形,明确表示出每项活动及与其他活动的关系,用圆圈表示事件,用箭线表示活动,结果得到一幅箭线流程图,我们称之为 PERT 网络(PERT network)。

(4) 估计和计算每项活动的完成时间。

4. 对网络计划技术的评价

(1) 该技术能把整个过程的各个项目的时间顺序和相互关系清晰地表明,并指出了完成任务的关键环节和路线。

(2) 可对工程的时间进度与资源利用实施优化。

(3) 可事先评价达到目标的可能性。

(4) 便于组织与控制。

(5) 易于操作,并具有广泛的应用范围。

四、计划工作制定和实施过程中常见的错误

1. 认识错误,不注重计划的制定。

(1) 计划不如变化快;

(2) 轻视计划,认为制定计划是一件枯燥无味的事情;

(3) 缺乏信心,觉得难以完成,害怕承担责任。

2. 缺乏知识,制定的计划缺乏可行性。
(1) 口头上的计划;
(2) 过于僵硬、死板的计划;
(3) 无明确目标的计划。
3. 固守计划,不能适应环境的变化。
4. 运用不当,缺乏明确的交流与授权。

任务三 决策管理

一、决策

决策是管理者从事管理工作的基础。管理者在从事各项工作时,会遇到各种各样的问题,问题有的大,有的小;有的简单,有的复杂。但它们都需要解决,都需要管理者在若干个可行的解决方案中做出抉择。

1. 决策

决策是为了实现某一目的而从若干个可行方案中选择一个满意方案的分析判断过程。

2. 决策的进一步理解:

(1) 决策的前提:要有明确的目的。决策或是为了解决某个问题,或是为了实现一定的目标。没有目标就无从决策,没有问题则无需决策。

(2) 决策的条件:有若干可行方案可供选择。一个方案无从比较其优劣,也无选择的余地,"多方案抉择"是科学决策的重要原则;决策要以可行方案为依据,决策时不仅要有若干个方案用来相互比较,而且各方案必须是可行的。

(3) 决策的重点:方案的分析比较。每个可行方案既有其可取之处,也有其不利的一面,因此必须对每个备择方案进行综合的分析与评价,确定每一个方案对目标的贡献程度和可能带来的潜在问题,以明确每一个方案的利弊。而通过对各个方案之间的相互比较,可明晰各方案之间的优劣,为方案选择奠定基础。

(4) 决策的结果:选择一个满意方案。科学决策理论认为,追求最优方案方案既不经济又不现实。因此,科学决策遵循"满意原则",即追求的是诸多方案中,在现实条件下,能够使主要目标得以实现,其他次要目标也足够好的可行方案。

管理聚焦

日本尼西奇公司在战后初期,仅有30余名职工,生产雨衣、游泳帽、卫生带、尿布等橡胶制品,订货不足,经营不稳,企业有朝不保夕之感。公司董事长多川博从人口普查中得知,日本每年大约出生250万婴儿,如果每个婴儿用两条尿布,一年就需要500万条,这是一个相当可观的尿布市场。多川博决心放弃尿布以外的产品,把尼西奇公司变成尿布专业公司,集中力量,创立名牌,成了"尿布大王"。资本仅1亿日元,年销售额却高达70亿日元。

在实际工作中,经常存在各种决策失误。究其原因,可以发现,很多决策者不遵循决策的原则和程序。如有的决策者惯于凭主观想象和"拍脑瓜"决策;有的决策者过分追求完美的决策方案而迟迟不能决定,延误决策良机;甚至在过去基本建设项目中还存在边审计、边设计、边施工的"三边工程"。

经营决策成功,还可以使企业避免倒闭的危险,转败为胜。如果企业长期只靠一种产品去打天下,势必潜藏着停产倒闭的危险,因为市场是多变的,人们的需要也是多变的,这就要求企业家经常为了适应市场的需要而决策新产品的开发。这种决策一旦成功,会使处于"山穷水尽"状况的企业顿感"柳暗花明"。

二、决策类型

(一) 按照决策的重要程度划分

1. 战略决策:指直接关系到组织的生存发展的全局性、长远性问题的决策。如企业中经营目标、方针、产品的更新、新技术的采用等。这些问题大多比较抽象、复杂、未遇到过,因此管理者常常还要借助于自己的经验、直觉和创造力进行判断。战略决策一般由高层管理者做出。

2. 管理决策:属于执行战略决策过程中的基本战术决策。如企业生产计划、销售计划的制定,新产品设计方案的选择,新产品的定价等。管理决策是为了保证战略决策的实现而做的决策,所面临的大多是实施方案的选择、资源的分配、实际业绩的评估方面的问题,比较具体,带有局部性且灵活性较大,有时也较多地依赖于管理者的经验判断。管理决策一般由中层管理者做出。

3. 业务决策:指在日常业务活动中为了提高效率所做出的决策。如生产任务的日常安排,工作定额的制定等。业务决策一般由基层管理者做出。

(二) 按照决策是否具有重复性划分

1. 常规性决策:指经常发生的能按规定的程序和标准进行的决策,多指例行公事所做的决策,如请假的批准、退货的处理等。

2. 非常规性决策:它所解决的是不易确定、错综复杂且前所未有的新问题。如新产品的研究开发、多样化经营等。

(三) 按照决策的性质划分

1. 确定型决策:(条件可知,结果可知)指可供选择的方案是已知的并能预先准确了解各方案的必然结果的决策。如企业要进货,可从三家供应商获得,价格分别是5元,6元,7元,在其他条件相同的情况下,当然是从价格是5元的供应商处进货。

2. 风险型决策:(条件可知,结果在概率范围内)指可供选择的方案中存在着两种以上的自然状态,哪种状态可能发生的情况是不可知的,但可估计其发生的客观概率的决策。如股票投资。

3. 不确定型决策:(结果不可知,概率也不可知)指各备选方案可能出现的后果是未知的,或只能靠主观概率判断时的决策。处理这类问题无规律可循,一般依靠决策者的经验和直觉来进行决策。

三、决策过程

决策制定过程常被描述为"在不同方案中进行选择",但这种观点显然过于简单了,因为决策制定是一个过程而不是简单的选择方案的行为。也有人认为,作出决策是顷刻之间的事。可是,刹那间的决定有可能过于草率,容易造成大错。所以我们应视决策为一过程,其步骤如图2-6所示。图中描述了决策的制定过程,从识别问题开始,到选择能解决问题的方案,最后到评价决策效果结束。

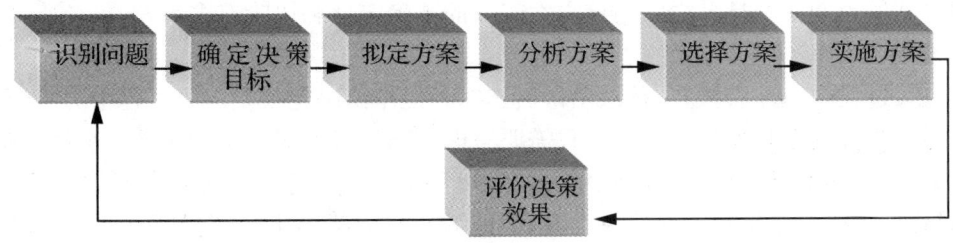

图 2-6　决策制定过程

1. 界定问题(或识别问题)

通常,管理人员要作出决策时,也就是他碰上难题或组织遇上发展机会的时候。所以,决策的过程是起始于一个存在的问题,或更具体一些,存在着现实与期望状态之间的差异。决策者必须知道哪里需要行动,从而决策过程的第一步是识别机会或诊断问题。管理者通常密切关注与其责任范围有关的数据,这些数据包括外部的信息和报告以及组织内的信息。实际状况和所想要的状况的偏差提箱管理者潜在机会或问题的存在。

评估机会和问题的精确程度有赖于信息的精确程度,所以管理者要尽力获取精确的、可信赖的信息。低质量的或不精确的信息使时间白白浪费掉,并使管理者无从发现导致某种情况出现的潜在原因。

2. 确定决策目标

决策目标一般分为三类,即必须完成的目标、希望完成的目标和不予重视的目标。必须完成的目标,对组织和决策来讲是绝对重要,完成它就意味着决策取得了成功;希望完成的目标,对组织和决策来讲是相对重要的,能够全面完成更好,部分完成也算决策的收获,因此,它是一种弹性的要求;不予重视的目标,是对组织和决策重要性不大的,在决策方案中无需专门考虑的目标。

3. 拟定备选方案

一旦机会或问题被正确地识别出来,管理者就要提出达到目标或解决问题的各种方案。这一步骤需要创造力和想象力,在提出备选方案时,管理者必须把其试图达到的目标牢记在心,而且要提出尽可能多的方案。管理者常常借助其个人经验、经历和对有关情况的把握来提出方案。为了提出更多、更好的方案,需要从多种角度审视问题,这意味着管理者要善于征询他人的意见。备选方案可以是标准的和明显的,也可以是独特的和富有创造性的。标准方案通常是指组织以前采用过的方案。

4. 评估备选方案

决策过程的第四步是确定所拟定的各种方案的价值或恰当性,即确定最优的方案。评价的方法通常有三种,即经验判断法、数学分析法和试验法。经验判断法是一种依靠决策者的实践经验和判断能力来选择方案的一种方法。对于比较复杂的方案,可用起码的满意程度或关键评价标准淘汰一些方案。数学分析法是一种用数学模型进行科学计算以选择方案的一种方法。当选择重大方案时,既缺乏实践经验,又无法采用数学模型,可选择少数的几个典型环境为试点单位,以取得经验和数据,作为选择方案依据的方法,这就是试验法。要想确定最优方案,管理者起码要具备评价每种方案的价值或相对优势/劣势的能力。在评估过程中,要使用预定的决策标准以及每种方案的预期成本、收益、不确定性和风险。最后对各种方案进行排序。例如,管理者会提出以下的问题:该方案会有助于我们质量目标的实现吗?该方案的预期成本是多少?与该方案有关的不确定性和风险有多大?

5. 选择方案

在决策过程中,管理者通常要做出最后选择。但作出决定仅是决策过程中的一个步骤。尽管选择一个方案看起来很简单——只需要考虑全部可行方案并从中挑选一个最好解决问题的方案,但实际上,作出选择是很困难的。由于最好的决定通常建立在仔细判断的基础上,所以管理者要想作出一个好的决定,必须仔细考察全部事实,确定是否可以获取足够的信息并最终选择最好方案。

6. 实施方案

方案的实施是决策过程中至关重要的一步。在方案选定以后,管理者就要制订实施方案的具体措施和步骤。实施过程中通常要注意做好以下工作:

(1) 制订相应的具体措施,保证方案的正确实施;

(2) 确保与方案有关的各种指令能被所有有关人员充分接受和彻底了解;

(3) 应用目标管理方法把决策目标层层分解,落实到每一个执行单位和个人;

(4) 建立重要的工作报告制度,以便及时了解方案进展情况,及时进行调整。

7. 评估决策和反馈

一个方案可能涉及较长的时间,在这段时间,形势可能发生变化,而初步分析建立在对问题或机会的初步估计上,因此,管理者要不断对方案进行修改和完善,以适应变换了的形势。同时,连续性活动因涉及到多阶段控制而需要定期的分析。因此,在组织内部环境和外部环境不断变化时,原先目标确实无法实现的,则要重新寻找问题和机会,确定新的目标,重新拟订可行的方案,并进行评估、选择和实施。

四、决策方法及技巧

(一) 决策方法

1. 主观决策方法

(1) 程序化决策方法:多用于处理反复出现的问题,对于这些问题,我们可依据政策、规章制度、业务常规等进行决策。将组织内大量的常规性管理工作实行程序化决策,可提高整个组织的运转效率。

(2) 适应性决策方法:所谓适应性决策方法是指先朝着某一方向跨出一步,然后根据上一步行动的结果来决定下一步的行动,从而一步步地向目标逼近的方法。

分为两种:

① 渐进式决策方法:当管理问题复杂且模糊、多变时,可在众多的途径中先选择一条走一步,慢慢地向希望目标逼近,"摸着石头过河"。渐进式决策方法是处理复杂多变环境中不确定型问题的有效方法,它减少了犯大错误的风险,尽管缺乏力度和直接性,但它为组织最终解决问题指明了方向。

② 经验式决策方法:它并不提供任何专门的解决途径,但它为管理者在复杂多变的环境中寻找解决问题的方案提供了有用的指导原则。但采用这种决策方法正确的前提条件是现在与过去一样,对于处理复杂问题有过于简单化的倾向。例如,"形势危急时,将球踢出场"就是对足球运动员有用的一个决策指导原则。

(3) 创造性决策方法:指发现新的、富有想象力的解决问题的方案的方法,主要用于广告设计、新产品开发等,包括头脑风暴法、发散思维法等。头脑风暴法——一般由 5~9 人组成,在讨论过程中,鼓励参加者提出各种建议,并禁止对他人想法作批评,以此使各种创新方案不断被提出。发散思维法——鼓励人们摆脱传统的思维方式,从不同的角度去看待问题、提出解决问题的方案。

2. 定量化决策方法

(1) 风险型决策方法

① 期望值法

例:某企业计划生产某新产品投放市场,其生产成本为 4 元,在定价时,人们提出了三种方案:每台 5 元、6 元、7 元。由于价格不同,其销售量将会有所不同,相应地其预期收益也不同。表 2-1 表明了在不同的价格水平下可能的销量,要求据此对定价方案做出抉择。

表 2-1 不同方案的销路及概率

销量 概率 方案	畅销(0.25)	一般(0.50)	差(0.25)	期望值(万元)
1. 高价	90	75	60	90 * 0.25 + 75 * 0.5 + 60 * 0.25 = 75
2. 平价	96	72	56	96 * 0.25 + 72 * 0.5 + 56 * 0.25 = 74
3. 低价	100	60	46	100 * 0.25 + 60 * 0.5 + 46 * 0.25 = 66.5

所以应该选择高价方案。

② 决策树法

由于在实际工作中,风险型决策问题大多比较复杂,为了避免遗漏与错误,可采用简明的图示形式进行辅助决策,这就是决策树法。

(2) 不确定型决策方法(悲观原则、乐观原则、最小后悔值法)

表 2-2 不同方案的销路及概率

销量 概率 方案	畅销	一般	差	悲观原则	乐观原则	最大后悔值
1. 高价	90(10)	75(0)	60(0)	60	90	10
2. 平价	96(4)	72(3)	56(4)	56	96	4
3. 低价	100(0)	60(15)	46(14)	46	100	15

① 保守型

这类决策者对于利益的反应比较迟钝,而对损失的反应比较敏感,不求大利,只求小损。他们往往依据极大极小损益原则(悲观原则),即在计算出各方案的期望值后,先找出各方案的最小损益值,再从这些最小损益值中选择损益值最大的方案为决策方案。

在上例中,高价方案的最小损益值是 60 万元,平价和低价的最小损益值分别为 56 万元和 46 万元。根据极大极小损益原则,取这个三个最小损益值中最大的,即 60 万元所对应的方案——高价策略为决策方案。

② 进取型

这类决策者对于损失的反应比较迟钝,而对利益的反应比较敏感,他们往往谋求大利,敢于冒险。在进行不确定型决策时,他们依据的常是极大极大损益原则(乐观原则)。它的决策过程是:先找出各方案在不同情况下的最大损益值,如本例中的 90 万元、96 万元、100 万元,再在这些损益值中选择损益值最大的方案为决策方案,在本例中即为低价方案(最大损益值为 100 万元)。

③ 稳妥型

这类决策者既不愿冒大风险,也不愿循规蹈矩,在决策时,往往依据最小后悔值原则。最小后悔值原则以各个方案的机会损失大小作为判别方案优劣的依据。所谓机会损失也称后悔值,是以由于没有采取与以后实际状态相符的决策方案所造成的收益差额来衡量的。例如,我们原来认为销路会好,所以选取了低价方案,但后来发现销路不怎么样,只能获得 46 万元的收益,而如采用高价方案,在此情况本来是可获得 60 万元利润的,也就是说,由于决策失误,使本来可以获得的 14 万元利润失去了,其后悔值即为 14 万元。为了把出现的决策方案与实际之间的收益差距尽可能地减到最小,在决策时先计算各个方案的后悔值,找出各个方案的最大后悔值,如本例中的 10 万元、4 万元、15 万元,再从中选取后悔值最小的方案为决策方案,即平价策略。采用平价策略,在销路好、差或一般时,机会损失都不大。

上述三类决策者由于各自的价值观不同,对同一个问题,在决策时依据不同的原则选取了不同的决策方案。

(二)决策技巧

1. 准确地收集利用信息

(1) 不要轻信别有用心或与该决策有根本利害关系的人提供的信息,偏见会导致信息的扭曲。要从各方面听取意见,并注重分析比较。

(2) 要注意平均水平与实际情况的差异。

(3) 不要轻易放弃相互矛盾或截然相反的意见。要注意深入调查,在搞清事实的基础上作出决策。

(4) 对专家的意见避免盲从。

(5) 要注意信息的时间性和获取信息的代价,不要指望在收集到所有信息后再作决策。

2. 正确运用直觉

(1) 客观事实很少且不相干,但仍要求作出决策时;

(2) 事实摆在面前,但并不能指明方向,我们看不出应当做什么时;

(3) 时间很紧,广泛收集信息进行分析已不太可能时;

(4) 有数种可行的解决方案,在逻辑上都说得通,但需要作最后评判时。

3. 明智地把握决策时机和确定决策者

4. 克服决策过程中的心理障碍

(1) 优柔寡断;(2) 急于求成;(3) 求全求美。

5. 学会处理错误的决策

(1) 承认;(2) 检查;(3) 调整;(4) 改正。

◎ 案例分析与问题解决

现在让我们再回到前面的开篇案例上来。根据以上知识点,在管理学角度上,针对目标管理我们可以得的一些启示。

目标管理是一个全面的管理系统,它用系统的方法,将许多关键管理活动结合起来,高效率地实现个人目标和企业目标。它是一种民主的强调职工自我管理的管理制度。在目标制定过程中,要让职工广泛参与发表意见,在相互尊重中实现信息交流,把个人目标与组织目标相统一,在目标完成中,职工有权在企业政策范围内自行制定具体行动方案。这种管理制度通过职工的参与使职工发现工作的兴趣和价值,调动职工的工作积极性,也通过考核职工目标完成情况,挖掘人力资源的潜能,使职工在自我控制中实现个人与组织的目标。其中,目标制定是否科学、合理可行是决定目标管理成败的关键。

案例中的分公司经理认识到了制定目标对企业的重要性,但忽略了目标管理"以人为本"的管理思想。在制定目标时完全凭一己之见,这就导致其下属普遍对实施目标管理抱怀疑和消极应付的态度,其实施效果也就可想而知。正确的做法是:实施参与制目标设定法,通常可采用以下两种:(1)自上而下的目标制定法,先由高层管理者提出企业目标,再交给职工讨论,最后修改形成企业目标。(2)自下而上的目标制定法,由下级部门或职工讨论,提出目标,再由上级审议批准,形成企业目标。无论以上哪种方法,都需要使企业目标经过几上几下的若干次修改,在充分讨论的基础上才能最后确定。管理者必须向下属阐明组织目标,口头介绍是很好的办法,但在做过口头介绍后,一定要形成书面备忘录。每个人的目标都应该以书面形式记录下来,并且尽可能详细。书面记录可以帮助我们节省许多不必要的工作,让我们免掉以后因没做记录而产生的反复、误解、错误和沟通障碍。同时,书面记录有助于我们不断补充、更加准确描述、防备遗忘和可作为日后考核的依据。所以,目标应尽可能地以书面形式明确。

由于未来各种因素的变化难以预计,我们确实很难根据前几年的情况来比较准确地推断当年可能达到的目标。那么这是否意味着在多变的环境中目标无法制定或没有必要事先制定目标呢?目标是在未来的一段时间内要达到的程度,它既可以从现实出发来预定,也可以根据我们内心的追求来确定。因此,在我们难以从现状出发,根据对未来的预计确定目标时,我们可以从使命和愿景出发,倒推我们在未来一段时间内应该达到的程度;或根据竞争的需要,推测我们在未来一段时间内必须达到的程度,以此作为目标;或综合两方面的推测,综合形成我们的目标。

思考与练习

1. 组织愿景和使命的区别?
2. 如何制定组织目标?
3. 企业外部环境因素有哪些?
4. 计划和计划内容?
5. 制定组织计划的程序?
6. 目标管理的基本思想?
7. 决策的类型有哪些?
8. 简述决策的过程?
9. 掌握决策的分类、程序与方法。
10. 掌握环境分析与界定问题的基本模型。
11. 理解目标体系的构成,掌握政策的制定与管理的基本要求。

案例分析

案例1

一位农民和他的孙子到离村12里地的城镇去赶集。开始时老农骑着驴,孙子跟在驴后面走。没走多远,就碰到一位年轻的母亲,她指责农夫虐待他的孙子。农夫不好意思地下了驴,让给孙子骑。走了一公里,他们遇到一位老和尚,老和尚见年青人骑着驴,而让老者走路,就骂年青人不孝顺。孙子马上跳下驴,看着他爷爷。两人决定谁也不骑。两人又走了四里地,碰到一学者,学者见两人放着驴不骑,走得气喘吁吁的,就笑话他们放着驴不骑,自找苦吃。农夫听学者这么说,就把孙子托上驴背,自己也翻身上驴。两一起骑着驴又走了三里地,碰到了一位外国人,这位外国人见他们两人合骑一头驴,就指责他们虐待牲口!

思考题:
你若是那位老农,你会怎么做?

案例 2

长城公司李总经理在一次职业培训中学习到很多目标管理的内容。他对于这种理论逻辑上的简单清晰及其预期的收益印象非常深刻。因此,他决定在公司内部实施这种管理方法。

首先他需要为公司的各部门制定工作目标。李总认为:由于各部门的目标决定了整个公司的业绩,因此应该由他本人为他们确定较高目标。确定了目标之后,他就把目标下发给各个部门的负责人,要求他们如期完成,并口头说明在计划完成后要按照目标的要求进行考核和奖惩。但是他没有想到的是中层经理在收到任务书的第二天,就集体上书表示无法接受这些目标,致使目标管理方案无法顺利实施。李总感到很困惑。

思考题:
根据目标管理的基本思想和目标管理的实施过程,分析李总的做法存在哪些问题?他应该如何更好地实施目标管理?

案例 3

乔森家具公司五年目标

乔森家具公司是乔森先生在本世纪中期创建的,开始时主要经营卧室和会客室家具,取得了相当大的成功,随着规模的扩大,自 70 年代开始,公司又进一步经营餐桌和儿童家具。1975 年,乔森退休,他的儿子约翰继承父业,不断拓展卧室家具业务,扩大市场占有率,使得公司产品深受顾客欢迎。到 1985 年,公司卧室家具方面的销售量比 1975 年增长了近两倍。但公司在餐桌和儿童家具的经营方面一直不得法,面临着严重的困难。

乔森家具公司自创建之日起便规定,每年 12 月份召开一次公司中、高层管理人员会议,研究讨论战略和有关的政策。1985 年 12 月 14 日,公司又召开了每年一次的例会,会议由董事长兼总经理约翰先生主持。约翰先生在会上首先指出了公司存在的员工思想懒散、生产效率不高的问题,并对此进行了严厉的批评,要求迅速扭转这种局面。与此同时,他还为公司制定了今后五年的发展目标。具体包括:(1)卧室和会客室家具销售量增加 20%;(2)餐桌和儿童家具销售量增长 100%;(3)总生产费用降低 10%;(4)减少补缺职工人数 3%;(5)建立一条庭院金属桌椅生产线,争取五年内达到年销售额 500 万美元。

这些目标主要是想增加公司收入,降低成本,获取更大的利润。但公司副总经理托马斯跟随乔森先生工作多年,了解约翰董事长制定这些目标的真实意图。尽管约翰开始承接父业时,对家具经营还颇感兴趣。但后来,他的兴趣开始转移,试图经营房地产业。为此,他努力寻找机会想以一个好价钱将公司卖掉。为了能提高公司的声望和价值,他准备在近几年狠抓一下经营,改善公司的效益。

托马斯副总经理意识到自己历来与约翰董事长的意见不一致,因此在会议上没有发表什么意见。会议很快就结束了,大部分与会者都带着反应冷淡的表情离开了会场。托马斯有些垂头丧气,但他仍想会后找董事长就公司发展目标问题谈谈自己的看法。

思考题:
1. 乔森家具公司的市场经营情况怎么样?
2. 乔森家具公司内部存在哪些问题?
3. 你如何看待约翰先生提出的目标及与托马斯的分歧?
4. 你能为解决这一问题提出建议吗?

自我评估

你是一个称职的计划人员吗?
提示:对下列的每一个问题只需回答是与否。
1. 我的个人目标能以文字的形式清楚地说明。
2. 多数情况下我整天都是乱哄哄的和杂乱无章的。
3. 我一直都是用台历或约会簿作为辅助工具。
4. 我很少仓促地做出决策,总是仔细研究了问题之后再行动。
5. 我利用"速办"或"缓办"卷宗对要办的事情进行分类。
6. 我习惯于对所有的计划设定开始日期和结束日期。
7. 我经常征求别人的意见和建议。
8. 我想所有的问题都应当立刻得到解决。

根据问卷设计者的观点,优秀的计划人员可能的答案是:2 和 8 答案为"否",其余为"是"。

技能提高

任务一:进行企业环境分析

目标
1. 培养分析外部环境的能力;
2. 培养分析内部环境的能力。

实训目标
通过实训,主要让学生对企业内外部环境分析有初步的认识。具体包括:
1. 提高企业内外部环境对企业的重要性认识;
2. 搜集与处理信息的能力;
3. 分析判断的能力;
4. 总结与评价的能力。

实训内容与要求
1. 利用课余时间实地调查一家企业,或搜集一家企业的系统资料。
2. 运用所学环境分析法,分析该企业的外部环境。

例如:根据道光集团的各种资料信息,策划一个营销专题活动。各模拟公司围绕着如何树立道光企业形象、宣传推销道光二五酒类产品为主题分别策划一个营销专题活动,每个模拟公司起草一份计划书,可参照以下步骤进行:

(1)分析道光集团公司所处的环境:这既包括企业的内部环境,也包括企业的外部环境;既要考虑企业的现实环境,也要考虑企业的未来环境。从而确定道光集团的主要产品"道光二五"的优势劣势机遇和挑战,为下一步确定模拟公司的营销专题活动可行性目标提供依据。

(2) 制定目标:详细制定此次策划活动的目标,包括初期目标和最终目标。

(3) 设计与抉择方案:为实现目标,要合理配置人、财、物等诸种资源,选择正确的实施途径与方法,制定系统的计划方案。

(4) 编制计划:要依据计划目标与所确定的最优方案,按照计划要素与工作要求,编制计划书。

(5) 计划的实施与反馈:计划付诸实施,管理的计划职能并未结束。为了保证计划的有效执行,要对计划进行跟踪反馈,及时检查计划执行情况,分析计划执行中存在的问题,并对计划执行结果进行总结。

成果与检测

1. 每个人都要提供一份企业外部环境分析简要报告。
2. 每个人都要提供一份企业内部环境分析简要报告。
3. 由教师对学生的两个报告评定分数。
4. 每个模拟公司分别写出计划书交由老师审阅评估。

任务二:请每位同学制定一份班级秋游计划,注意可行性和备选方案

任务三:请每位同学制定自己的长期目标、中期目标和短期目标,及在大学期间如何合理安排自己的时间

网上练习

假设你已经受雇于阿里巴巴的竞争者情报部门作为一名暑假见习生,你的主管要求你编辑一份公司四个最重要的竞争对手的材料,特别是,他要求你找出:(1)这些竞争者可能引入的新产品;(2)过去五年的年销售收入和利润;(3)这些竞争对手计划中的其他战略行动。

确定你打算研究的是哪四个竞争者。利用互联网搜集期望的信息,并予以分类。

模块三　组　　织

学习目标

1. 明确组织设计的任务、原则；
2. 掌握常见的组织结构形式及其适用范围；
3. 合理设计组织结构；
4. 掌握职权配置的原理与方法；
5. 理解授权的重要性。

开篇案例

美国通用汽车公司是世界上最大的汽车制造公司，也是世界上最大的工业企业，它的年销售额超过了世界很多国家的国民生产总值。在近几年《财富》杂志所公布的世界500强排行榜上，通用汽车公司几次重新夺回冠军位置，名列榜首。但是，通用汽车的发展过程，却是历经坎坷、遭逢危机。通用汽车能发展到现在并取得在世界汽车行业的领先地位，与通用汽车历史上的数次改革创新是密不可分的。

通用汽车公司的前身是1907年戴维·别克创办的别克汽车公司。后来，美国最大的马车制造商威廉姆·C·杜兰特将别克汽车公司收购。为解决当时汽车工业数百家公司并存的局面，杜兰特以别克汽车公司——奥兹汽车公司为基础，成立了一家汽车控股公司——通用汽车公司(GM)，并在其后的两年里，先后收购了17家小汽车公司，后来又兼并了谢尔顿汽车公司、费舍汽车公司60%的股份和加拿大的麦克劳林汽车公司。急速扩张，又疏于管理，特别是把经营决策权过分地分散，致使通用汽车公司犹如一盘散沙，经营状况每况愈下。在公司管理的最高层的组成人员中，除了威廉姆·C·杜兰特本人和7个私人助理及秘书之外，别无他人。公司在密执安州，而决策者却长住纽约，许多紧急事情往往得拖上数周才能采取行动。总公司对所属各单位缺乏集中的管理和政策上的指导，各部门的负责人可以任意决定产品价格，处理存货和收入，可以随心所欲地同银行发生借贷关系。第一次世界大战后美国爆发了经济危机，通用汽车公司大量的成品汽车堆积在仓库里，占用资金高达8 490万美元。公司的股票价格由此大幅度下跌。通用汽车公司危机四伏，摇摇欲坠，已濒于破产境地。如何改革公司组织结构，提高管理能力，成为通用汽车公司的当务之急。

在计划职能确定了组织的具体目标，并对实现目标的途径作了大致的安排之后，为了使人们能有效的工作，还必须设计和维持一种组织结构，这就是组织职能的作用。正如著名的管理学家哈罗德·孔茨所言：为了使人们能为实现目标而有效的工作，就必须设计和维持一种职务结构，这就是组织管理职能的目的。

任务一　组织结构设计

一个组织能否顺利地实现其目标,能否促使组织成员在实现组织目标的过程中做出贡献,在很大程度上取决于组织结构的完善程度。因此,组织结构的设计就成为组织工作中的关键一环。它是执行组织职能的基础性工作。

一、组织及其相关概念

(一) 组织的定义

组织是为了达到预定的目标,对各种资源的配置过程和由此而产生的权力机构。组织的内涵包括两方面:一是指组织结构;二是指组织过程。实际上,组织就是设计一种组织结构,并使之运转的过程。

(二) 权责角色结构

组织是按照一定目的和程序而组成的一种权责角色结构。

职权是指经由一定的正式程序所赋予某个职位的一种权力。它是一种职位权力,而不是某个人的个人权力。

职责是指某个职位应该完成某项任务的责任。

负责是指反映上下级之间的一种关系。

组织结构图是指反映组织内各部门、岗位上下左右相互关系的图表。

(三) 组织工作的含义

组织工作是指在组织目标已经确定的情况下,将实现组织目标所必需进行的各项业务活动加以分类组合,并根据管理幅度原则,划分出不同的管理层次、部门,将监督各类活动所必需的职权授予各层次各部门的主管人员,并规定这些层次和部门间的相互配合关系。此外,还要根据组织内外部要素的变化,不断地、适时地对组织结构做出调整和变革,以确保组织目标的实现。

简言之,组织工作就是为了实现组织的共同目标而确定组织内各要素及其相互关系的活动过程,也即设计一种组织结构,并使之运转的过程。

可见,组织工作涉及组织结构的设计和组织结构的运行两个方面。

(四) 组织工作的特点

1. 组织工作是一个过程

这个过程由一系列环节组成:确定组织目标,进行目标分解,业务工作分类,落实到部门,形成部门,授权(规定职责、权限),通过职权关系和信息系统,把各层次、部门联结成一个有机整体。组织工作的最终成果是提供组织结构图、部门职能说明书和岗位职责说明书。部门职能说明书一般包括部门名称、上下级隶属关系、协作部门、部门宗旨、主要职能、责任、部门权力、岗位设置等内容。通过部门职能说明书,可了解到组织中各部门之间的职能分工情况。岗位职责说明书一般包括岗位名称、上下级关系、主要工作、直接责任、岗位权力、岗位素质要求等内容。

2. 组织工作是动态的

通过组织工作建立起来的组织结构不是一成不变的,组织内外部环境的变化,要求对组织结构进行调整,以适应变化。这就是其动态性。

3. 组织工作要重视非正式组织的影响

由于非正式组织在满足人们的心理、感情需要上,比正式组织更有优越性,加之其形式灵活、覆盖面广,几乎所有的正式组织的成员都参与了某种非正式组织。因此,在组织设计时,要注意利用非正式组织,使其成为正式组织的辅助,或使其成为组织工作所设计和保持的组织结构中的组成部分。

重视非正式组织的影响,我们应把握正式组织与非正式组织的区别。正式组织的活动以成本和效率为主要标准,维系正式组织的是理性的原则。基本特征为:(1)目的性;(2)正规性;(3)稳定性。非正式组织以感情和融洽的关系为标准,维系非正式组织的是接受和欢迎或孤立与排斥等感情上的因素。基本特征为:(1)自发性;(2)内聚性;(3)不稳定性。

二、组织结构设计

1. 组织机构设计的任务

所谓组织结构设计是指进行专业分工和建立各种使各部分相互有机地协调配合的系统的过程。组织设计的成果之一是"组织结构图",所以常说的组织设计指的就是组织结构的设计。

为了提供组织结构设计的最终成果,组织结构设计者要完成以下三个步骤的工作:明确完成组织目标所需进行的活动;将这些活动按某种方式进行归类;建立能使各部分活动相互之间协调的体系。

2. 组织结构设计的原则

组织结构设计合理与否可以通过一定的标准来评价,这些标准就是组织设计时必须遵循的原则。

(1) 目标一致性原则。组织结构的设计和组织形式的选择必须有利于组织目标的实现。任何组织都有其特定的目标,组织及其每一部分都应该与其特定的组织目标相联系,组织的设计与调整都应以其是否对实现组织目标有利为衡量标准。按此原则,组织设计要以事为中心,设计职务,建立机构,配备人员。

(2) 专业化分工与协作原则。组织结构应能充分反映为实现组织目标所必要的各项任务和工作分工,以及相互之间的协调,为此,要做到分工合理,协作明确。一般地,分工越细,专业化水平越高,责任越明确,效率也越高,但却带来了机构增多、协作困难和协调工作量大等问题;分工太粗,机构减少,但专业化水平低。因此组织设计时,要根据需要和可能合理确定分工。组织设计中管理层次的分工、部门的分工和职权的分工,以及各种分工之间的协调都是专业化分工与协作原则的具体体现。

(3) 管理幅度原则。管理人员有效地监督、指挥其直接下属的人数是有限的。

(4) 统一指挥原则。一个下级只接受一个上级的命令和指挥,同时下级只对这个上级负责。该原则要求:上下级之间要形成一条纵向连续的等级链;一个下级只有一个上级领导;一个项目只能由一个人负责;一般上级不能越级指挥。

(5) 权责对等原则。职权与职责必须对称或相等。在进行组织设计时,既要明确每一部门的职责范围,又要赋予完成其职责所必须的权利,二者必须协调一致。

(6) 集权与分权相结合的原则。为了保证有效的管理,该集中的权力集中起来,该下放的权力分给下级,这样才能加强组织的灵活性和适应性。

(7) 精干高效原则。它是衡量组织结构合理与否的主要标准。在满足组织目标所要求的业务活动需要的前提下,力求减少管理层次,精简机构和人员,提高管理效率。

(8) 稳定性与适应性相结合的原则。组织结构既要有相对的稳定性,不要总是轻易变动;但又要根据组织长远目标、组织内外部环境条件的变化做出相应的调整。

(9) 因事设职与因人设职相结合的原则。组织设计的根本目的是保证组织目标的实现,使目标活动的每项内容都落实到具体的岗位和部门,使"事事有人做",这就要求要因事设职,保证工作的完成;另一方面,在组织设计的过程中要保证人尽其才,使有能力的人有机会去做他们真正胜任的工作,因此必须考虑到人与事的有机结合。

三、影响组织结构设计的因素

没有所谓的普遍适用的最佳组织结构形式,在组织设计的过程中,必须考虑到各种因素对最优组织结构设计、选择的影响,灵活设计相应的组织结构。影响组织结构的因素,比较重要的有:

(一) 战略

战略是关于组织长远目标、发展方向及相应的行动方案、资源配置的设想与筹划。艾尔弗雷德·钱德勒最早对战略—结构的关系作了研究,他通过对美国若干大公司长达50多年发展史的研究,得出的结论是公司战略的变化导致了组织结构的变化。组织结构必须服从组织所选择的战略的需要。战略选择的不同,能够在两个层次上影响组织结构:不同的战略要求不同的业务活动,从而影响职务的设计;战略重点的改变,会引起组织的工作重点、各部门与职务在组织中重要程度的改变,因而要求各管理职务以及部门之间的关系作相应的调整。

(二) 环境

一个组织的结构之所以受到环境的影响,是因为环境的不确定性。有的组织面临相对稳定和简单的环境,而有的组织则面临动态和复杂的环境。由于不确定性威胁着组织的绩效,因此必须试图减少这种不确定性。而组织结构的调整就是减少这种不确定性的有效措施。组织外部环境对组织的内部结构形式所产生的影响主要表现在:

1. 对职务和部门设计的影响。组织是社会经济大系统中的一个子系统,它与组织外部存在的其他社会子系统之间存在着分工问题。社会分工方式的不同,决定了组织内部工作内容、所需完成的任务、所需设立的职务和部门的不一样。

2. 对各部门关系的影响。环境不同,组织中各项工作完成的难易程度以及对组织目标实现的影响程度亦不同,从而组织的工作重点及各部门的重要程度亦有所差别。

3. 对组织结构总体特征的影响。稳定的环境,要求设计出一种各部门权责关系相对固定、等级结构严密的稳固的组织结构;而多变的环境则要求设计出一种灵活的组织结构。

(三) 技术

任何组织都需要采取某种技术,将投入转换成产出。对于技术—结构关系的研究最早源于英国学者琼·伍德沃德,其研究反映出组织应该根据它们的技术调整其结构。技术以及技术设备的水平不仅影响组织活动的效果和效率,而且会对组织活动的内容划分、职务的设置以及工作人员的素质要求等产生很大的影响。一般来说,技术越是常规化,结构越是要采用机械式的结构;组织越是采用非常规化的技术,越是要采用有机式的结构。

(四) 规模

组织的规模不同,与之相适应的组织结构形式亦有很大的差别。并且,组织的规模往往与组织的发展阶段相联系,因而它们都是影响组织结构的重要因素。

四、组织结构设计的程序

组织结构设计的基本程序大致可划分为如下几个步骤:

(一) 确定组织目标

组织目标是组织设计的基本出发点。任何组织都是实现某一目标的工具,没有明确的目标,组织就失去了其存在的意义。因此,组织设计的第一步,就是要在综合分析组织外部环境和内部条件的基础上,合理确定组织的总目标及各种具体的派生目标。

(二) 确定业务内容

根据组织目标的要求,确定为实现组织目标所必需的业务活动,并按其性质适当分类,如企业的市场研究、经营决策、产品开发、质量管理、营销管理等,并进一步地明确各类活动的范围和大概工作量。在此基础上,进行业务流程的总体设计,使总体业务流程优化。

(三) 确定组织结构

根据组织规模、技术特点、业务工作量大小,参考同类组织结构设计的模式,确定应采取的组织结构的基本形式,进而确定需要设置哪些单位和部门,并把性质相同或相近的业务活动划归适当的单位和部门负责,形成层次化、部门化的组织结构体系。

(四) 配备职务人员

根据各单位、部门所分管的业务工作的性质和对人员的素质要求,挑选和配备称职的人员及其行政负责人,并明确其职务和职称。

(五) 规定职责权限

根据组织目标的要求,明确规定各单位和部门及其负责人对业务活动应负的责任以及评价工作绩效的标准。同时,根据完成业务活动的实际需要,授予各单位和部门及其负责人适当的权力。

五、常见的组织结构形式

组织结构就是表明组织各部分排列顺序、空间位置、聚集状态联系方式及各要素之间相互关系的一种模式。在进行组织结构设计时,管理者可从一些常用的组织结构设计类型中进行选择。在这里,我们介绍几种常见的组织结构形式。

(一) 直线型结构

这是最古老、最简单的组织结构形式,适用于小型企业组织或应用于现场的作业管理。

该结构的特点是:组织中各种职务按垂直系统直线排列,各级主管人员对所属下属拥有直接职权,每个下属只接受一个上级的指令,并只能向一个直接上级报告(如图3-1所示)。

该结构的优点是:组织结构比较简单,权力集中,责任分明,命令统一,联系快捷,决策迅速。

该结构的缺点是:要求主管人员通晓多种知识技能、亲自处理各种业务,在组织规模较大的情况下,所有的管理职能都集中由一人承担,往往会由于个人的知识及能力有限而感到难于应付,顾此失彼,可能发生较多事故。另外,部门之间的协调能力较差。

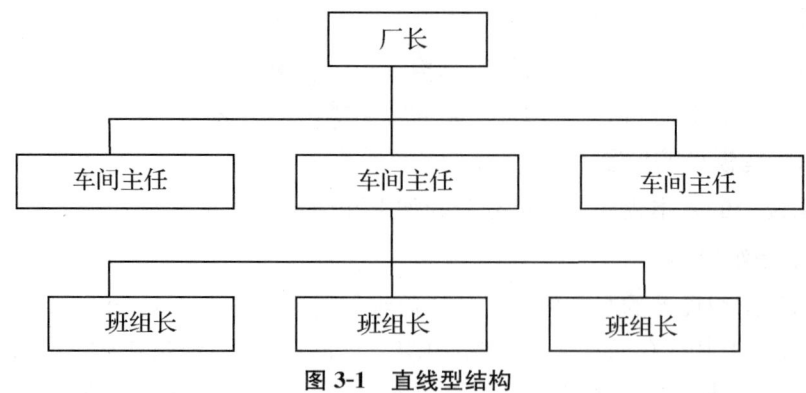

图 3-1　直线型结构

(二) 职能型结构

这一组织形式最早由泰勒提出。该结构的特点是：在组织中设置一些职能部门，分管组织的某些职能管理业务，各职能部门在自己的业务范围内，有权向下级单位发布命令和指示，直接指挥下属（如图 3-2 所示）。

该结构的优点是：分工较细，能够适应现代组织技术比较复杂和管理分工较细等特点；责任明确，能够充分发挥职能机构的专业管理作用，减轻上层主管负担。

该结构的缺点是：由于各个职能部门都拥有指挥权，因而容易形成多头领导、协调困难。

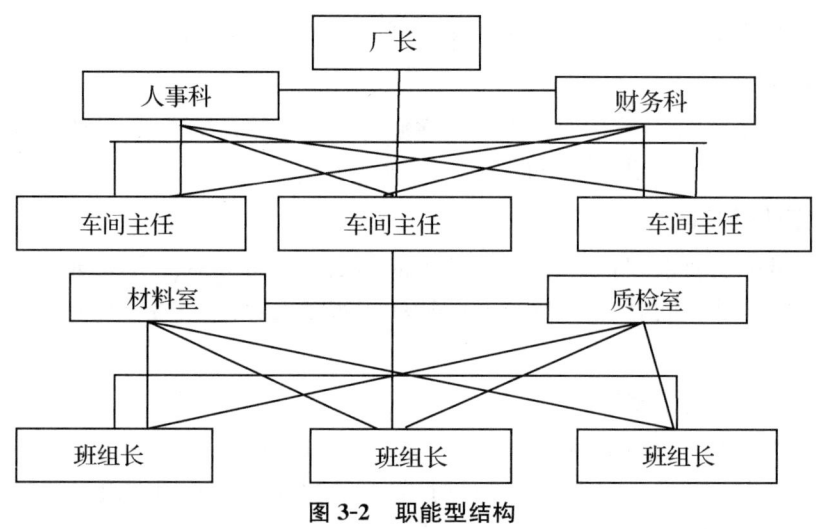

图 3-2　职能型结构

(三) 直线职能型结构

这是一种综合了直线型和职能型两种类型的组织特点而形成的组织结构形式，最早由法约尔提出。该结构的特点是设置了两套系统：一套是按命令统一原则组织的直线指挥系统；一套是按专业化原则组织的职能系统。直线部门的管理人员担负着实现组织目标的直接责任，并拥有对下属的指挥权；职能部门的管理人员是直线指挥人员的参谋，主要负责提供建议和信息，他们只能对下级机构进行业务指导，而不能进行直接指挥和命令。这样就保证了整个组织的统一指挥和管理，避免了多头指挥和无人负责的现象（如图 3-3 所示）。

该结构的优点是：一是既保证统一指挥和管理，又避免了多头领导和无人负责的现象；二是既保持了直线型结构实行的直线领导、统一指挥的优点，又保持了职能型结构的职能管理专业化的优点。同时,既避免了直线型结构管理粗放的缺点,又避免了职能型结构造成的多头领导的弊病。

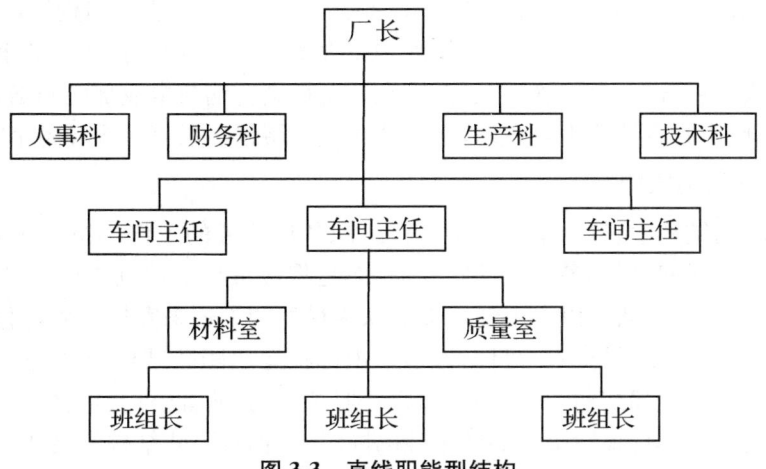

图 3-3　直线职能型结构

该结构的缺点是:各职能部门自成体系,横向联系少,协调比较困难;参谋部门与直线部门之间的目标不易统一,彼此间易产生不协调或矛盾,致使上层主管协调工作量增大。

(四) 事业部结构

最初由美国通用汽车公司的斯隆创立,故又称为"斯隆模型"。事业部结构是现代大公司广为采用的一种重要的组织形式,它适用于产品多样化或从事多角化经营的组织,并尤为适用于市场环境复杂多变或所处地理位置分散的大型企业与巨型跨国公司。

该结构的特点是:事业部结构的管理原则是"集中决策,分散经营"。在该种组织形式中,企业按产品类别、地区或经营部门分别成立若干事业部(如图 3-4 所示)。该项产品或地区的全部业务,从产品设计制造一直到销售,全由事业部负责。各事业部独立经营,单独核算,具有相对独立的利益和自主权。企业的最高管理层是企业的最高决策机构,其职责是研究和制定公司的总目标、总方针、总计划以及各项政策。

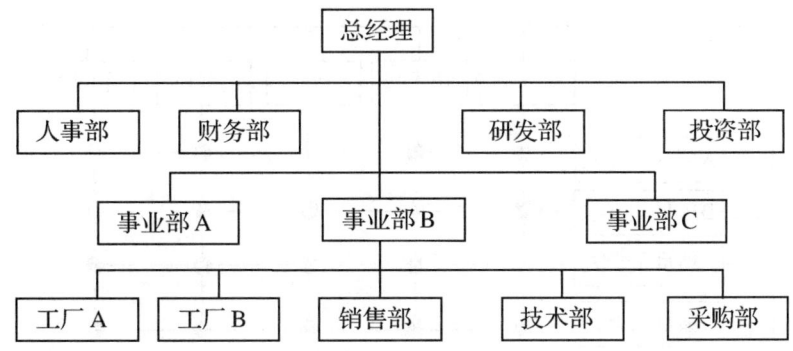

图 3-4　事业部结构

该结构的优点是:组织高层主管摆脱了具体的日常事务,有利于集中精力作好战略决策和长远规划,提高管理灵活性和适应性;有利于发挥事业部的主动性和积极性;有利于发展产品专业化;有利于培养和训练管理人才。

该结构的缺点是:麻雀虽小,五脏俱全,机构重复,造成管理人员的浪费;协作较差,各事业部独立经营,相互协调困难,不能有效地利用企业的全部资源;内耗大,各事业部主管人员考虑问题往往从本部门出发,忽视整个组织的利益。

由于组织规模越来越大型化,在美国和日本又出现了"超事业部结构",亦称"执行部结构",相当于分公司制。由于企业规模已发展到超大型化,总公司直接领导的事业部过多,显得管理幅度过大,不能进行有效管理,于是就在公司最高首脑与事业部之间增设一个管理层次——超事业部,由它直接管理事业部,而总公司最高层领导只直接领导各个"超事业部"。

(五)基于团队的结构

在基于团队的结构中,整个组织是由执行组织各项任务的工作小组或团队组成。在这种组织中,不存在从最高层到最低层的职权链,而是将决策权下放到工作团队层次,通过对员工进行授权,使员工团队可以自由地以他们认为最好的方式来安排工作,而且团队对其所负责领域的所有工作及结果负责。目前许多组织都在运用团队结构,有的公司还将团队结构与职能型结构或事业部结构结合起来,如摩托罗拉公司、波音公司、惠普公司等,这种组合结构使这些公司在获得行政性机构的效率性的同时,还拥有团队结构的灵活性。

(六)矩阵型结构

矩阵型结构是一种把按职能划分的部门和按产品(或项目)划分的小组相结合所产生的一种组织结构形式。该结构的特点是:由纵横两套管理系统组成。一套是纵向的职能系统,一套是为完成各项任务而组成的横向项目系统。横向系统的组织,一般是产品、工程项目或服务项目组成的专门项目小组或委员会,并设立项目小组的总负责人,全面负责项目方案的综合工作。纵向系统的组织,是在职能部门经理领导下的各职能科室。这种结构从各职能部门中抽调有关专家,分派他们在一个或多个由项目经理领导的项目小组中工作。参加项目小组的有关成员,一般要接受两方面的领导,即在执行日常工作任务时接受本部门的垂直领导;在执行具体规划任务时接受项目负责人的领导。任务完成后,成员就回到原单位再去执行别的任务(如图 3-5 所示)。

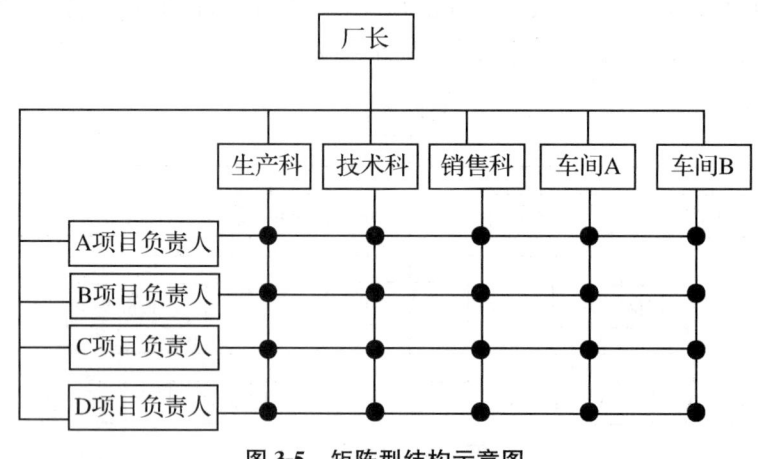

图 3-5 矩阵型结构示意图

管理聚焦

1987 年,加州伯克利大学电子工程专业出身的叶成辉在美国加入 IBM 旧金山公司,成为一名程序员。因为不喜欢编程等技术类的工作,梦想着做生意、当经理,他便主动请缨到销售部门去做,经过了差不多 5 年时间的努力,获得提升,成为一线的经理。随后,叶先生回到 IBM 香港公司,做产品经理。如今,叶成辉已经是 IBM 大中华区服务器系统事业部 AS/400 产品的总经理。

从旧金山到香港,再到广州到北京;从普通员工到一线经理,再提升到现在做三线经理;从一般的产品营销,到逐步专注于服务器产品,再到 AS/400 产品经理,10 多年来,叶成辉一直在 IBM 的"巨型多维矩阵"中不断移动,不断提升。他认为,IBM 的矩阵组织是一个很特别的环境,"在这个矩阵环境中,我学到了很多东西。"

IBM 是一个巨大的公司,很自然地要划分部门。单一地按照区域地域、业务职能、客户群落、产品或产品系列等来划分部门,在企业里是非常普遍的现象,从前的 IBM 也不例外。"近七八年以来,IBM 才真正做到了矩阵组织。"这也就是说,IBM 公司把多种划分部门的方式有机地结合起来,其组织结构形成了"活着的"立体网络——多维矩阵。IBM 既按地域分区,如亚太区、中国区、华南区等;又按产品体系划分事业部,如 PC、服务器、软件等事业部;既按照银行、电信、中小企业等行业划分;也有销售、渠道、支持等不同的职能划分;等等,所有这些纵横交错的部门划分有机地结合成为一体。对于这个矩阵中的某一位员工比如叶成辉经理而言,他就既是 IBM 大中华区的一员,又是 IBM 公司 AS/400 产品体系中的一员,当然还可以按照另外的标准把他划分在其他的部门里……

IBM 公司这种矩阵式组织结构带来的好处是什么呢?叶成辉先生认为,非常明显的一点就是,矩阵组织能够弥补对企业进行单一划分带来的不足,把各种企业划分的好处充分发挥出来。显然,如果不对企业进行地域上的细分,比如说只有大中华而没有华南、华东、香港、台湾,就无法针对各地区市场的特点把工作深入下去。而如果只进行地域上的划分,对某一种产品比如 AS/400 而言,就不会有一个人能够非常了解这个产品在各地表现出来的特点,因为每个地区都会只看重该地区整盘的生意。再比如按照行业划分,就会专门有人来研究各个行业客户对 IBM 产品的需求,从而更加有效地把握住各种产品的重点市场。

"如果没有这样的矩阵结构,我们要想在某个特定市场推广产品,就会变得非常困难。"叶成辉说。比如说在中国市场推广 AS/400 这个产品吧,由于矩阵式组织结构的存在,我们有华南、华东等各大区的队伍,有金融、电信、中小企业等行业队伍,有市场推广、技术支持等各职能部门的队伍,以及专门的 AS/400 产品的队伍,大家相互协调、配合,就很容易打开局面。

"首先,我作为 AS/400 产品经理,会比较清楚该产品在当地的策略是什么。在中国,AS/400 的客户主要在银行业、保险业,而不像美国主要是在零售业和流通业;在亚太区,AS/400 的产品还需要朝低端走,不能只走高端;中国市场上需要 AS/400 的价位、配置以及每个月需要的数量等,只有产品经理,才能做到门清。从产品这条线来看,我需要跟美国工厂订货,保证货源供应。从产品销售的角度看,AS/400 的产品部门需要各相关地区的职能部门协助,做好促销的活动;然后需要各大区、各行业销售力量把产品销售出去。比如,我需要在媒体上做一些访问,就要当地负责媒体公关的部门协助。再如,我认为'莲花宝箱'(为中国市场量身定制的 AS/400)除了主打银行外,还要大力推向中小企业市场,那么就需要跟中国区负责中小企业的行业总经理达成共识。当然,'莲花宝箱'往低端走,还需要分销渠道介入,这时,就需要负责渠道管理的职能部门进行协调。从某种意义上讲,我们之间也互为'客户'关系,我会创造更好的条件让各区、各行业更努力推广 AS/400。"叶成辉说。

任何事情都有它的"两面性"。矩阵组织在增强企业产品或项目推广能力、市场渗透能力的同时,也存在它固有的弊端。显然,在矩阵组织当中,每个人都有不止一个老板,上上下下需要更多的沟通协调,所以,"IBM 的经理开会的时间,沟通的时间,肯定比许多小企业要长,也可能使得决策的过程放慢。"叶成辉进一步强调,"其实,这也不成为问题,因为大多数情况下还是好的,IBM 的经理们都知道一个好的决定应该是怎样的。"另外,每一位员工都由不同的老板来评估他的业绩,不再是哪一个人说了算,评估的结果也会更加全面,"每个人都会更加用心去做工作,而不是花心思去讨好老板。"

同时运用不同的标准划分企业部门,就会形成矩阵式组织。显然,在这样的组织结构内部,考核员工业绩的办法也无法简单。在特定客户看来,IBM 公司只有"惟一客户出口",所有种类的产品都是一个销售员销售的;产品部门、行业部门花大气力进行产品、客户推广,但是,对于每一笔交易而言,往往又是由其所在区域的 IBM 员工最后完成;等等。问题是,最后的业绩怎么计算?产品部门算多少贡献,区域、行业部门又分别算多少呢?叶成辉说:"其实,IBM 经过多年的探索,早已经解决这个问题了。现在,我们有三层销售——产品、行业和区域,同时,我们也采取三层评估,比如说经过各方共同努力,华南区卖给某银行 10 套 AS/400,那么这个销售额给华南区、AS/400 产品部门以及金融行业部门都记上一笔。"当然,无论从哪一个层面来看,其总和都是一致的。比如从大中华区周伟锟的立场来看,下面各分区业绩的总和,大中华区全部行业销售总额,或者大中华区全部产品(服务)销售总额,三个数字是一样的,都可以说明他的业绩。

在外界看来,IBM 这架巨大的战车是稳步前进的,变化非常缓慢。叶成辉认为,这其实是一种误会。对于基层的员工,对于比较高层的经理,这两头的变化相对比较小,比较稳定。比如说一名普通员工进入 IBM,做 AS/400 的销售,差不多四五年时间都不会变化,然后,可能有机会升任一线经理。再比如亚太区的总经理,也可能好多年不变,因为熟悉这么大区域的业务,建立起很好的客户关系,也不太容易。所以,外界就觉得 IBM 变动缓慢。"但是,在 IBM 矩阵内部的变化还是很快的。中间层的经理人员差不多一两年就要变化工作,或者变化老板,变化下属,这样就促使整个组织不断地创新,不断地向前发展。"叶成辉说,"我在 IBM 公司 10 多年,换了 10 多位老板。每一位老板都有不同的长处,从他们那里我学到了很多。其实,IBM 的每一位员工都会有这样的幸运。"

矩阵组织结构是有机的,既能够保证稳定地发展,又能保证组织内部的变化和创新。所以,IBM 公司常常流传着一句话:换了谁也无所谓。

任务二 职权配置与规范设计

一、职权配置

组织结构设计就是对组织内的层次、部门和职权进行合理的划分。具体地说,就是把为实现组织目标而需完成的工作,不断划分为若干性质不同的业务工作,然后再把这些工作组合成若干部门,并确定各部门的职责和职权。

合理的组织结构设计就是要正确地处理下述三个问题:① 管理层次的划分;② 部门的划分;③ 职权的划分。它们构成了组织设计的三大内容:纵向结构上管理幅度和管理层次划分;横向结构上的部门化;职权结构上的职权划分。

(一) 管理层次与管理幅度

1. 管理层次

管理层次是指组织中职位等级的数目。随着组织的规模扩大、业务关系日趋复杂,任何一个组织的最高主管,由于受到时间、精力等诸多因素的限制,能够直接有效地指挥和监督的下属数量总是有限的。这个有限的直接领导的下属数量被称作管理幅度,又称"管理跨度"。当超过这个限度时,管理的效率就会随之下降。因此,主管人员要想有效地领导下属,就必须认真考虑究竟能直接管辖多少下属的问题,即管理幅度问题。换句话说,超过了管理幅度时,就必须增加一个管理层次。

2. 管理幅度

管理幅度是指管理人员有效地监督、指挥其直接下属的人数。管理层次受到组织规模和管理幅度的影响。它与组织规模成正比:组织规模越大,所包括的成员越多,则层次就越多;在组织规模一定的条件下,它与管理幅度成反比:主管所能直接控制的下属越多,管理层次就越少,相反,管理幅度减少,则管理层次增加。

3. 宽、窄管理幅度(即扁平结构和金字塔结构)的优缺点

管理层次与管理幅度的反比关系决定了两种基本的组织结构形态:扁平结构与金字塔结构。扁平结构是指管理层次少而管理幅度大的一种组织结构形态。金字塔结构是指管理层次多而管理幅度小的一种组织结构形态。

扁平结构与金字塔结构各有利弊(如表 3-1)。一般而言,为了管理更有效,应尽可能地减少管理层次。

表 3-1　扁平结构与金字塔结构的优缺点

	扁平结构	金字塔结构
优点	1. 信息纵向传递速度快,密切了上下级关系 2. 管理费用低 3. 被管理者有较大的主动性、积极性和满足感	1. 管理严密 2. 分工明确 3. 上下级易于协调
缺点	1. 主管不能对下属进行充分有效的指导和监督 2. 上下级协调较差,同级间相互沟通困难	1. 影响信息传递速度,可能失真 2. 影响积极性 3. 容易使计划的控制工作复杂化

(1) 工作内容和性质。主管人员涉及的问题复杂、困难或涉及方向性、战略性问题,其管理幅度宜窄;下属工作的相似性越大,则管理幅度宜适当加大。

(2) 工作条件。主管人员的助手配备情况越好、掌握信息的手段越先进、不同下属工作岗位的分布越接近,则主管人员的管理幅度宜宽。

(3) 工作环境。环境变化越快,组织中遇到的新问题越多,下属向上级的请示就越有必要、越经常,而上级能用于指导下属的时间与精力却越少,因为其要花费大量时间去关注环境的变化,考虑应对的措施。因此工作环境越不稳定,各层主管人员的管理幅度宜窄;反之则宜宽。

总之,管理幅度受多方面因素的影响,这也决定了管理幅度具有很大的弹性。

(二) 部门化

1. 部门化含义

部门是指组织中管理人员为完成规定的任务有权管辖的一个特定领域。部门化就是将若干职位组合在一起的依据和方式。它是将组织中的活动按照一定的逻辑安排,划分为若干个管理单位。部门划分的目的是:确定组织中各项任务的分配以及责任的归属,以求分工合理、职责分明,有效达到组织的目标。

2. 部门划分的方法

部门划分的标准主要有:职能、产品、顾客、地区、人数、时间、过程、设备,以及销售渠道、工艺、字母或数字等。下面介绍最主要的几种部门化形式。

(1) 职能部门化。这是最普遍采用的一种划分方法。即按专业化的原则,以工作或任务的性质为基础来划分部门。按重要程度可分为:基本的职能部门和派生的职能部门。基本的职能部门一般有:生产、工程、质量、销售、财务部门等。派生的职能部门有:如生产部门中的设计科、工艺科、制造车间、生产计划科、设备动力科、安全科、调度室等。职能部门化的优点是:有利于专业人员的归口管理;易于监督和指导;有利于提高工作效率。缺点是容易出现部门的本位主义,决策缓慢、管理较弱,较难检查责任与组织绩效。

(2) 产品部门化。按组织向社会提供的产品来划分部门。如:家电企业集团可能会依据其产品类别划分出彩电部、空调部、冰箱部、洗衣机部等部门。产品部门化的优点是:可提高决策的效率;便于本部门内更好的协作;易于保证产品的质量和进行核算。缺点是容易出现部门化倾向;行政管理人员过多,管理费用增加。

(3) 地区部门化。按地理位置来划分部门。如:跨国公司依照其经营地区划分的各个分公司。地区部门化的优点是:对本地区环境的变化反应迅速灵敏;便于区域性协调;有利于管理人员的培养。缺点是与总部之间的管理职责划分较困难。

(4) 过程部门化。按完成任务的过程所经过的阶段来划分。如:机械制造企业划分出铸工车间、锻工车间、机加工车间、装配车间等部门。过程部门化的优点是:能取得经济优势;充分利用专业技术和技能;简化了培训。缺点是部门间的协作较困难。

(5) 顾客部门化。按组织服务的对象类型来划分部门。如:银行为了向不同的顾客提供服务,设立了商业信贷部、农业信贷部和普通消费者信贷部等。顾客部门化的优点是可更加有针对性地按需生产、按需促销。缺点是只有当顾客达到一定规模时,才比较经济。

(6) 人数部门化。单纯按人数的多少来划分部门。类似于军队的师、团、营、连的划分,是最原始、最简单的划分方法。

(7) 时间部门化。它是在正常工作日不能满足工作需要时,所采用的一种部门划分方法。如:三班制、轮班制工作的情形,即可按此来划分。

(8) 设备部门化。按设备的类型来划分部门。如:医院的放射科、心电图室、脑电图室、超声波室等。

上述对部门划分方式的分析,只是为了理论研究上的方便。在实际工作中,任何组织都很少根据唯一的标准来划分部门,而是经常同时利用两个或两个以上的部门化方式,形成综合式的组织结构。如大学里设置的教务处、科研处、财务处等部门是按照职能为部门划分标志的,而本科生部、硕士生部、博士生部等的设置又是按照产品为部门划分标志的。究竟采用何种部门化或若干种部门化的组合往往取决于对各种部门化方式优劣的权衡。

现代组织的部门化呈现出两种主要趋势:顾客部门化和跨职能团队。顾客部门化被认为是能更好地监测顾客的需求并能对其需求变化做出更好的反应的一种部门化方式。跨职能团队是将各专业领域的专家们组合在一起协同工作。

3. 部门划分的原则

部门划分应遵循的总的原则是分工与协作原则。具体原则有：力求维持最少部门；组织结构应具有弹性；确保目标的实现；各部门任务的分配应平衡，避免忙闲不均；检查职务和业务部门分设，即检查人员不应隶属于受检查的业务部门。

(三) 职权划分

在组织内部，最基本的信息沟通，是通过职权关系来实现的。职权或者说权力是组织成员为了达到组织目标而拥有的开展活动或指挥他人行动的权利。任何一个组织的成员都拥有开展活动的权力，但作为管理者，他们还拥有指挥他人行动的特殊权力。组织中一般存在着三种不同性质的职权：直线职权、参谋职权和职能职权。

直线职权是某个职位、某个部门所拥有的包括发布命令、执行决策等的权力，也就是通常所指的指挥权。直线职权是组织中上级指挥下级工作的权力，表现为上下级之间的命令权力关系。直线职权与等级链相联系，在组织等级链上的管理者一般都拥有直线职权，即他们既接受上级指挥，又指挥下级。如校长对系主任拥有直线职权，系主任对教研室主任拥有直线职权。

参谋职权是某个职位、某个部门所拥有的包括提供咨询、建议等辅助性的权力，也即指导权。参谋人员是直线人员的咨询人，协助直线人员执行职责。

直线与参谋之间的界线是模糊的。作为一个管理人员，他既可以是直线人员，也可以是参谋人员，这取决于他行使的职权。如某部门主管对其下属发号施令时，他行使的是直线职权，是直线人员；而他就某方面事务向上级提出建议时，他行使的是参谋职权，此时他便是参谋人员。可见，直线与参谋的概念不应该按部门或其所从事的工作来划分，而应按权力关系来理解。

职能职权是某个职位、某个部门所拥有的原属直线主管的那部分权力。随着管理活动的日益复杂，主管人员不可能通晓所有的专业知识，为了提高管理效率，主管人员可能将职权关系作某些变动，把一部分本属自己的直线职权授予参谋人员或某个部门的主管人员，这便产生了职能职权。职能职权介于直线职权和参谋职权之间，是一种有限的权力，只有在被授权的职能范围内有效。如大学人事处要求各院系院长（或系主任）执行教师聘用制，就是行使职能职权的例子。

三种职权的比较如表3-2所示。直线职权、参谋职权和职能职权分别由直线、参谋和职能人员行使。

表3-2 三种职权比较

职权种类	特点	行使者
直线职权	指挥权	直线人员
参谋职权	指导权	参谋人员
职能职权	部分指挥权/指导权	职能人员

直线人员、参谋人员和职能人员的相互关系，本质上是一种职权关系。在管理工作中，应处理好三者的关系：参谋职权无限扩大，容易削弱直线人员的职权和威信；职能职权无限扩大，则容易导致多头领导，导致管理混乱、效率低下。为此，要注意发挥参谋职权的作用，同时适当限制职能职权的使用。

从直线与参谋的关系来看,直线人员掌握的是命令和指挥的职权,而参谋人员拥有的则是协助和顾问的职权。参谋的职责是建议而不是指挥,他只是为直线主管提供信息,出谋划策,配合直线人员工作的。

由此可知,二者之间的关系是"参谋建议、直线命令"的关系。因此,发挥参谋作用时,应注意参谋应独立地提出建议,而直线人员不为参谋所左右。

适当限制职能职权的使用,这就要求限制使用范围,职能职权的使用将限于解决如何做、何时做等方面的问题,再扩大就会取消直线人员的工作;再者限制使用级别,下一级职能职权不应越过上一级直线职权,如人事处处长的职能职权不应越过副总经理这一级。

(四)集权与分权

分权是一个组织向其下属各级组织进行系统授权的过程,是形成组织内部各组织单元之间权力关系的基本手段。集权是指决策权都由某一最高层管理者或某一上级部门掌握与控制,下级部门只能依据上级的决定和指示执行,一切行动听上级指挥。

在一个组织中,集权意味着职权集中在较高的管理层次;分权则意味着职权分散在整个组织中。集权和分权对组织来讲都是不可缺少的,但集权与分权是个相对的概念。绝对的集权,即没有分权,意味着没有下级组织结构,所有事务均由高层管理者来决定;绝对的分权意味着没有高层管理者。实际上,这两种组织都是不存在的。

1. 集权与分权的衡量标志

衡量集权与分权的程度,关键在于决策权是保留还是下放。具体标志有:

(1)决策的数目。基层决策范围广、数目越多,则分权程度越高;反之,高层决策数目越多,集权的程度越高。

(2)决策的重要性及其影响面。较低管理层次做出的决策事关重大,涉及面较广,分权程度较高;反之,较低管理层次做出的决策无关紧要,则集权程度较高。

(3)决策审批手续的繁简。决策审批手续越简单,分权程度越高;反之,集权程度越高。

2. 影响集权与分权的主要因素

在设计组织时,要确定组织的集权与分权的程度与范围,就必须搞清楚影响集权与分权的因素。这些因素包括:

(1)组织规模。组织规模大,需要决策的问题多,协调、沟通及控制不易,因此宜分权;反之,组织规模小,需要决策的问题少,则宜于集权。

(2)决策的重要性。所涉及的工作或决策越重要,宜集权;反之,宜分权。

(3)管理人员的能力与数量。下级管理人员数量充足,经验丰富,管理能力强,倾向于分权;反之,则倾向于集权。

(4)控制技术与手段。控制技术与手段的完善将会加强组织原有的权力分配倾向,即集权的更集权,分权的更分权。

(5)环境影响。影响分权程度的因素中,大部分属组织内部因素,此外还有外部因素,如政治、经济等因素,这些因素常促使集权。

与此相类似的,国外学者通过研究列出了被确认为对组织的集权与分权程度有重要影响的一些因素(表3-3)。

表 3-3 影响集权与分权程度的因素

更集权化	更分权化
■ 环境稳定 ■ 低层管理者不具有高层管理者那样做出决策的能力与经验 ■ 低层管理者不愿意介入决策 ■ 决策的影响大 ■ 组织正面临危机或失败的危险 ■ 企业规模大 ■ 企业战略的有效执行依赖于高层管理者对所发生的事拥有发言权	■ 环境复杂且不稳定 ■ 低层管理者具有做出决策的能力与经验 ■ 低层管理者要参加决策 ■ 决策的影响相对小 ■ 组织文化容许低层管理者对所发生的事有发言权 ■ 企业各部在地域上相当分散 ■ 企业战略的有效执行依赖于低层管理者的参与以及制定决策的灵活性

二、授权

授权是一种重要的管理手段,也是现代化企业管理的必然要求和发展趋势。如果想使工作更有成效,就必须学会授权。

(一) 什么是授权

所谓授权,是指上级委授给下属一定的权力,使下属在一定的监督之下,有相当的自主权和行动权。授权者对被授权者有指挥和监督之权,被授权者对授权者负有报告及完成任务的责任。

要使一个组织存在下去,就有必要授权。随着企业的发展,由一个人来行使所有的决策权是不可能的;而且,管理者能够进行有效监督并对其直接下达命令的人员数量也是有限的。一旦超越这个限度,就必须把职权授予下属,使下属在他们各自被指定的职责范围内作出决定。

1. 授权是一个过程

这个过程包括预期的成果、委派任务、授予实现这些任务所需要的授权,以及行使权力使下属实现这些任务。

2. 授权并不意味着授责

授权只是把一部分权力分散给下属,而不是把与"权"同时存在的"责"分散下去。换言之,当一级主管把某几种决策权授给二级部属时,虽然二级部属因此而获得该决策权,但一级主管仍然负有相同的责任。例如,一位销售部经理,当他所属的某销售小组不能按期完成任务时,即使该小组长觉得自己应负完全责任,但该经理仍避免不了要最后负责。

3. 授权不同于分权

授权主要是指权力的授予和责任的建立,它仅指上下级之间短期的权责授予关系。分权则是授权的延伸,是在组织中有系统地、较固定地授权,这种权力根据组织的规定可以较长时期地留在中、下级主管人员手中。

(二) 授权的好处

授权既能给管理者带来好处,也可以给自己的下属带来好处。

1. 从管理者的角度看,授权有如下好处

(1) 领导者将会有更多的时间做他该做且真正属于领导者的工作。

(2) 使领导者所管理的组织变得更快乐,更有积极性。

(3) 使领导者增加晋升的机会。许多人认为一旦自己充分授权后,自己的本领就会被下属学去,自己的声誉和地位就朝不保夕。但事实恰恰相反,只有通过授权培养出可以代替自己的人,才能使自己有机会晋升至更高的职位。

(4) 使领导者的地位变得更加稳固,自我充实感也会增强。领导者可以腾出时间学习和创新,使自己的能力进一步提高。

2. 授权对下属也有好处

授权工作如果能切实充分实行的话,下属会增加对工作的兴趣,而他们的价值也会因此而提高。赋予某人新的责任,就等于是提高他个人的自尊心,因而可以达到激励人心的目的。另外,授权除了使下属的地位获得提升之外,也等于是让下属在大众面前受肯定,从而满足其自我实现的需要。

(三) 授权的原则

授权的范围很广,有用人之权、做事之权等。但不管哪种授权,都有一定的共同准则可以遵循。

1. 因事设人,视能授权

一切依被授权者的才能大小和知识水平的高低为依据。必须慎重选择人选,一旦出现失误,应立即明智地收回职权;否则,必将耽误大事。

2. 明确所授权项

必须明确向被授权者所授事项的任务目标及权责范围。这样做,不仅有利于下属完成任务,更可避免下属推卸责任。

3. 不可越级授权

只能对直接下属授权。越级授权必然造成中层主管人员的被动,以及部门之间的矛盾。

4. 授权要适度

授予的职权是上级职权的一部分,而不是全部。对下属来讲,这是他完成任务所必需的权力。授权过度等于放弃权力。对于涉及到有关企业的全局的重大事务,不可轻易授权。更不能把不属于自己权力范围中的事授予下属。

5. 适当控制

如果主管人员授权后,仍需要不断地检查工作,就是授权不足的表现。有效的主管人员在实施授权前,应先建立一套健全的控制制度,制定可行的工作标准和适当的报告制度,以及能在不同的情况下迅速采取补救的措施。

6. 相互信赖

授权必须基于主管人员和部属之间的相互信赖关系。一旦授权,就应当"用人不疑"。

(四) 授权的方法

无论是董事长、总裁、副总裁还是监督员,都只能把自己职权范围内的部分权力授予下属。谁都无法把自己没有的权力授予下属。授权的过程,如图3-6所示:

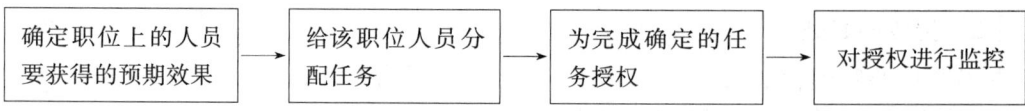

图3-6 授权的过程

这一过程是不可分割的。

为了有效地授权,还必须注意以下问题:

1. 授权不等于放弃权力

既不能放弃权力,也不要为了避免出现权力的放弃而把授权减低至最小程度。如果管理人员把任务全部交给下属,却没有清楚地阐明下属应该做的具体工作,行使自主权的范围,应该达到的绩效水平以及任务完成的时限等要求,管理人员就是在放弃自己的职责并注定要惹麻烦。

2. 授权要明确

授权可以是具体的也可以是一般的,可以是书面的也可以是非书面的。但无论哪种形式,都必须做到明确授权。特别需要强调的是,具体的书面授权,对于授受双方都很有益处。

3. 必要的职权分裂

凡是需要两个或两个以上管理人员做出联合授权予以解决的问题,就需要进行职权的分裂。任何公司的日常事务中都有许多职权分裂的实例,许多管理会议正是出于联合行使决策职权的需要而召开的。例如,生产部门决定降低成本,但这需要采购部门的配合。此时,两个部门的经理就可以联合行使决策职权。

4. 具体指明下属的权限范围

每一授权活动都与限制相伴随。管理人员是下放在某些条件下下属处理问题的权力,因此,需要明确指出这些条件是什么,使下属明确知道其权限范围。

5. 通知其他人授权已发生

应把授权告知与授权权限有关的其他组织内外的人士。尤其需要通报的信息是:授权给谁、授的是什么权(任务和权限)。

6. 建立反馈控制机制

仅有授权而不实施反馈控制会招致麻烦,最常出现的是下属滥用权力。建立控制机制以监督下属的工作进程,不仅增加了及早发现重大问题的可能性,而且能保证任务按时完成。

案例分析与问题解决

现在再回到开篇案例上来。

面对困境,杜兰特引咎辞职。随后,斯隆在通用汽车公司开始了大刀阔斧的改革。这场改革从1921年起一直持续了10年。

斯隆分析了通用汽车公司的弊病,指出公司过去将领导权完全集中在少数高级领导人身上,他们事无巨细,大包大揽,反而事与愿违,造成了公司各部门失去控制的局面。他认为,大公司较为完善的组织管理体制,应以集中管理与分散经营二者之间的协调为基础。只有在这两种显然相互冲突的原则之间取得平衡,把两者的优点结合起来,才能获得最好的效果。由此他认为,通用公司应采取"分散经营、协调控制"的组织体制。根据这一思想,斯隆提出了改组通用公司的组织机构的计划,并第一次提出了事业部制的概念。此后,他在通用汽车公司全面推行"斯隆管理模式"。

"斯隆管理模式"的指导思想是"企业组织结构的设置在于谋求公司决策权力集中与分散的最佳结合点"。企业经营决策权力的集中,可以统一指挥、统一步调,获得较高的效率;分散权力有利于调动所属各单位的主动性和责任心,对变化多端的市场情况能够及时做出反应。为了达到"集中与分散"的最佳结合,斯隆把通用汽车公司的业务分为决策和执行两类,即建立领导部门来担负决策任务,建立直线指挥部门来指挥各级的生产经营活动。此外,还要建立必要的职能部门,作为各级直线指挥部门的参谋和助手。

总体来说,"斯隆管理模式"包括领导部门、直线指挥部门和职能部门三大块。

1. 领导部门。由董事会以及其所属机构组成,董事会按规定是由股东大会提出,代表全体股东利益,负责制定公司的重大方针政策并检查其执行情况的机构。其主要职能包括:协调公司与股东之间的矛盾,任免总公司重要职员,审议决定公司的重大方针政策和管理原则,对公司活动进行持续而全面的考察,在处理公共关系和履行社会职责方面提出指导意见。董事会一般每月开会一次。董事会下设执行委员会、财务委员会、经营委员会、人事任免委员会、分红和酬赏委员会、公共关系委员会共6个委员会加1个法律部。

2. 直线指挥部门。由总经理处(总公司)、事业部(子公司)及工厂三级组成。

总经理处(总公司)的总负责人是总裁。其下设立若干部门组,各部门组根据所属生产的产品或提供的服务来划分,分别由一名副总裁兼管。副总裁不仅担负着承上启下和左右协调的任务,而且对下属各事业部具有管理权力。事业部是公司内完整的自主经营单位,也是利润中心,一般是按产品对象设置的,如别克汽车部、费台车身部、德尔可产品部等。根据分散经营、协调管理的原则,各事业部的总经理在经营管理方面具有全面的权力,负全面的责任。在一定限额之内,他有权决定固定资产投资,可自选安排生产计划,决定零部件的供应来源,负责产品销售,并在一定限额内可以自由支配其销售收入。各事业部拥有一批工厂。工厂是事业部领导下的生产单位,它只管生产,不管销售,一切规章制度、标准、方法都由上层事业部制定,工厂及其所属车间、科室只负责组织实施和进行监督。

3. 职能机构。各级直线管理机构都设有职能部门。职能部门是各级直线领导下的助手,也参加相应各级直线管理人决策的顾问工作,但它们对下级直线领导人和职能人员不能下达命令,只能提供参考意见,充当后勤。通用汽车公司的职能部门分服务部门和财务部门两大类。职能部门的主要任务是:拟订制度;组织报表;监督有关方针、政策、计划、制度的执行情况;总结交流经验,提出改进工作的建议。

斯隆设计的通用管理模式是成功的。该创新模式推行4年之后,也就是1927年,通用汽车公司的产值首次超过福特公司,通用汽车公司国内市场占有率由1920年的17%迅速提升到43%,成为美国汽车制造业的新霸主。"斯隆管理模式"以美国式的管理与组织成为资本主义世界的楷模。1956年艾尔弗雷德·斯隆退休,1963年出版《我在通用汽车公司的岁月》一书,该书成为管理学的经典著作。

思考与练习

1. 什么是组织?什么是组织结构?
2. 组织结构设计的原则是什么?
3. 常见的组织结构有哪些?
4. 你认为该如何授权?

案例分析

案例1:

大忠公司创立于1966年,董事长陈大伟先生是由中本纺织公司提前退休后自行创业,经营纺织及针织业务。当时营业额约为50万元,经过20余年之惨淡经营及全体员工之努力,该公司目前已成为全国排名100名以内的企业集团,年营业额达180亿元。其产品主要分为消费品与工业品两种,详细情况如下:

消费品：服饰、计算机、电视。
工业品：产业机械、石化原料、重电机设备。

陈董事长很早就为公司的接班问题做准备,公司总经理系由其弟陈大刚先生担任。其长子陈小龙在日本神户大学获得经营学博士学位,回国后担任生产副总职务。次子陈小虎在美国南加州大学获得博士学位,回国后担任行销副总职务。目前公司的运作表面上看起来似乎十分稳定,但公司内部却暗潮汹涌,主要的问题有:年轻一辈的经理人与董事长及总经理之间有代沟,许多问题无法得到妥善解决;由于受教育背景不同,陈小龙与陈小虎兄弟两人在经营管理理念及制度方面的看法南辕北辙,且在许多正式开会场合常争执不下,其他主管看在眼里,不知如何化解两人的争端,更不知听谁的才好;大忠公司有相当不错的经营团队,却缺乏完整的中长程策略规划目标,因而造成管理能力及执行能力不足,使这几年的获利能力每况愈下。

陈董事长对公司目前及未来发展的情况颇为忧心,正在思考如何进行组织改造,使公司能步上正轨。

思考题：
1. 陈董事长使用他的两个儿子分别负责生产和营销合适吗？
2. 陈小龙与陈小虎兄弟二人的争执为什么无法及时有效化解？
3. 请你用所学组织结构设计知识,提出大忠公司进行组织改造的办法。

案例2：
某公司的李老板从某大企业挖来了精明强干的刘先生担任公司的总经理,并将公司的大小事务均交由刘先生全权处理。由于得到授权,刘先生便结合公司的特点和实际情况,对公司的经营模式和管理体制进行了大胆的变革,将公司原先的品牌经营模式转变为OEM(贴牌生产)服务模式,并提出了颇具创新意识的OEM改进方式,变被动的OEM服务为主动的OEM服务,得到众多客户的认同与支持。然而,当刘先生意欲更深入地推动企业的变革时,他发现,其实自己手中的权力十分有限,虽然李老板总是客客气气地对其进行鼓励,但刘先生的内心里却非常的困惑,久而久之,刘先生的变革锐气便渐渐地消失了。

思考题：
1. 李老板在授权上的主要障碍是什么？
2. 这种障碍产生的原因可能是什么？
3. 你有什么好的建议？

 技能提高

▶▶▶ **任务：进行组织结构设计**

实训目标
通过实训,培养学生设计组织结构的能力。具体包括:
1. 设计组织结构的能力;
2. 搜集与处理信息的能力;
3. 总结与评价的能力。

实训内容与要求
1. 以小组为单位,每个小组设计一个组织结构方案;
2. 应进行必要的调查研究,了解组织的实际情况;

3. 方案必须体现组织设计的原则；
4. 班级组织一次交流，介绍、分析与评价各小组的组织结构方案。

成果与检测
1. 各小组设计一个组织结构方案；
2. 由教师与学生共同作出评估。

网上练习
　　上网找到管理人网的网站（http://manaren.com/），在它的网站上"组织结构"模块中，寻找并阅读 2—3 篇有关组织结构设计方面的文章。研究不同性质不同规模的组织在组织结构设计方面有何不同？为什么会有这些不同？

模块四　人力资源规划与团队建设

学习目标

1. 制定人力资源规划；
2. 掌握员工招聘和培训的方法；
3. 掌握绩效评估的方法；
4. 编制职务说明书；
5. 掌握现代团队建设的方法。

开篇案例

"没有海尔的世界是什么样的？"这是海尔的一段广告词，这使人联想到"人类失去联想，世界将会怎样"的广告词，一片蔚蓝色的工业园区和一群身着巨著色工装的人们，使人想到在蓝色大海里畅游的鱼儿。

经过近二十年的发展，海尔成为全球第二大家电制造商，产品遍及全球各地。细究海尔的成功，关键在于：

——在扩张中，发挥人才的根基作用

企业活动是人操作的，扩张也必定靠人去完成。

张瑞敏是海尔"联合舰队"的"指挥长"。

以杨绵绵为代表的三位副总裁，最善于领会、发挥、执行张瑞敏的意图，是优秀的"舰队舵手"。

冰箱、空调、洗衣机等各个事业本部的本部长、总经理们，他们都是谙悉市场、战法练达的骁将。是他们把张瑞敏、把决策层的创造性延伸到"顶"到"边"，让海尔好戏连台，爆发出此起彼伏的辉煌。

"人人是人才"、"赛马不相马"。在海尔崭新的用人理念和机制下面，一批批优秀的管理人才脱颖而出。

张瑞敏说："你能翻多大的跟斗，我就给你多大的舞台"。海尔每个月都举行一次"大选"，人事部把空岗情况公布于众，每个人都可以上台打擂。这种"大选"，为海尔培养了一批人才，造就了一批人才，激励了一批人才。

——在扩张中，注重人事风险的防范："赛马"、"用亦疑"

企业管理一般主要管四样东西：管人、管财、管物、管信息。后三者都要由人去管理和操作。可以说，人的管理是企业管理的核心。

人的管理，涉及选人、用人的观念，标准、制度和机构等内容。其中某个环节搞得不好，就会出现人事风险。

企业经营规模的扩张,必然伴随着员工和管理人员的膨胀。人事风险也会随之加大。

海尔在人的管理方面,形成了一套很有特色的做法,有效地防范了可能的人事风险。这主要表现在如下几个层面:

1. "人人是人才"。"优秀的产品是优秀的人干出来的"。这种尊重人的理念,有助于调动员工干好本职工作、在本职岗位上成才的积极性,防范离心力风险。

2. "事事有人管,人人都管事"。这可以有效防范"无事找事"的组织风险。在风险管理理论中,"无事找事"是组织人事风险的一个定律。

3. "赛马不相马"。"管事凭效果,管人凭考核"。这就把竞争机制引入了人才选择中,从概念上消除防范住了任人唯亲、用人凭领导好感的组织人事风险。

4. 激励机制:工人实行"三工并存,动态转换"。所谓"三工",即在全员合同制基础上,把员工的身份分为优秀员工,合格员工,试用员工(临时工)三种。根据工作态度和效果,三种身份之间可以进行动态转变。管理人员实行"届满轮流,升迁靠竞争"。这种机制,可以有效防范铁工资、铁饭碗、铁交椅所带来的怠惰风险。

5. "用亦疑"的用人理论。张瑞敏有一个高论:所谓"用人不疑,疑人不用",是对市场经济的反动。通过"赛马"方式"赛"出来的人就用,但用了的人不等于不需要监督。封建社会以道德力量约束人,如忠义之士为知己者死,市场经济则靠法制力量,目前法规还不健全,需要强化监督。市场是变的,人也会变,有些人权力大了就把握不住自己,监督就是爱护,无情就是有情。及时地审计,可防止铸成大错。海尔的这个高论,我们暂且称之为"用亦疑"的用人理论。在实践中实际上是一种约束机制。正因为有了这个机制,企业组织人事方面的授权失当风险,在海尔的发展中得到了有效的防范。

海尔的成功无疑是抓住了"人",靠理念、制度、事业……,关键还是靠良好的体制、机制以及规划。一家公司的素质高低,在很大程度上是其所聘用和保有的人员的素质的一种总括反应。得到并留住优秀的员工,对每一家公司的成功都至关重要,不论这一公司是刚建立还是已运作了多年。因此,人力资源管理以及团队建设是每一个管理者开展工作的关键任务之一。

任务一　人力资源规划

一、人力资源管理的内涵

(一) 何为人力资源管理

人力资源管理(human resource management),主要指的是对人力这一特殊的资源进行有效开发、合理利用和科学管理。从管理的角度看,它既包括人力资源的预测与规划,也包括人力资源的组织和培训。

这里,我们所说的人力资源(human resource)是指具有智力劳动能力和体力劳动能力的人们的总和,它是企业最重要的资产,也是企业各种资源中的首要资源。理解人力资源的含义必须把握四个要点:

1. 人是组织最宝贵的资源,它将决定其他资源作用的发挥。

2. 组织的全体成员都属于人力资源,而不仅限于"人才"。

3. 人力资源本身是可以被不断开发的。

4. 人力资源在狭义上特指为实现组织目标服务并做出贡献的全体成员能力的总和。

(二) 人力资源管理的原则

进行人力资源管理必须遵循四个原则,分别为:优化原则、竞争原则、激励原则和开发原则。

1. 优化原则,即通过科学选聘,合理组合,实现人员配备的最优化。

2. 竞争原则,人员的选聘、组合、使用与发展不能在封闭和僵化的环境下进行,必须引入竞争机制,公开、公正、平等竞争,并形成有利于人才脱颖而出的有效机制。

3. 激励原则,即通过人员配备,最大限度地调动人的积极性和创造性。

4. 开发原则,即在人员配备和使用的过程中,通过各种形式智力开发,不断提高人员的素质,最大限度地发挥人的潜能,并要促进人的全面发展作为组织的重要目标。

(三) 人力资源管理的任务

根据企业发展战略的要求,有计划地对人力、资源进行合理规划和配置,通过对企业中员工的招聘、培训、使用、考核、评价、激励、调整等一系列过程,调动员工的积极性,发挥员工的潜能,为企业创造价值,确保企业战略目标的实现。

(四) 人力资源管理的内容

具体说来,现代人力资源管理主要包括以下一些具体内容和工作任务(参见图 4-1):

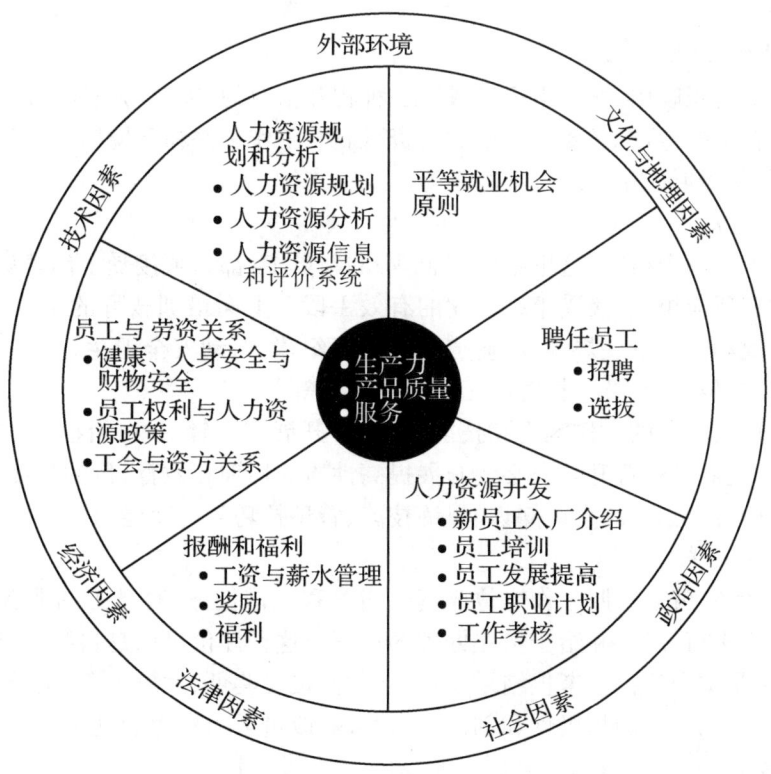

图 4-1 人力资源管理的主要内容

1. 制订人力资源规划

根据组织的发展战略和经营计划,评估组织的人力资源现状及发展趋势,收集和分析人力资源供给与需求方面的信息和资料,预测人力资源供给和需求的发展趋势,制订人力资源招聘、调配、培训、开发及发展计划等政策和措施。

2. 岗位分析和工作设计

对组织中的各个工作和岗位进行分析,确定每一个工作和岗位对员工的具体要求,包括技术及种类、范围和熟悉程度;学习、工作与生活经验;身体健康状况;工作的责任、权利与义务等方面的情况。这种具体要求必须形成书面材料,这就是职务说明书。这种说明书既是招聘工作的依据,也是对员工工作表现进行评价的标准和进行员工培训、调配、晋升等工作的根据。

编制职务说明书的具体要求是:

(1) 职务概况。包括职务的名称、所属部门、等级以及说明书的编写日期等。

(2) 职务说明。主要包括本职务的特征、工作责任范围及工作要求、工作条件及环境等。

(3) 任职资格。指任职人员应具备的知识、技能、经验、教育水平、年龄、心智和体力等条件。

3. 人力资源的招聘与选拔录用

按组织内的岗位需要及工作岗位职责说明书,利用各种方法和手段,从组织内外部吸引应聘人员。并经资格审查,如受教育程度、工作经历、年龄、健康状况等方面的审查,从应聘人员中初选部分候选人,再经严格考试,如笔试、面试、评价、情景模拟等方法进行筛选,确定最后录用人选。

4. 劳动关系管理

员工一旦被组织聘用,就与组织形成了一种相互依存的、雇佣与被雇佣的劳资关系。为了保护双方的合法权益,有必要就员工的工资、福利、工作条件和环境等事宜达成一定协议,签订劳动合同,从而形成相应的档案关系等。

5. 培训和发展

任何应聘进入一个组织(这里主要指企业)的新员工,都必须接受上岗培训教育,这是帮助新员工了解和适应组织、接受组织文化的有效手段。上岗培训教育的主要内容包括组织的历史发展状况和未来发展规划、职业道德和组织纪律、劳动安全卫生、社会保障和质量管理知识与要求、岗位职责、员工权益及工资福利状况等。

为了提高广大员工的工作能力和技能,有必要开展富有针对性的岗位技能培训。对于管理人员,尤其是对即将晋升者有必要开展提高性质的培训和教育,目的是促使他们尽快具有在更高一级职位上工作的全面知识、熟练技能、管理技巧和应变能力。

6. 工作绩效考核

工作绩效考核,就是对照工作岗位职责说明书和工作任务,对员工的业务能力、工作表现及工作态度等进行评价,并给予量化处理的过程。这种评价可以是自我总结式,也可以是他评式的,或者是综合评价。考核结果是员工晋升、接受奖惩、发放工资、接受培训等的有效依据,它有利于调动员工的积极性和创造性,检查和改进人力资源管理工作。

7. 员工激励

人力资源管理部门和管理人员在鼓励和关心员工的个人发展的同时,运用各种激励手段激发员工的工作积极性和创造性,充分挖掘员工的工作潜力,使其个人目标与组织目标相一致,从而促进组织的发展,提高组织效益。

8. 员工薪资管理与福利保障设计

人力资源管理部门要从员工的资历、职级、岗位及实际表现和工作成绩等方面,来为员工制订相应的、具有吸引力的工资报酬福利标准和制度。工资报酬应随着员工的工作职务升降、工作岗位的变换、工作表现的好坏与工作成绩进行相应的调整,不能只升不降。

员工福利是工资报酬的补充或延续,主要包括退休金或养老保险、医疗保险、失业保险、工伤保险、节假日,并且为保障员工的工作安全卫生提供必要的安全培训教育、良好的劳动工作条件等。

9. 人事调整

人力资源管理部门有责任根据员工的工作主动性、工作表现、工作成绩、奖惩、接受培训和教育等方面的情况,并按照企业的实际需要,进行相应的人事调整。

(五)人力资源管理流程

人力资源管理流程一般为:人力资源部门根据企业的目标、岗位需要,按照职务说明书要求招聘符合条件的员工。员工入职后,通过培训,具备上岗资格后担任某一职务。员工在使用一段时间后,公司要对其考核,考核结果形成的信息反馈是调整员工使用的重要依据,流程图如图 4-2 所示。

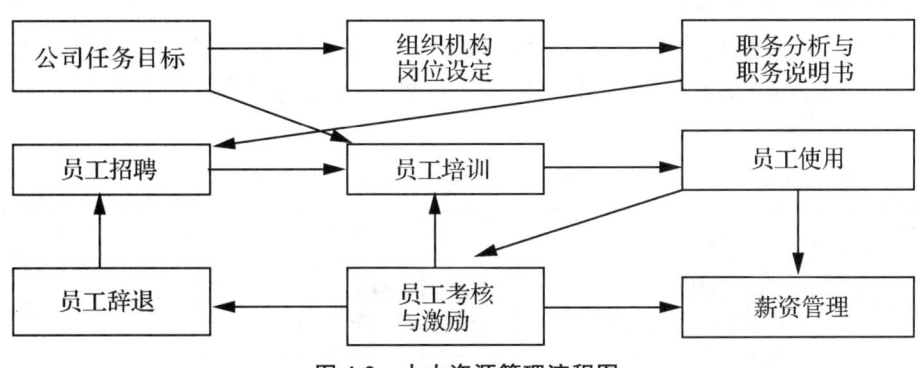

图 4-2 人力资源管理流程图

(六)人力资源管理与传统人事管理的区别

众所周知,人力资源管理是在传统人事管理的基础上发展起来的,是新型的人事管理,作为人力资源部门的领导和工作人员,必须对这个变化过程有清醒而明确的认识,通晓二者之间的差异,这样才能有信心迎接挑战。人力资源管理与传统的人事管理相比,其主要区别如表 4-1 所示:

表 4-1 人力资源管理与传统人事管理的区别

项目类型	人力资源管理	人事管理
管理观念	视人为资源	视人为成本
管理活动	主动开发	被动反应
管理内容	丰富	简单
管理地位	管理决策层	工作执行层
工作方式	参与、透明	控制
部门性质	生产与效益部门	非生产、非效益部门

续表

项目类型	人力资源管理	人事管理
管理导向	注重工作过程,关心人的培养	注重工作成果
管理重心	强调人与事的统一,更关注人	多以事为中心
管理深度	注重潜能开发	管好现有的人

二、人力资源规划

人力资源规划,就是对企业在某个时期内的人员供给和人员需求进行预测,并根据预测的结果采取相应的措施来平衡人力资源的供需。

人力资源规划的内容主要包括两个方面:

(一) 人力资源整体规划

它是对计划期内人力资源规划结果的总体描述,包括预测的需求和供给分别是多少,做出这些预测的依据是什么,供给和需求的比较结果是什么,企业平衡供需的指导原则和总体政策是什么等。

(二) 人力资源业务规划

人力资源业务规划是总体规划的分解和具体,包括人员补充计划、人员配置计划、人员接替和提升计划、人员培训开发计划、工资激励计划、员工关系计划和退休解聘计划等内容,如表4-2所示。

表4-2 人力资源规划

规划名称	目 标	政 策	预 算
人员补充计划	类型、数量、层次 对人员素质结构的改善	人员的资格标准、人员的来源范围、人员的起点待遇	招聘选拔费用
人员配置计划	部门编制、人力资源结构优化、职位匹配、职位轮换	任职条件、职位轮换的范围和时间	按使用规模、类别和人员状况决定薪酬预算
人员接替和提升计划	后备人员数量保持、人员结构的改善	选拔标准、提升比例、未提升人员的安置	职位变动引起的工资变动
培训开发计划	培训的数量和类型、提升内部供给、提高工作效率	培训计划的安排、培训时间和效果的保证	培训开发的总成本
工资激励计划	劳动供给增加、士气提高、绩效改善	工资政策、激励政策、激励方式	增加工资奖金的数额
员工关系计划	提高工作效率、员工关系改善、离职率降低	民主管理、加强沟通	法律诉讼费用
退休解聘计划	劳动力成本降低、生产率提高	退休政策及解聘程序	安置费用

三、员工招聘与解聘

(一)员工招聘

招聘是企业补充人员的主要方法,也是保持企业生存与发展的重要手段,成功和有效的员工招聘意味着组织有更多或更强的人力资源优势,从而为企业带来竞争优势。

员工的招聘程序主要包括:

1. 制定招聘计划

具体内容包括:确定招聘目的、描述招聘职务和人员的标准和条件、明确招聘对象的来源,确定发布招聘信息的方式、参与面试人员、招聘的时间、招聘经费预算等。

2. 发布招聘信息

是指利用各种传播工具发布岗位信息,鼓励和吸引人员参加应聘。在发布招聘信息时应注意以下几点:(1)信息发布的范围;(2)信息发布的时间;(3)招聘对象的层次性。

3. 应聘者提出申请

应聘者在获取招聘信息后,向招聘单位提出应聘申请。应聘申请常有两种方式:一是通过信函向招聘单位提出申请;二是直接填写招聘单位应聘申请表(网上填写提交或到单位填写提交)。同时应聘者一般需提供以下资料:应聘申请表、个人简历、各种学历及证明、身份证等。

4. 接待和甄别应聘人员(亦称员工选拔过程)

主要包括如下环节:审查申请表、初筛、与通过初筛者面谈、测验、第二次筛选、选中者与主管经理或高级行政管理人员面谈、确定最后合格人选、通知合格入选者作健康检查等。

5. 发出录用通知书

这是招聘单位与入选者正式签订劳动合同并向其发出上班试工通知的过程。

6. 对招聘活动的评估

对招聘作总结评价,将资料整理归档。招聘活动评价指标包括招聘成本核算和录用人员评估。

(二)员工的解聘

解聘是指劳动合同(或聘任协议)期满或当事人双方约定的终止条件出现时,当事人双方解除合同(或协议)的活动。企业内部对于员工的解聘方式有多种,主要方式如表4-3:

表4-3 几种主要的解聘方式

方式	说明
解雇	永久性、非自愿地终止合同
临时解雇	临时性、非自愿地终止合同;可能持续若干天,也可能延续几年
自然减员	对自愿辞职或正常退休腾出的职位空缺不予填补
调换岗位	横向或向下调换员工岗位,通常不会降低成本,但可减缓组织内的劳动力供求不平衡
缩短工作周	让员工每周至少工作一些时间,或者进行工作分担,或以临时工身份做这些工作
提前退休	为年龄大、资历深的员工提供激励,使其在正常退休期前提早离位

四、员工培训

员工培训就是组织通过学习、训导的手段,提高员工的知识水平和工作能力,转变员工的态度,挖掘员工的潜能,最大限度地使员工的个人素质与工作需求相匹配,从而促进员工现在和将来的工作绩效的提高的过程。培训是一种系统化的行为改变过程,而其中工作行为的有效改善是培训的关键所在。

员工培训的内容主要有:

(一) 企业文化的培训

企业文化的培训主要是针对新进入企业的员工而言。可以看作是对新员工的"岗前培训"或"上岗引导"活动。企业文化培训结合企业文化的构成又分为:

1. 企业文化精神层次的培训:

培训的主要内容为企业宗旨、企业哲学、企业精神、企业作风、企业道德等。让新员工清楚地了解企业提倡什么,反对什么,怎样做一名优秀员工等。

2. 企业文化制度层次的培训:

组织新员工认真学习企业的一系列规章制度以及与生产经营有关的业务制度和行为规范等。在学习的基础上组织新员工讨论和练习,以求正确地理解和自觉地遵守这些行为规范。

3. 企业文化物质层次的培训:

让新员工了解企业的内外环境、厂容厂貌,部门和单位的地点和性质,企业主要品牌、商标和声誉及其反映的企业精神和企业传统等。

企业文化培训,使新员工形成一种与企业文化相一致的心理定势,以便在工作中较快地与共同价值观相协调。

(二) 能力的培训

一般将员工的能力分为三种,即技术技能、人际关系能力、解决问题能力以及工作态度。

1. 技术技能的培训:

就是通过培训提高职工的技术能力,不论是管理人员,还是普通工人,都要进行技术技能的培训。来自一个领域的工程师在进入另一领域时,必须接受新领域的培训。

2. 人际关系能力培训:

就是通过培训提高员工人际合作交往能力。员工的绩效大多都依赖同事的通力合作,这就需要学会理解与沟通,减少冲突。培训要使职员之间建立协作精神、以公司为家的集体主义精神。

3. 解决问题能力培训:

通过培训,提高发现和解决工作中出现的实际问题的能力。这种能力的培训对于管理人员来说尤为重要,是其能力培养的核心。解决问题的能力具体又体现为七种素质:发现问题、分清主次、诊断病因、拟定对策、比较权衡、做出决策、贯彻执行。

(三) 员工态度的培训

员工的工作态度也是能力的一个极为重要的方面。通过员工态度培训,建立起公司与员工之间的相互信任关系,培养员工对公司的忠诚度,培养员工应具备的精神准备和态度。

一般通过入职培训、在岗培训、脱产培训、部门互动式培训等方式完成上述培训内容。

五、绩效评估

绩效评估是指考评主体对照工作目标或绩效标准,采用科学的考评方法,评定员工工作任务完成情况、员工工作职责履行程度和员工发展情况,并且将上述结果反馈给员工的活动过程。

所采用的绩效评估方法：

（一）等级评定法

这种评定方法是：给出不同等级绩效的定义和描述，然后针对每一个评价要素或绩效指标按照给定等级进行评估，最后给出总评价分。

（二）排序法

将员工绩效按评估因素由最好的员工到最差的员工进行排序，是一种相对比较的绩效评估方法。

操作：将所有参加评估的人选列出来，分别针对每一个评估要素开展评估，首先找出该因素上表现最好的员工，将其排在第一位置，找出最差员工，将其排在最后一个位置，然后找出次最好的员工，将其排在第二位置，然后找出次最差的员工，将其排在倒数第二位置，依次类推。然后以同样方法就第二个因素进行排序，直到排完所有评估要素。

（三）对偶比较法（配对比较法）

是在每一个评估要素上将每一个员工与其他员工比较。它是一种相对的绩效评估方法，适用于少量人员的评估。

如将 A 与 B 比较，当 B 强于 A 时，则在 B 处打"＋"，依次类推，直至两两比较完毕，最后计算各员工所得"＋"个数，评出各员工的绩效评价得分。

（四）关键事件法

关键事件是与被考评者的关键绩效指标有关的事件。这种方法强调的是具有代表最好或最差行为表现的典型和关键性活动事例，作为考评的内容和标准。关键事件法对事不对人，以事实为依据。

（五）行为锚定等级评定法

是基于关键事件法的一种量化的评定方法，它建立起一个行为性的评定量表，对每一个等级运用关键事件进行行为描述。因而，这种方法结合了关键事件和等级评定法的优点。

（六）360 度绩效考评

"360 度绩效考评"也称为全视角考评，就是由被考评者的上级、同事、下级和（或）客户（包括内部客户、外部客户）以及被考评者本人担任考评者，从多个角度对被考评者进行 360 度的全方位考评，再通过反馈程序，达到改变行为、提高绩效等目的。这一系统不仅是一种考评工具，而且已成为一种改善沟通、提高绩效和推动自我开发的综合性制度。

任务二　团队建设

一、团队内涵

（一）何为团队

为了实现某一目标而由相互协作的个体组成的正式群体，我们可以把它称为工作团队。

现实中,高效的工作团队对提高企业绩效、员工满意度等方面有重要作用,是企业的生力军。

团队(team)是为完成同一目标共同分担责任的有组织的在一起工作的一组人。这个定义有以下三个要素:

1. 组织人们一同工作。为完成某项工作,成员之间分工协作,相互支持,相互配合。
2. 有共同的目标。团队成员一同工作就是为了达到一个共同目的。
3. 分担责任。这意味着在完成团队使命的过程中,团队中的每一个成员将担负各自的责任。

（二）团队的主要特征

团队的主要特征,我们概括起来主要有如下几个方面:

1. 清晰的目标

构成和维持团队的一个基本条件就是,所有成员有共同的努力目标,并且团队成员对于要达到的主要目标有清晰地了解,并坚信这一目标具有重大的意义和价值。

2. 成员之间相互依赖、彼此协作

在工作中,为了实现团队目标,成员之间的相互协作和依赖。所有成员只有通过协作才能提高绩效、完成任务,实现共同的目标。

3. 所有成员负有共同的责任

所有团队成员都需要共同分担他们在达到共同目标中的责任。当一个团队成员开始进入团队并负担一项任务时,就意味着对团队做出了的承诺,而团队目标的实现就成为每个成员的责任。

4. 关系融洽、沟通顺畅

在关系和沟通方面,高绩效的团队表现出的特征是成员肯公开而且诚实表达自己的想法,哪怕是负面的想法。成员会表示温情、了解与接受别人,相互间的关系更融洽。成员会积极主动地聆听别人的意见。不同的意见和观点会受到重视。

5. 相互认可和赞美

当个人的贡献受到领导者和其他成员的认可和赞美时,团队成员会感觉到很骄傲;团队的成就涉及所有成员的认可,团队的成员觉得自己受到一种尊重,团队的贡献受到了组织的重视和认可。从个人到团队都受到一种认可,人们的士气就会提升。

6. 富有士气

每个人都乐于作为团队中的一员,都很有信心,而且士气高昂。如果团队成员对于自己的工作都引以为荣,而且很满足时,团队的向心力就会很强,士气高昂。

（三）团队的作用

1. 创造团结精神。团队的成员要求相互帮助和支持,以团队的方式展开工作,促进成员之间的合作并提高了员工的士气。团队规范在鼓励成员工作卓越的同时,还创造了一种增加工作满意度的氛围。

2. 采用团队形式工作,使管理层有时间进行战略性的思考。尤其是自我管理工作团队形式,使管理者得以脱身去做更多的战略规划。传统的管理者往往要花大量的时间监督下属和解决下属出现的问题,成了"救火队长",很少有时间进行战略思考。而运用工作团队,则能让管理者把精力主要集中在诸如中长期发展计划等重大的问题上来。

3. 提高了决策速度。把一些决策权下放给团队,可以使组织在做出决策方面具有更大的灵活性。团队成员对于工作相关的问题常常要比管理者知道的更多,并且离这些问题也更近,若采用团队形式,决策常常更迅速。由不同背景不同经历的个人组成的群体,看问题的广度要比单一构成的群体更大。同样,在由风格各异的个体组成的团队所做出的决策,要比单个个体的决策更有创意。

4. 提高工作绩效。这也许是群体采用团队形式最主要的原因。研究和实践表明,团队的工作绩效要明显高于单个个体的工作绩效。另外,团队工作方式还可以减少浪费、减轻官僚主义作风、提高工作积极性,并提高产量。

(四) 团队的类型

根据团队存在的目的和拥有自主权的大小,一般可将团队分成三种类型,分别为问题解决型团队、自我管理型团队、多功能型团队。

1. 问题解决型团队

问题解决型团队的核心点是提高生产质量、提高生产效率、改善企业工作环境等。在这样的团队中成员就如何改变工作程序和工作方法相互交流,提出一些建议。成员几乎没有什么实际权利来根据建议采取行动。

管理聚焦

上世纪80年代最流行的一种问题解决型团队是质量圈,看一下它的构造,如图4-3所示:

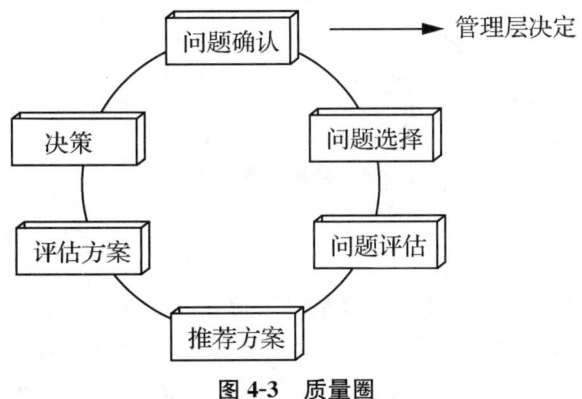

图4-3 质量圈

质量圈分成六个单元,或六个部分。

首先是问题的确认,即找到质量方面存在哪些问题;接下来问题选择,即在众多问题中选择一些必须马上解决的;然后进行问题的评估——如果不解决可能会带来什么样的损失,这个问题的等级是重量级的还是轻量级的?第四个部分是推荐的方案,要解决问题采取什么样的方式比较好?第五是评估方案,看看可行不可行,它的成本花费是多少;最后一部分是决策最终是否实施。

通常质量圈由5到12名员工组成,他们每周有几个小时碰头,着重讨论如何改进质量,他们可以对传统的程序和方法提出质疑。在质量圈中问题的确认这一部分是由管理层来最终实施的,团队的成员没有权力来确定问题在哪里,只能提出意见。第二到第四个部分是由质量圈的成员操作,最后两个部分需要管理层和质量圈的成员共同把握。

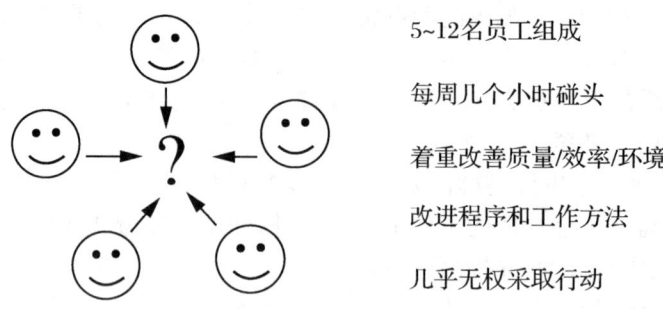

5~12名员工组成

每周几个小时碰头

着重改善质量/效率/环境

改进程序和工作方法

几乎无权采取行动

图 4-4　问题解决型团队

在这6个部分当中权利其实是分解的,并不是所有质量团队的成员都有权力或能力完成这六个任务。

2. 自我管理型团队

质量圈对表现企业的质量行之有效,但团队成员在参与决策方面的积极性显得不够,企业总是希望能建立独立自主、自我管理的团队——自我管理型团队。这种团队的一个突出特点是有自主决策决,团队一般由10—15人组成,责任范围相对广泛。

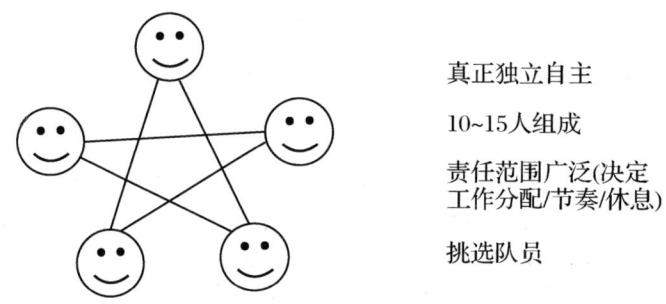

真正独立自主

10~15人组成

责任范围广泛(决定工作分配/节奏/休息)

挑选队员

图 4-5　自我管理型团队

管理聚焦

美国德州一汽公司因为推行自我管理型团队而获得国家质量奖。美国最大的金融和保险机构路得教友互动会,因为推行自我管理团队在4年的时间中减员15％,而业务量增加了50％,主要的原因是提高了员工的满意度,推行了自我管理型的团队。麦当劳成立了一个能源管理小组,成员来自于各连锁店的不同部门,他们对怎样降低能源问题提供自己鉴定的方案,解决这一环节对企业的成本控制非常有帮助。能源管理小组把所有的电源开关用红、蓝、黄等不同颜色标出,红色是开店的时候开,关店的时候关;蓝色是开店的时候开直到最后完全打烊后关掉。通过这种色点系统他们就可以确定,什么时候开关最节约能源,同时又能满足顾客的需要。这种能源小队其实也是一个自我管理型团队,能够真正起到降低运营成本的作用。

但推行自我管理团队并不总是能带来积极的效果,虽然有时员工的满意度随着权利的下放而提升,但同时缺勤率、流动率也在增加。所以首先要看企业目前的成熟度如何,员工的责任感如何,然后再来确定自我管理团队发展的趋势和反响。

3. 多功能型团队

多功能型团队是由来自同一种等级不同领域的员工组成,成员之间交换信息,激发新的观点,解决所面临的一些问题。

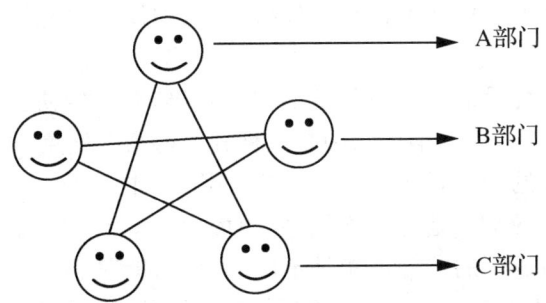

图 4-6　多功能型团队

上世纪 60 年代爱必尔诺威开发了卓有成效的 360 度反馈系统,该系统采用的是一种大型的任务攻坚团队,成员来自公司各个部门。由于团队成员知识、经验、背景和观点不太相同,加上处理复杂多样的工作任务,因此实行这种团队形式,建立有效的合作需要相当长的时间,而且要求团队成员具有很高的合作意识和个人素质。

管理聚焦

麦当劳有一个危机管理队伍,责任就是应对重大的危机,由来自于麦当劳营运部、训练部、采购部、政府关系部等部门的一些资深人员组成,他们平时共同接受关于危机管理的训练,甚至模拟当危机到来时怎样快速应对,比如广告牌被风吹倒,砸伤了行人,这时该怎么处理?一些人员考虑是否把被砸伤的人送到医院,如何回答新闻媒体的采访,当家属询问或提出质疑时如何对待?另外一些人要考虑的是如何对这个受伤者负责,保险谁来出,怎样确定保险?所有这些都要求团队成员能够在复杂问题面前做出快速行动,并且进行一些专业化的处理。

虽然这种危机管理的团队究竟在一年当中有多少时候能用得上还是个问题,但对于跨国公司来说是养兵千日,用兵一时,因为一旦问题发生就不是一个小问题。在面临危机的时候,如果做出快速而且专业的反应,危机会变成生机,问题会得到解决,而且还会给顾客及周围的人留下很专业的印象。

(五) 团队和群体的差别

有很多人容易把团队和群体这两个概念混为一谈,但它们之间有着根本性的区别,概括起来主要有以下六个方面的差别:

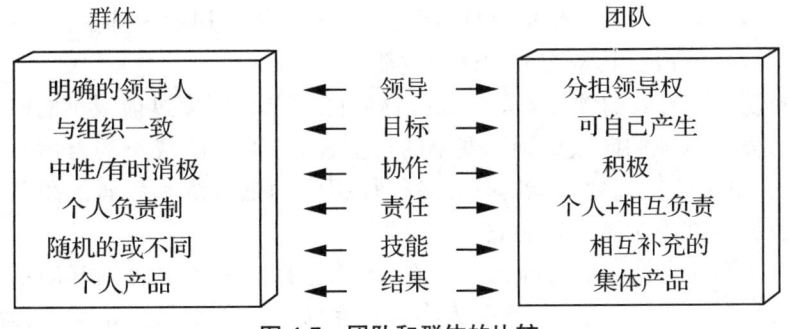

图 4-7　团队和群体的比较

1. 在领导方面。作为群体应该有明确的领导人;团队可能就不一样,尤其团队发展到成熟阶段,成员共享决策权。

2. 目标方面。群体的目标必须跟组织保持一致,但团队中除了这点之外,还可以产生自己的目标。

3. 协作方面。协作性是群体和团队最根本的差异,群体的协作性可能是中等程度的,有时成员还有些消极,有些对立;但团队中是一种齐心协力的气氛,相互间协作顺畅。

4. 责任方面。群体的领导者要负很大责任,而团队中除了领导者要负责之外,每一个团队的成员也要负责,甚至要一起相互作用,共同负责。

5. 技能方面。群体成员的技能可能是不同的,也可能是相同的,而团队成员的技能是相互补充的,把不同知识、技能和经验的人综合在一起,形成角色互补,从而达到整个团队的有效组合。

6. 结果方面。群体的绩效是每一个个体的绩效相加之和,团队的结果或绩效是由大家共同合作完成的产品,1+1>2 的效应非常明显。

二、建设现代团队的标准

建设现代团队主要应当满足以下标准:

1. 具有清晰的目标。高效的团队对要达到的目标有清楚的理解,并坚信这一目标包含重大的意义和价值;而且,这种目标的重要性还激励着团队成员把个人目标升华到群体目标。在高效的团队中,成员愿意为团队目标做出承诺,清楚地知道希望他们做什么工作,以及他们怎样共同工作并实现目标。

2. 建立相互的信任。成员间相互信任是高效团队的显著特征,也就是说,每个成员对其他人的品行和能力都确信不疑。维持群体内的相互信任,需要引起管理层足够的重视。

3. 团队成员具备相关的技能。高效的团队是由一群有能力的成员组成的。他们具备实现目标所必需的技术和能力,且有相互之间进行良好合作的个人品质,从而能出色完成任务。

4. 做出一致的承诺。高效团队的成员对团队表现出高度忠诚和承诺,为使群体获得成功,他们愿意去做工作方面的任何事情,我们把这种忠诚和奉献称为一致承诺。承诺一致的特征表现为对群体目标的奉献精神,愿意为实现这一目标而调动和发挥自己的最大潜能.

5. 实现良好的沟通。这是高效团队一个必不可少的特点。群体成员通过畅通的渠道交流信息,包括各种言语和非言语交流。此外,管理层与团队成员之间健康的信息反馈也是良好沟通的重要特征,它有助于管理者指导团队成员的行动,消除误解,高效团队中的成员能迅速而准确地了解彼此的想法和情感。

6. 谈判技能。由于团队成员角色具有灵活多变性,需要根据内外部环境的变化不断进行调整,这就需要团队成员具备充分的谈判技能。

7. 恰当的领导。有效的领导者能够让团队跟随自己共同度过最艰难的时期,因为他能为团队指明前途所在,他们向成员阐明变革的可能性,鼓舞团队成员的自信心,帮助他们更充分地了解自己的潜力。高效团队的领导者往往担任的是教练和后盾的角色,他们对团队提供指导和支持,但并不试图去控制它。

8. 内部和外部的支持。从内部条件来看,团队应拥有一个合理的基础结构,包括适当的培训、合理的绩效测量系统、支持性的人力资源系统。从外部条件来看,管理层应给团队提供完成工作所必需的各种资源。

三、团队建设的要素与步骤

(一) 团队建设四要素

建设团队,必须首先掌握团队的要素。团队的要素基本上有四个,即:目标、关系、规范与领导力。作为团队的领导者要运用领导力去促使目标趋于一致,建立和谐关系,建立与巩固规范的作用,将一群人从一片散沙,逐渐形成具有战斗力的团队。

目标。心理学家马斯洛说过:杰出团队的显著特征,便是具有共同的愿景与目的。因此建立团队的首要要素,便是建立团队共同的愿景与目的。

关系。在关系方面,存在着正式关系与非正式关系,例如经理与部属,这是正式关系,他们两人是同乡,这是非正式关系。团队关系愈稳定,愈信赖,组织内耗愈小,团队效能就愈大。

规范。团队必须建立合理、有利于组织的规范,并且促使团队成员认同规范,遵从规范。

领导力。领导力是在动态情况中,运用各种方式,以促使团队目标趋于一致、建立良好团队关系以及树立规范的能力。使用的技巧有沟通、协调、任务分配、目标设定、激励、教导、评价、适当批评、建议、授权、开会、奖惩等。

(二) 团队建设的步骤

团队建设的基本步骤是:评估团队现况、采取对策、观察结果、采取进一步对策。

1. 评估团队现况。作为团队的建设者,首先应该深入团队的内部,广泛了解团队中每个成员的各自情况,对团队成员的思想状况、工作态度、经验技能以及团队内部的管理情况均应进行详细的了解和评估,从而为进行团队建设和管理奠定基础。

2. 采取对策。针对团队中存在的各种问题制订必要的对策和措施,从而解决问题,达到团队成员相互协作,围绕团队总体目标,和谐地开展工作。

3. 观察结果。团队建设者还应及时对团队工作过程中存在和表现出的各种问题和矛盾进行观察,对以往制订的对策和措施的实施结果进行实际分析。

4. 采取进一步对策。在上述分析的结果之上,采取进一步的对策和措施,以确保团队有条不紊地开展工作。

(三) 团队建设的四个阶段

在团队建设过程中一般要经过形成期、凝聚期、激发期和收割期四个阶段。下面说明每个阶段的特征、管理重点以及该阶段的目标与对策。

1. 形成期:从混乱中理顺头绪的阶段

(1) 这一阶段的特征是团队成员缺乏共同的目标,相互之间关系不够融洽、信赖不足,矛盾和内耗较多,一致性差。

(2) 此阶段的工作目标应该立即掌握团队,快速让成员进入状态,确保工作的正常进行。领导者要设立清晰合理的目标,强调互相支持帮助,要快速建立必要的规范。

2. 凝聚期:开始产生共识与积极参与的阶段

本时期的特征:团队成员逐渐了解领导者的想法与组织的目标,互相之间也经由熟悉而产生默契,对于组织的规矩也渐渐了解,违规的事项逐渐减少,日常事务都能正常运作。

这一时期的目标是挑选核心成员,培养其能力,建立更广泛的授权与更清晰的权责划分。团队的领导重点是在可掌握的情况下,对于短期的目标与日常事务,能授权部属直接进行并定期检查与监督。

3. 激发期:团队成员可以公开表达不同意见的阶段

本阶段的特征:藉由领导者的努力,建立开放的氛围,甚至鼓励建设性的冲突,目标由领导者制定转变为团队成员的共同愿景,团队关系从保持距离变成互相信赖,规范由外在限制变成内在承诺,此时期团队成员成为一体,愿意为团队奉献,智慧与创意源源不断。

这一时期的目标:建立愿景,形成自主化团队,调和差异,运用创造力。

4. 收割期:品尝甜美果实的阶段

这一阶段的特征是藉由过去的努力,组织形成强而有力的团队,所有人都有强烈的一体感,组织爆发出前所未有的潜能,创造非凡成果,且能以合理的成本,高度满足客户的需求。

本阶段的目标:保持成长的动力,避免老化。要运用系统思考,综观全局,并保持危机意识,持续学习,持续成长。

(四)团队建设过程中应注意的问题

一般说来,团队建设过程中应注意以下几方面:

1. 合理选择团队成员的类型。欲使团队保持高的绩效,必须包括三种类型的成员:第一,具有完成工作任务所必需的技术专长的成员;第二,具有分析、决策技能的成员;第三,具有人际沟通技能的成员。只有团队同时具备了这三种类型的团队成员,才能确保团队目标的实现。

2. 以"认领"的方式分配工作任务。团队在分配任务时,必须以团队成员的人格特点和个人偏好为基础。在团队中分派工作任务的方式应是让团队中的每一位成员自行"认领"一部分具体工作,以便充分发挥每一成员的专长。

3. 确保工作的自主与自愿。管理者应该给团队成员较大的工作自主权,发挥员工在工作中自主和创新的能力。同时,还应确保团队成员的工作自愿性。

4. 足够的人力资本投资支持。团队基本上是一个独立自主的工作单位,企业应该给予足够的人力资本投资支持,确保团队成员的人力资本投资需要得到满足,并根据团队的具体需要组织相应的培训,以促成团队任务的及早完成。

5. 针对团队特点的考核和报酬系统。企业在考核团队工作状况时应着眼于整个团队的工作绩效评估,辅之以工作任务的"认领"制度实行针对个人的目标管理,在强调整体的同时兼顾个人的具体表现,双管齐下,构成支持团队工作方式的考核系统。

报酬发放的重要依据是考核的结果,在根据具体情况对团队整体和成员个体进行有侧重的两个维度考核的基础上,可以实行混合报酬设计。这里所谈的报酬既有外在报酬也有内在报酬。薪酬设计中既侧重外在报酬,也不忽视内在薪酬。

四、团队精神

(一)团队精神的内涵

所谓团队精神,就是团队成员共同认可的一种集体意识,是显现团队所有成员的工作心理状态和士气,是团队成员共同价值观和理想信念的体现,是凝聚团队,推动团队发展的精神力量。

团队精神主要包含三个层面的内容,分别为:

1. 团队的凝聚力

团队的凝聚力是针对团队和成员之间的关系而言的。团队精神表现为团队强烈的归属感和一体性,每个团队成员都能强烈感受到自己是团队当中的一分子,把个人工作和团队目标联系在一起,对团队表现出一种忠诚,对团队的业绩表现出一种荣誉感,对团队的成功表现出一种骄傲,对团队的困境表现出一种忧虑。

当个人目标和团队目标一致的时候,凝聚力才能更深刻地体现出来。

2. 团队合作的意识

团队合作意识指的是团队和团队成员表现为协作和共为一体的特点。团队成员间相互依存、同舟共济,互敬互重、礼貌谦逊;他们彼此宽容、尊重个性的差异;彼此间是一种信任的关系、待人真诚、遵守承诺;相互帮助、互相关怀,大家彼此共同提高;利益和成就共享、责任共担。

良好的合作氛围是高绩效团队的基础,没有合作就谈不上最终很好的业绩。

3. 团队士气的高昂

这一点是从团队成员对团队事务的态度体现出来,表现为团队成员对团队事务的尽心尽力及全方位的投入。

(二) 团队精神对企业的重要性

1. 团队精神能推动团队运作和发展。在团队精神的作用下,团队成员产生了互相关心、互相帮助的交互行为,显示出关心团队的主人翁责任感,并努力自觉地维护团队的集体荣誉,自觉地以团队的整体声誉为重来约束自己的行为,从而使团队精神成为公司自由而全面发展的动力。

2. 团队精神培养团队成员之间的亲和力。一个具有团队精神的团队,能使每个团队成员显示高涨的士气,有利于激发成员工作的主动性,由此而形成集体意识,共同的价值观,高涨的士气、团结友爱,团队成员才会自愿地将自己的聪明才智贡献给团队,同时也使自己得到更全面的发展。

3. 团队精神有利于提高组织整体效能。通过发扬团队精神,加强建设能进一步节省内耗。如果总是把时间花在怎样界定责任,应该找谁处理,让客户、员工团团转,这样就会降低企业成员的亲和力,损伤企业的凝聚力。

(三) 团队精神的建设方法

1. 确立明确的目标。明确具体可行的企业发展目标,是员工最好的航船方向,目标方向越明确越具体,由此激发团队效力也就越大。

(1) 将公司发展方针、发展目标、发展计划,告诉所有员工,让员工有工作的热情和动力。

(2) 将员工的薪金增长计划、方案、职位升迁方案明确,让员工觉得自己在公司有所作为,有发展的前途。有这样的目标,就可以使员工们看到希望,从而劲往一处使,产生向目标奋进的力量。

2. 培育共同的企业价值观。企业制度、企业规范,只能在有限和常规情况下,告诉员工"干什么"和"不干什么",因此,利用价值观来作为员工的行为准则可以利用各种方式:

(1) 培养员工的良好道德规范,道德修养。

(2) 培养员工的个人修养。

(3) 培养员工的正确人生价值、社会价值观念。

3. 企业的管理层起表率作用。企业的决策者、各级管理者是团队的龙头,是团队的核心,管理人员的表率作用体现在:

(1) 给各部门制定相关的评估、考核机制。没有各部门的评估、考核机制,就不能看到领导起表率作用的成绩。

(2) 给管理者一定的激励机制:通过奖励方式,才能保证管理阶层的带头作用。

4. 要激发员工的参与热情。企业的精神有赖于员工的参与,只有员工全方位地参与企业的经营管理,把个人的命运与企业未来的发展捆绑在一起,员工才会真心真意地关心企业,才会与企业结成利益共同体和命运共同体,因此,必须建立"以人为本"的管理机制。

(1) 制定相应的激励机制,如生产改进的激励、质量改进的激励、员工为企业创造价值的激励等。

(2) 将激励机制落实,只有这样员工才会觉得其真实性。

(3) 要关心员工生活,关心员工的思想状态,对于员工反映的实际问题,要及时解决,条件不够、不能满足的,要给员工一个答复。

(4) 用人性的手段激励员工,如制订夫妻同在公司服务的激励,夫妻团聚的关心,关心员工生日,给久未回家员工的父母问候,对员工家人或员工的身体状况不幸表示关注等方式。

5. 要积极发现员工的共同领域。团队的默契,源于团队成员之间自觉的了解和熟悉,而彼此之间的了解、熟悉又以共同的生活为基础,也是形成团队精神的必要条件,因此,按公司的实际情况要:

(1) 语言的统一。在团队内部用统一的语言有利于员工语言的沟通,也有利于团队的团结。

(2) 服装统一。统一的服装是团队精神的表现。

(3) 礼仪、礼节的统一。这是公司文化修养的表现,也是公司一个形象的体现。

(4) 其他方面的统一,如:利害关系的统一;大体匹配的文化层次;共同的兴奋点、兴趣等。

6. 唤醒危机意识和忧患意识。危机意识和忧患意识是团队精神形成的外在客观条件,没有团队的觉悟,没有大家的奋起,没有危机的心态,一旦危机到来,就会措手不及。

(1) 市场分析。将市场的挑战性、困难性、竞争性,同行的压力分析给员工。

(2) 技术改进上的压力。

7. 要保持经常性的沟通。员工与企业之间持续有效、深度双向的沟通,能使员工知己知彼,动态掌握自己在团体行动网络中的坐标。因此建议要:(1)组织经常性的座谈会,或者以意见箱的形式,建议员工积极反映对企业的一些看法、观点,以及有益的建议。(2)组织文化、文艺演出,让员工与公司进行感情上的沟通。(3)部门之间要进行沟通,不要因沟通不足工作而造成隔阂,沟通方式是多样的,但不能流于形式,一定要落于实处。

8. 团队精神需要一个培育的过程。一支具有良好的团队精神的团队,就具有以下特点:在团队风气上,能够容忍不同的观点;支持在可能接受常驻范围内进行不同试验;对公司忠诚;共同的价值观并愿意付出努力;在合作上能坦诚交流,但是,这样的团队要有一个长期的培育和合作过程,公司领导必须在组织上为团队建设提供如下支持:

(1) 明确团队的目标。团队的目标只能由决策阶层提出,才能让员工、管理人员明确。

(2) 给予一定的资源。包括人力资源、物资资源、资金资源、信息资源。

(3) 提供可靠的信息。要给予策划者提供如:市场最新动向、国际国内情况、人员培训信息、培训最新动态等。

(4) 不断的培训和教育。要对员工进行不断的培训和教育,对企业文化的策划者也要不断的培训与教育。

(5) 定期的技术和方法的指导。

五、团队管理的几个主要方面

关于团队管理,我们分别从四种管理职能角度来分析管理工作团队的工作:计划、组织、领导和控制。

1. 计划。确立目标是计划过程中的重要组成部分。高效团队应该有着清晰的目标,团队成员能够理解并接受团队的目标十分重要。不论这个目标是分派给团队的,还是团队自发提出来的,每个团队成员都应该了解这个目标是什么。用一个简单的方法就可以检查出团队成员对目标的理解情况:让每个成员写出团队的目标,然后看一看他们各自的描述。如果人们对团队目标的理解存在分歧,管理者需要澄清和明确它们。

2. 组织。在管理工作团队中,有关组织方面的任务包括明确权限范围和结构框架。有关这方面的一个关键问题是"我们拥有多大的权限?"自我管理团队被授权独立做出具体的决策和完成工作任务。一个团队所拥有的权限范围受到两个方面的影响,一个是组织文化,另一个是组织对于员工参与性和自主权的支持程度。另外,还应该确定团队内部的结构框架。领导者是受命担任的,还是由成员选举出来的?如何有效并且高效地完成任务?面对各项任务分派谁去承担?任务的分派程序是什么样的?

3. 领导。有关领导方面的重要工作是团队必须确定的:领导者要扮演什么角色?意见不一致时如何处理?使用什么样的沟通程序?在这方面最困难的一部分工作是如何调动员工的积极性。

4. 控制。在控制方面有两个重要问题:一是团队的工作业绩如何评估?二是使用什么样的奖励机制?由于工作团队的普遍运用,使得组织的绩效管理体制不得不做出一定的调整。组织要调整绩效指标,使得在员工评估中纳入团队的工作行为,也就是说,不仅要评估个体绩效,还应包括对个体在团队中作用的考察。

案例分析与问题解决

现在让我们再回到开篇案例上来。一个成功的企业必须有成功的人力资源管理体制、机制以及规划。

开展人力资源管理工作的范例:

一、制定公司的年度人力资源规划方案

2008 年度公司人力资源规划

(一) 职务设置与人员配置计划

根据公司发展计划和经营目标,人力资源部协同各部门制定了公司 2008 年的职务设置与人员配置计划。在 2008 年,公司将划分为 8 个部门,其中行政副总负责行政部和人力资源部,运营副总负责生产部、技术部、供应部,财务总监负责财务部,营销总监负责销售一部、销售二部和产品部,技术总监负责开发一部和开发二部。具体职务设置与人员配置如下:

1. 决策层(7 人)

总经理 1 名、行政副总 1 名、运营副总 1 名、财务总监 1 名、人力资源总监 1 名、营销总监 1 名、技术总监 1 名。

2. 行政部(8人)：

行政部经理1名、行政助理2名、行政文员2名、司机2名、接线员1名。

3. 财务部(4人)：

财务部经理1名、会计1名、出纳1名、财务文员1名。

4. 人力资源部(4人)

人力资源部经理1名、薪酬专员1名、招聘专员1名、培训专员1名。

5. 销售一部(19人)

销售一部经理1名、销售组长3名、销售代表12名、销售助理3名。

6. 销售二部(13人)

销售二部经理1名、销售组长2名、销售代表8名、销售助理2名。

7. 生产部(4人)

生产部经理1名、生产助理1名、生产统计1名、生产调度1名。

8. 开发一部(19人)

开发一部经理1名、开发组长3名、开发工程师12名、技术助理3名。

9. 开发二部(19人)

开发二部经理1名、开发组长3名、开发工程师12名、技术助理3名。

10. 产品部(5人)

产品部经理1名、营销策划1名、公共关系2名、产品助理1名。

(二) 人员招聘与解聘计划

1. 招聘计划

(1) 招聘需求

根据2008年职务设置与人员配置计划，公司行政、后勤、管理人员数量应为102人，到目前为止公司只有82人，尚需补充20人。生产一线员工数量应为268人，目前已有236人，尚需补充32人。具体职务和数量如下：

行政、后勤、管理部门：开发组长2名、开发工程师7名、销售代表8名、技术助理2名、公共关系1名；

生产一线：轧钢车间8人、锻压车间13人、精炼车间9人、总控室2人。

(2) 招聘方式

开发组长：社会招聘和学校招聘；

开发工程师：学校招聘；

销售代表及生产一线工人等：社会招聘。

(3) 招聘策略

学校招聘主要通过参加应届毕业生洽谈会、在学校举办招聘讲座、发布招聘张贴信息、网上招聘等四种形式；

社会招聘主要通过参加人才交流会、刊登招聘广告、网上招聘等三种形式。

(4) 招聘人事政策

①本科生：

A. 待遇：转正后待遇××元，其中基本工资××元、住房补助××元、社会保障金××元左右(养老保险、失业保险、医疗保险等)。试用期基本工资××元，满半月有住房补助；

B. 考上研究生后协议书自动解除；

C. 试用期三个月；

D. 签订无固定期限劳动合同。

②研究生：

A. 待遇：转正后待遇××元，其中基本工资××元、住房补助××元、社会保险金××元左右（养老保险、失业保险、医疗保险等）。试用期基本工资××元，满半月有住房补助。

B. 考上博士后协议自动解除；

C. 试用期三个月；

D. 公司资助员工攻读在职博士；

E. 签订无固定期限劳动合同，员工来去自由；

F. 成为公司骨干员工后，可享有公司股份。

(4) 风险预测

由于应届毕业生就业政策有所变动，可能会增加招聘难度，但由于公司待遇较高并且企业发展前景不错，可以基本回避该风险。另外，由于优秀的本科生考研的比例很大，所以在招聘时，应该留有后选人员。

由于技术开发类专业的研究生愿意留在本地的较少，所以研究生招聘将会出现一定困难。如果研究生招聘比较困难，应重点通过社会招聘来填补"开发组长"空缺。

2. 解聘计划

鉴于公司目前员工队伍已部分老化、有小部分员工明显不能胜任工作岗位要求，根据公司人力资源管理的总体规划，经过专业人士分析，对部分上年度考评不合格、不能胜任工作的员工予以解聘，具体情况如下：

生产一线：轧钢车间1人、锻压车间2人、精炼车间1人、总控室1人，共5人。

行政、后勤及管理部门：开发部1人、销售二部2人，共3人。

对于解聘人员的解聘安排：上述解聘人员被解聘后，给予一定补助，补助标准按在公司的服务年限进行核算，具体为每年补助××元。

上述人员予以解聘后产生的职位空缺，将再行社会招聘予以适时补充。

(三) 选择方式计划

在2008年要完善非开发人员的选择程序，并加强非智力因素的考查；另外在招聘集中期，可以采用"合议制面试"，即总经理、主管副总、部门经理共同参与面试，以提高面试效率。

(四) 绩效考评政策调整计划

公司自2003年已经开始对公司员工进行了绩效考评，每位员工都有了考评记录。另外，在2006年对开发部进行了标准化的定量考评。

2008年，绩效考评政策将做以下调整：

1. 建立考评沟通制度，由直接上级在每月考评结束时与被考评者进行考评沟通；

2. 建立总经理季度书面评语制度，让员工及时了解公司对其评价情况及公司对员工的关心；

3. 在开发部试行"标准量度平均分布考核方法"，使开发人员明确自己在团队中的位置；

4. 加强考评培训，减少考评误差，提高考评的可靠性和有效性。

(五) 培训政策调整计划

公司培训分为岗前培训、管理培训、岗位培训三部分。

岗前培训在2003年已开始进行,管理培训和技能培训从2008年开始由人力资源部牵头负责。

2008年,培训政策将做以下调整:

1. 继续加大岗前培训力度。

2. 管理培训与公司专职管理人员合作开展,不聘请外面的专业培训人员。该培训分成管理层和普通员工两个部分,重点对公司现有的管理模式、管理思路进行培训。

3. 技术培训根据相关人员申请进行。采取公司内训和外聘培训教师两种方式进行。

（六）人力资源预算

1. 招聘费用预算

其中:招聘讲座费用预算××元;交流会费用预计××元;宣传材料费:××元;报纸广告费:××元。

2. 培训费用

2007年实际培训费用××元,按20%递增,预计2008年培训费用为××元。

3. 社会保障金

2007年社会保障金共交纳××元,按20%递增,预计2008年社会保障金总额为××元。

二、员工招聘

L公司员工招聘工作方案

为进一步优化钢铁主业从业人员的素质结构和年龄结构,满足生产项目对劳动力的需求,适应企业发展需要,经研究,决定面向社会公开招聘技术人员,主要内容如下:

（一）招聘目的

本方案旨在为公司聘用员工确定合理的依据,从而为企业补充合格的员工。

（二）录用范围及招聘专业

录用范围:原则上以录用各类院校毕业生为主。但特殊情况下,也包括临时招聘员工。

招聘专业主要为:冶金专业、轧钢专业、电气维修专业、机械制造专业、自动化维修与检验专业、计算机应用专业。

（三）岗位素质基本要求

1. 具有国家承认的大学本科及以上学历,专业对口,工作经验不限。

2. 年龄在35周岁以下（应聘冶金、轧钢专业,具有实践经验者可放宽到38周岁）,男性。

3. 政治表现好,身体健康,能够坚持正常工作。

（四）定期及临时招聘计划的制定

定期招聘计划的编制程序是,由人力资源部根据定员计划,提出对学历、性别、专业的要求和招聘程序,并报有关部门和经理批准。

临时招聘时,人力资源部根据各部门的缺员情况和增人申请,经检查、核实和平衡后,直接报主管领导批准招聘计划。

（五）制定考试计划

考试计划的编制依据是正式批准的招聘计划。其内容包括:录用原则、招聘原则和测评依据。在定期招聘情况下,考试计划要经主管领导批准,经上报经理后组织实施。

在临时录用情况下,考试计划只需经主管领导批准后就可供有关部门实施。

（六）招聘

招聘的主要渠道：

1. 学校招聘：要将招工条件等以文书的形式提交给有关学校的系主任和学生处，或由人力资源部领导直接去学校作招聘说明。到学校招聘，要分发招聘表。其内容包括：应聘表、企业介绍、招聘注意事项和其他相关文件。

2. 职业介绍所招聘：临时招聘主要以职业中介和职业介绍所为对象。这时也应提供上述文件，或以口头形式向职业介绍所作说明。

3. 广告招聘：广告招聘属临时性招聘。多在企业的经营战略和经营计划发生重大变化时采用。广告的形式和数量应视企业的需求量和需求程度而定。

4. 关系介绍：利用关系介绍招聘，也需向介绍者分发有关资料，特别要向他们强调招聘条件和录用标准。

（七）应聘资料要求

原则上，人力资源部应在考试前一个月要求应聘者提交下列资料：应聘表、履历表、专长、照片、最终学历证明、成绩单、体检表等。

（八）选拔程序

基本上按以下程序进行选拔：依个人资料初选、笔试、面试、体检。

（九）初选

人力资源部根据应聘者提供的资料，对每个人的特长和不足进行充分的评价分析，做出初步选择意向后，通知应聘者参加笔试。

（十）对应聘者特长的把握

依据初选结论，主要考察以下几项：学历是否与招聘要求一致、年龄、健康状况、中上水平的智商、通勤距离、其居住地与企业间的距离相对较近、个人经历等。

（十一）笔试

大学应届和历届毕业生的考试内容一般为外语、专业课和综合考试。临时招聘的考试内容可视情况决定。

（十二）面试

对笔试合格者才进行面试。企业面试小组应由经理或厂长及有关人员和主管部门领导参加，人数不应少于5名。面试结果要集体决定。如经理或厂长不能出席，结果要报其批准方能生效。

（十三）体检

对面试合格者体检，主要是看其身体状况是否能胜任工作需要。体检一般由企业内部的医疗机构或合同医院进行。

（十四）内定

对考试全部合格者发录用通知书。通知书一般随应聘保证书一同发出。应聘者应将应聘保证书在两周内寄回企业。两周内未寄回者取消应聘资格。但因邮递不及时或者有正当理由者不属此列。

（十五）就职

应聘者应按人力资源部指定时间报到上班。报到时间由人力资源部与招工部门共同商定。

(十六)试用期

新员工报到后一般应递交保证书和担保书。经1—3个月的试用期后,方可决定是否正式录用。

(十七)担保书

担保书要由其亲属填写。其条件是居住在同一城市、满25岁且有稳定的工作及收入。担保书中要写明担保人的地址、姓名并签名。

(十八)保证书

保证书用公司通用格式,一式两份,一份由人力资源部留存,一份个人保存。

(十九)正式录用

试用期过后,由所属部门提出报告,给人力资源部评审后,决定是否正式录用。

(二十)附则

本规定从2008年×月×日开始执行。解释权归公司人力资源部。

三、新员工培训计划

作为L公司,对新员工进行的培训可参照下表计划内容展开:

L公司新员工岗前培训计划方案

课目	内容	目的	方式	时间	考评方法
企业发展史	讲解企业发展历程、前景、荣誉	促进新员工对企业的了解和认同	授课	2H	笔试
企业文化	讲解企业文化、个性、风格、作风	加强新员工对企业文化的了解和认同	授课	2H	笔试
企业组织架构	讲解企业的组织架构,熟悉各部门职责	加强新员工对企业的了解	授课	2H	笔试
员工行为规范	讲解员工应遵循的制度规范等	树立员工的服从和规范意识	授课	2H	笔试
人事福利制度	讲解企业晋升、福利制度	增强员工归属感	授课	2H	笔试
岗位专业相关知识	讲解岗位专业技能和要求	促使新员工明确本职工作特点和要求	授课	8H	笔试
相关部门职责介绍	讲解相关部门与本部门工作职责联系	帮助新员工了解分工、相关制度流程	授课	1H	笔试
行业现状及趋势分析	分析企业所在行业现状及发展趋势	明确公司行业地位、定位和发展方向	授课	2H	笔试

四、绩效评估方案

(一)评估目的

为全面了解、评估员工工作绩效,高效、顺利开展年度绩效考评工作,并切实运用员工年度绩效评估结果,特制定本方案。

(二)评估范围

公司全体员工参与本考评。

（三）评估原则

1. 通过考评,全面评价员工的工作表现、工作能力以及工作态度,使员工了解自己的工作表现、工作态度以及工作态度与年度奖金挂钩,获得努力向上改善工作的动力。

2. 通过考评,使员工有机会参与公司管理,就公司发展、管理制度、业务流程等发表自己的意见和建议。

3. 考评对象与考评指标体系、考评形式相匹配,适应不同类别的员工。

4. 以岗位职责为主要依据,坚持定性与定量考评相结合。

（四）评估职责

1. 人力资源部：

（1）绩效考评方案的编制与报批；

（2）绩效考评方案的培训与沟通,确保参与绩效考评的员工和管理者明确绩效考评的目标和意义,掌握绩效考评的标准和方法；

（3）准备绩效考评所用的各种表格；

（4）负责组织、协调绩效考评工作,进行时间进度控制、答疑等；

（5）撰写绩效考评的总结报告,就存在的问题和今后的建议向公司总经理报告。

2. 各部门经理（含主管）：

（1）负责指导下属进行自我评价,并客观公正地对下属的绩效进行评价；

（2）与下属进行沟通,帮助下属认识到工作中存在的有待解决的问题,并与下属共同制定绩效改进计划；

（3）针对绩效评价中出现的问题随时与人力资源部沟通,向人力资源部提出建议。

3. 所有员工：

（1）认真进行自我评价,并与直接上司进行开放的交流沟通；

（2）认真进行对相关同事的评价。

（五）考核目标

（1）获得晋升、调配岗位的依据,重点在工作能力及发挥、工作业绩考评；

（2）获得确定年度奖金的依据,重点在工作业绩考评；

（3）考核时间：2008年12月28日—31日

（六）考核内容、形式及方法

（1）年度管理人员绩效考评采用自我评价、总经理评价、下级评价、同级代表评价相结合,按相应比重加权平均计算综合得分；

（2）年度其他员工绩效考评采用自我评价、直接上级评价、间接上级（总经理评）评价,按相应比重加权平均计算综合得分；

（3）全体员工年度工作述职报告、员工服务年限也作为考评的一部分；

（4）评估按照管理人员和普通员工工作性质的不同,分别制定了不同的考评指标体系,管理人员共有×类××个指标,普通员工共有×类××个指标（见《绩效评价表》）；

（5）本考评方案分别制表列出了管理人员和普通员工的各项考评指标的评价标准（见《绩效评价标准》）。

（七）考评程序

（1）人力资源部根据工作计划,发出年度员工绩效考评活动通知,说明考核目的、对象、

方式以及考评进度安排;

(2) 人力资源部召集年度绩效考评相关会议,宣传绩效考评活动的目的和意义,传授绩效考评的开展技巧,指导绩效考评相关工具的应用;

(3) 各考评对象通过《绩效评价表》自我评价,其他有关的各级管理人员根据相应权限通过《绩效评价表》对评估对象进行考评打分;撰写年度述职报告,一式两份,分别上交部门经理(或主管)和总经理打分;

(4) 各绩效评价表、年度述职报告汇总集中到人力资源部;

(5) 人力资源部依据考评办法统计出各考评对象的总分并排名;

(6) 人力资源部对考评对象的得分在各部门进行公布,其中按得分顺序排列,前5为一级,之后10为二级,再后20为三级,年度绩效考评结果与年度奖金挂钩;

(7) 人力资源部将年度绩效考评结果制表、撰写年度绩效考评工作总结,一并提交总经理;

(8) 年度绩效考评结果由经理批准通过,并在公司内公布;

(9) 本办法由人力资源部编制并解释,经总经理通过后颁布生效。

(八) 结果与运用

1. 公司将考核结果与年终奖挂钩:

(1) 一等奖:最高得分前5;

(2) 二等奖:最高得分前10;

(3) 三等奖:最高得分前20。

2. 年度考核不及格,该员工岗位工资在年度考核结束后下调一级。

附件:《绩效考评流程》、《绩效评价表》、《绩效评价标准》等略。

思考与练习

1. 如何正确理解人力资源规划?
2. 员工招聘的程序是什么?
3. 绩效评估的方法有哪些?
4. 如何建设现代型团队?

案例分析

鼎文酒店集团最初只是一家普通的国有宾馆,由于地处国家著名的旅游景点附近,故迅速发展壮大——原有宾馆已经推倒重建成为一家五星级大酒店。集团在此尝到甜头后,先后在四个旅游景点附近收购了四家三星级的酒店。对于新收购的酒店,集团只是派去了总经理和财务部全班人马,其他人员都采取本地招聘的政策。因为集团认为服务员容易招到,而且简单培训就可以上岗,所以只是进行简单的面试,只要应聘者长相顺眼就可以,同时,为了降低人工成本,服务员的工资比较低。

赵某是集团新委派的下属一家酒店的总经理,刚上任就遇到酒店西餐厅经理带着几名熟手跳槽的事情,他急忙叫来人事部经理商谈此事,人事部经理满口答应,立即解决此事。第二天,赵某去西餐厅视察,发现有的西餐厅服务员摆台时把刀叉经常摆错,有的不知道如何开启酒瓶,领班除了长得顺眼和会一味傻笑外,根本不知道如何处理顾客的投诉。紧接着仓库管理员跑来告诉赵某说发现丢失了银质的餐具,怀疑是服务员小张偷的,但现在已经找不到小张了。赵某一查仓库的账本,发现很多东西都写着丢失。赵某很生气,要求人事部经理解释此事,人事部经理辩解说因为员工流动率太大,多数员工都是才来不到10天的新手,餐厅经理、领班、保安也是如此,所以做事不熟练,丢东西比较多。赵某忍不住问:"难道顾客不投诉吗?"人事部经理回答说:"投诉,当然投诉,但没关系,因为现在是旅游旺季,不会影响生意的。"赵某对于人事部经理的回答非常不满意,又询问了一些员工后,发现人事部经理经常随意指使员工做各种事情,例如接送人事部经理的儿子上下学、给他的妻子送饭等等。如果员工不服从,立即开除。赵某考虑再三,决定给酒店换血——重新招聘一批骨干人员,于是给集团总部写了一份有关人力资源规划的报告,申请高薪从外地招聘一批骨干人员,并增加培训投入。同时人事部经理也给集团总部写了一份报告,说赵某预算超支,还危言耸听造成人心惶惶,使管理更加困难,而且违背了员工本地化政策。

思考题:
1. 赵某的想法是否正确?酒店是否必须从外地雇佣一批新的骨干人员?
2. 赵某应当采取哪些措施以解决酒店目前面临的问题?
3. 酒店的人力资源规划重点是什么?服务员是否需要进行规划,或者等到需要时再招聘?
4. 赵某应当与什么人一起完成酒店的人力资源规划?在进行人力资源规划的过程中,会遇到哪些问题?

技能提高

▶ 任务一:人员招聘模拟

全班同学分成若干个小组,每组5至6人,模拟招聘环节,小组成员分别担任招聘环节中的不同的角色,亲身体验招聘工作,最后形成个人总结。

▶ 任务二:团队形成模拟

全班同学按照实际需要分成若干个小组,按照现代型团队的建设标准,模拟形成一个项目团队,模拟运作一个项目,项目完成后每个项目团队都要形成一份团队总结。

网上练习

上网找到海尔网站、阿里巴巴网站、联想网站。寻找并阅读海尔、阿里巴巴、联想等公司的人力资源规划及团队建设的资料。研究海尔、阿里巴巴、联想等公司在人力资源规划及团队建设方面有何不同?为什么会有这些不同?

模块五　领　　导

学习目标

1. 能够区别领导与管理；
2. 理解领导理论并会应用；
3. 掌握一定的领导艺术和领导方法；
4. 掌握激励理论与激励方法；
5. 掌握沟通的方法。

开篇案例

麦当劳餐馆1979年打入法国，在斯特拉斯堡开设了第一家餐馆。短短的12年之后，它就扩大成遍及30多个城市的由100多家餐馆组成的庞大体系。如此的发展速度和规模，必然需要一个相当成熟的中级管理阶层。在麦当劳，这个阶层主要是由年轻人组成的。下面就是麦当劳如何把一个普通毕业生培养成为成熟的管理者的过程。

人才的多样化是麦当劳普通员工的一大特点，这也是刚晋升为该公司人事部主任的年轻的艾蒂安·雷蒙的招聘工作中的指导思想之一。正因为此，麦当劳不同于其他公司。真正毕业于饮食服务学校的只占员工的30%，而40%的员工来自商业学校，其余的则由大学生、工程师、农学家和中学毕业后进修了2—5年的人组成。

同时，麦当劳公司拥有一支庞大的年轻人才后备军。由3 500名大学生组成，他们在校上课的同时定期利用部分时间到餐馆打工。这些后备人才将有50%的机会成为公司明天的高级管理人员。他们将可以根据麦当劳公司安排的培训计划担任各种职务，并有可能同已开始在公司工作的有文凭的年轻人一起担任餐馆经理。

多样化的人才组合与庞大的后备力量使人才的培养和提升有极大的选择性，他们一起成为麦当劳管理阶层的稳固基石，不断将新鲜血液注入到公司中去。

在麦当劳里取得成功的人，都有一个共同的特点：即从零开始，脚踏实地。炸土豆条，做汉堡包，是在公司走向成功的必经之路。当然，这对于那些年轻的、取得了各式文凭、踌躇满志想要大展宏图的人来说，往往是不能接受的。

但是，他们必须懂得，脚踏实地从头做起才是在这一行业中成功的必要条件。如果你没有经历过各个阶段的尝试，没有在各个工作岗位上亲自实践过，那么你又如何以管理者的身份对他们进行监督和指导呢？在这里，从收款到炸土豆条直至制作各式冰淇淋，每个岗位上都会造就出未来的餐馆经理。

艾蒂安·雷蒙强调："人们要求我们的合作者做许多事情，但人们也可开开玩笑，气氛是和谐友好的。那些在公司干了6个月以上的人后来都成了麦当劳公司的忠诚雇员。"

最艰难的时期是初入公司时期。饮食业是艰苦的,在最初的 6 个月中,人员流动率最高,离去的人中,有 80% 的人根本不了解这一行业。应该知道:要听从吩咐,不要计较工作时间。

能坚持下来的关键在于协调好家庭生活与餐馆工作的时间。那些更善于分配和利用时间的人,那些对工作投入最多的人是胜利者。

而且,他们的牺牲是有价值的,他们中那些有责任感的、有文凭的、独立自主的年轻人,在 25 岁以前,就可能得到许多企业不可能得到的好机会:真正成为一个中小型企业的管理者。

"不想当将军的士兵不是好士兵"。同样的,艾蒂安·雷蒙以这样的一种态度对待公开应聘的每个人,他说:"法国麦当劳公司董事长的位子等着人们去争取……"。实际上,公司高级管理职务还都由在法国的美国人担任,不过,在他们的背后,一些法国人已崭露头角。

麦当劳公司力求向每位合伙者反复灌输的基本技能是对餐馆的管理。艾蒂安·雷蒙说:"平均在 25 岁左右,一名青年就可以成为一家真正的中小型企业的领导人,管理 100 来人。我们在教会他们当老板……"

这在中国来说简直是天方夜谭,他们又是如何做到的呢?

原来,法国麦当劳公司实行一种快速晋升的制度:一个刚参加工作的出色的年轻人,可以在 18 个月内当上餐馆经理,可以在 24 个月内当上监督管理员。

而且,晋升对每个人是公平合理的,既不作特殊规定,也不设典型的职业模式。每个人主宰自己的命运,适应快、能力强的人能迅速掌握各个阶段的技术,从而更快地得到晋升。

这个制度可以避免有人滥竽充数。每个级别的经常性培训,只有有关人员获得一定数量的必要知识,才能顺利通过阶段考试。公平的竞争和优越的机会吸引着大量有文凭的年轻人到此,实现自己的理想。

首先,一个有文凭的年轻人要当 4—6 个月的实习助理。在此期间,他们以一个普通班组成员的身份投入到公司各个基层工作岗位,如炸土豆条、收款、烤牛排等。在这些一线工作岗位上,实习助理应当学会保持清洁和最佳服务的方法。并依靠他们最直接的实践来积累实现良好管理的经验,为日后的管理实践作准备。

第二个工作岗位则更带有实际负责的性质:二级助理。这时,他们在每天规定的一段时间内负责餐馆工作,与实习助理不同的是,他们要承担一部分管理工作,如订货、计划、排班、统计……他们要在一个小范围内展示他们的管理才能,并在日常实践中摸索经验,协调好他们的小天地。

在进入麦当劳 8—14 个月后,有文凭的年轻人将成为一级助理,即经理的左膀右臂。与此同时,他们肩负了更多更重的责任,每个人都要在餐馆中独当一面。他们的管理才能日趋完善。这样,离他们的梦想——晋升为经理,已经不远了。有些人在首次炸土豆条之后不到 18 个月就将达到最后阶段。

但是,在达到这梦寐以求的阶段前,他们还需要跨越一个为期 15 天的小阶段。与前面各阶段不同的是,这个阶段本身也是他们盼望已久的:他们可以去芝加哥汉堡包大学进修 15 天。

这是一所名副其实的大学,也是国际培训中心,他们接待来自全世界的企业和餐馆经理,既教授管理一家餐馆所必需的各方面的理论知识,又传授有关的实践经验。麦当劳公司的所有工作人员每年至少可以去一次美国。

应该承认的是,这个制度不仅有助于工作人员管理水平的提高,而且成为麦当劳集团在法国乃至全世界范围极富魅力的主要因素之一,吸引了大量有才华的年轻人的加盟。

当然,一个有才华的年轻人升至餐馆经理后,麦当劳公司依然为其提供了广阔的发展空间。经过一段时间的努力,他们将晋升为监督管理员,负责三四家餐馆的工作。

3年后,监督管理员将升为地区顾问。届时,他将成为总公司派驻其下属的代表,用艾蒂安·雷蒙的话说,成为"麦当劳公司的外交官"。

作为公司下属十余家餐馆的顾问,他们责任重大。他将是公司标准的捍卫者,而一个从炸土豆条做起,经历了各个岗位和阶段的地区顾问,对各方面的管理标准游刃有余。他将是公司哲学的保证人,一个由麦当劳特有的公司哲学创造的高级管理人员,其本人正是麦当劳哲学的保证。

作为"麦当劳公司的外交官",他的主要职责是往返于麦当劳公司与各下属企业,沟通传递信息。同时,地区顾问还肩负着诸如组织培训、提供建议之类的重要使命,成为总公司在这一地区的全权代表。

当然,成绩优异的地区顾问依然会得到晋升,终有一天会实现艾蒂安·雷蒙所说的——法国麦当劳公司董事长的位子上坐着的是一个法国的年轻人。

"君子爱财,取之有道"。法国麦当劳公司雇员的取财之道是别具特色的。他们的个人收入水平变动频繁,正如他们实行的快速晋升的制度,每次工作岗位的调整必然导致工资收入的变化。准确估计一个雇员的年薪是很困难的,因为一名雇员的工资级别只在几个月内是有效的,以后将会很快提高。

一个刚取得文凭的年轻人,在选择工作时往往将不同企业的招聘工资加以比较,而麦当劳公司的工资调整制度则有着令人怦然心动的魅力,因为在参加工作仅仅4个月之后,他们的工资就会提高。

工资收入变动的程序是这样的。人们一进入法国麦当劳公司就开始每年领取11万至13万法郎的工资,根据每个人的文凭不同略有差别(这就是根据头4个月的工资标准计算的数额)。尔后,人们从第5个月开始就每年领取13万至15万法郎的工资(仍根据原有的文凭不同而定)

两年后,要是一名麦当劳公司的工作人员顺利地当上了经理,那么每年就可以挣到18万法郎。如果后来他又顺利地升任监督管理员,那么他的年薪将达到25万法郎。

当然,除了年薪的增长外,他还能得到各方面的实物好处。比如,根据职务不同提供的专用车。而且,对于麦当劳公司基层至高层的每位雇员来说,还可以白天在公司免费就餐。

最后,麦当劳公司与众不同的重要特点是,如果人们没有预先培养自己的接替者。那么他们在公司里的升迁将不被考虑。麦当劳公司的一项重要规则强调,如果事先未培养出自己的接班人,那么无论谁都不能提级晋升。

这就犹如齿轮的转动,每个人都得保证培养他的继承人并为之尽力,因为这关系到他的声誉和前途。这是一项真正实用的原则,可以想象,麦当劳公司因此而成为一个发现培养人才的大课堂。在这里,缺少的绝不会是人才。

领导是管理活动的重要方面。领导职能是管理职能的基本组成部分,它侧重于对组织中人的行为施加影响,发挥领导者对下属的指挥、协调、激励和沟通作用,以便更加有效地完成组织的目标与任务。

任务一 领 导 艺 术

作为一个组织的领导者,要指挥、带领、引导和鼓励部下为高效率地实现组织目标而努力,这就要求一个领导者要具备较高的修养,熟悉领导理论,熟练掌握和运用一些领导技能,能够采取正确的领导方式和领导行为,具备较高的领导艺术。

一、领导的内涵

(一) 领导的定义

关于领导的定义,历来有不同的解释,传统的管理理论认为领导是组织赋予一个人的职位和权力,以率领其部下实现组织的目标。但更多的管理学者认为领导是一种行为和影响力,这种行为和影响力可以引导和激励人们去实现组织目标。领导是一个领导者影响人们努力完成一些特殊目标的过程,即领导是领导者指挥、带领、引导和鼓励部下为实现目标而努力的过程。这种行为和影响力通过行使组织所赋予的权力、实行监督和控制,但更主要的是通过个人依据组织环境,运用领导技能,采取正确的领导方式和领导行为,团结和带领职工高效率地实现组织目标。领导是领导者为实现组织的目标而运用权力向其下属施加影响力,或者说,领导表现为下属对领导者强烈的追随和服从倾向。

(二) 领导与管理的关系

领导是一种普遍的管理行为,关于领导与管理的关系,目前有不同的观点,有的人认为"管理就是领导"。我们认为,领导工作是管理工作的一部分,这二者之间存在着明显的区别。首先,从工作的主体方面来看,领导人员是管理人员的一部分,是担负领导职务并拥有决策指挥权的那一部分管理人员;其次,从工作的客体方面看,管理的对象通常包括人、财、物等多种生产要素,而领导工作的对象往往只能是人;第三,从工作的手段和方法来看,管理包括计划、决策、组织、协调和控制等,而领导工作则主要是大政方针的制定、人事安排和对于各种活动的协调等;第四,从行为的影响力来看,一个人可能不是管理者,但是领导者,如非正式组织中最具影响力的人就是典型的例子,组织没有赋予他们职位和权力,他们也没有义务去负责组织的计划和组织工作,但他们却能引导和激励,甚至命令自己的成员,而一个人可能是个管理者,但并不是个领导者,领导的本质是组织成员的追随与服从,它不是由组织赋予的职位和权力所决定的,而是取决于追随者的意愿,因此,有些握有职权的管理者如果没有部下的服从,也就谈不上是真正意义上的领导者。

(三) 领导的作用

在带领、引导和鼓舞部下为实现组织目标而努力的过程中,领导者要发挥指挥、协调和激励三个方面的作用。

1. 指挥作用

在人们的集体活动中,需要有头脑清晰、胸怀全局,能高瞻远瞩、运筹帷幄的领导者帮助人们认清所处的环境和形势,指明活动的目标和达到目标的途径。领导者只有站在群众的前面,用自己的行动带领人们为实现企业目标而努力,才能真正起到指挥作用。

2. 协调作用

在许多人协同工作的集体活动中,即使有了明确的目标,也因各人的才能、理解能力、工作态度、进取精神、性格、作风、地位等不同,加上外部各种因素的干扰,人们之间在思想上发生各种分歧,行动上出现偏离目标的情况是不可避免的。因此就需要领导者来协调人们之间的关系和活动,把大家团结起来,朝着共同的目标前进。

3. 激励作用

在现代企业中,尽管大多数人都具有积极工作的愿望和热情,但是也未必能自动地长久保持下去。这是因为劳动是谋生的手段,人们需求的满足还受到种种限制。如果一个人的学习、工作和生活遇到了困难、挫折或不幸,某种物质的或精神的需要得不到满足,就必然会影响工作的热情。在复杂的社会生活中,企业的每一个职工都有各自不同的经历,怎样才能使每一个职工都保持旺盛的工作热情,最大限度地调动他们的工作积极性?这就需要有通情达理和关心群众的领导者来为他们排忧解难,激发和鼓舞他们的斗志,发掘和加强他们积极进取的动力。引导不同的职工努力的朝向同一个目标,协调这些职工在不同时空的贡献,激发职工的工作热情,促使他们在企业经营活动中保持高昂的积极性,这便是领导者在组织和率领职工为实现企业目标而努力工作的过程中必须发挥的作用。

二、权利与指挥

领导是一个领导者影响人们努力完成一些特殊目标的过程。这种影响力有两个基本来源:一是领导者的职位权力。即领导者所处工作岗位的正常权力,人们称之为职权或正式权力;二是来源于领导者的个人影响力,人们称之为非正式权力或威信。

(一) 正式权力及其构成

正式权力来源于上级的授予,组织授予管理者的正式权力一般包括支配权、强制权和奖励权。

1. 支配权

支配权是指管理者在其分管的工作范围内具有确定工作目标、建立相应组织、制定规章制度、组织开展活动的决策权和对下属的工作调配权,组织赋予管理者一定的职务,从而使管理者占据权势地位和支配地位,使其有权对下属发号施令。在一般组织中,下级必须服从上级的支配。

2. 强制权

强制权是和威胁相联系的迫使他人服从的力量,当下属没有能够按照要求履行其应该履行的职责时,管理者可以通过惩罚威胁来迫使下属履行职责,从而保证组织分派的各项任务的完成。强制权发生作用的基础是下属的惧怕,因此必须事先讲清楚如果不服从上级的指挥,不履行其应该履行的职责将受到何种惩罚,而且这种惩罚必须是下属所害怕的。

3. 奖励权

奖励权通过给予一定的奖励来诱使下属做出组织所希望的行动,在下属完成一定的任务时,管理者承诺给予相应的奖励,可鼓励下属的积极性。因此,奖励权是建立在交换原则基础之上的,但奖励必须是下属所需要的,否则就不能对下属的行为产生作用。

(二) 非正式权力及其构成

非正式权力或威信是指由管理者的能力、知识、品德和作风等个人因素所产生的影响力,这种影响力是与特定的个人相联系的,与其所在组织中的职位大小没有必然的联系。由于这种影响力是建立在下属信服的基础之上的,因此有时能发挥比正式职权更大的作用。威信包括两方面的内容,即个人专长和个人品质。

1. 个人专长

个人专长方面的威信是指由于领导者具有各种专门的知识和特殊的技能或学识渊博而获得同事及下属的尊重和佩服,从而在工作中显示出的在其专长方面一言九鼎的影响力。这种威信主要是基于领导者帮助下属明确方向、排除障碍的能力,其影响面通常是比较狭窄的,被单一地限定在其专长范围之内。

2. 个人品质

品质方面的威信是指由于领导者优良的领导作风、思想水平、品德修养,而在组织成员中树立的德高望重的影响力。这种威信是建立在下属对领导者承认的基础之上的,它通常与具有超凡魅力或名声卓著的领导者相联系。

通常影响一个人威信高低的主要因素有以下几方面:

(1) 品格

主要包括领导者的道德、品行和人格等。优良的品格会给领导者带来巨大的影响力。因为品格是一个人的本质表现,好的品格能使人产生尊敬感,使人模仿。如果管理者能够在工作中公正廉洁、讲求信誉、追求事业、不断进取,则往往会被群众所尊敬,从而产生较高的威望。

(2) 才能

领导者的才干是其影响力大小的主要影响因素之一,才能通过实践来体现,领导者的才干主要反映在其以往的工作业绩上,一个有才干的领导者会给事业带来成功,从而会使他人对其产生敬佩感,吸引人们自觉地接受其影响,组织中的某一成员如果具有较强的业务能力,或者曾经取得过辉煌的成就,那么,他在走上管理岗位后往往具有较大的号召力。

(3) 知识

一个人的才干是与知识紧密联系在一起的,知识水平的高低主要表现为对自身和客观世界的认识程度。知识本身就是一种力量,知识丰富的领导者,容易取得人们的信任,并由此产生信赖感和依赖感。

(4) 感情

感情是人的一种心理现象,它是人们对客观事物好恶倾向的内在反映。人与人之间建立了良好的感情关系,便能产生亲切感,相互的吸引力越大,彼此的影响力也就越大,因此,一个领导者平时待人和蔼可亲,关心体贴下属,与群众的关系融洽,知道群众的疾苦,他的影响力就较大。

由品格、才能、知识和感情等因素构成的影响力,是由领导者自身的素质与行为造就的。在领导者从事管理工作时,它能增强领导者的影响力,在其不担任管理职务时,这些因素仍会对人们产生较大的影响。

(三) 权力的运用

为了确保拥有权力的领导者在实际工作中能够正确地运用组织所赋予的权力,必须强调权力使用中的三条原则:第一是慎重用权。作为企业某个部门的主管,领导者有着一定的人事和财务等管理权力。少数领导头脑不够清醒,以为有了权力就有了一切,往往自觉或不自觉地炫耀手中的权力,以此树立自己的权威。这种做法,通常只能招致同事的反感和群众的厌恶,损害自己的形象,降低自己的威信。所以,成熟的领导者必须十分珍惜组织和组织成员给予自己的权力,绝不滥用权力,但是在确实需要使用权力时,领导者又要当机立断地使用权力来维护组织和组织成员的利益,而不应当为了维护个人的私利而患得患失,谨小慎微,坐失良机,使组织和组织成员的利益受到损失。第二是公正用权。领导者运用权力的最重要的原则是公正廉明,领导者必须用自己的实际行动使下属相信,在他运用权力时一定能做到不分亲疏,不徇私情,不谋私利。只有如此,才能服众。如果一个领导者不能够秉公办事,他拥有的制度权力虽然未变,但其实际上的指挥、协调和激励能力就会大大削弱。随之而来的是牢骚怪话、扯皮推诿、组织涣散、营私舞弊现象在组织中的蔓延。所以,领导者必须充分认识到公正用权的重要性,做到公开、公正和廉明。第三是例外处理。规章制度是组织成员共同遵守的行为准则。领导者必须维护规章制度的严肃性,按照规章制度的要求正确使用他手中的权力,但在特殊的时候,他也应当有权进行特殊事件的例外处理。这里的例外处理不是为了破坏规章制度,而恰恰是为了使规章制度在执行中更符合实际情况。例外处理必须有充分的正当理由,必须在坚持组织根本目标和员工普遍利益的前提下,通过实施例外处理,使员工们一方面了解到领导者是尊重事实和通情达理的,另一方面也从该事件中对领导者期望自己表现出何种行为产生明确的认识。

三、领导理论

所谓领导理论,就是关于领导的有效性的理论。人们对领导有效性的研究主要从三个方面进行,相应地,领导理论也分为三大部分:领导特质理论、领导行为理论、领导权变理论,表5-1中所列即为三种领导理论各自的研究重点。

表5-1 三种领导理论的比较

领导理论	基本观点	研究目的	研究结果
领导特质理论	领导的有效性取决于领导者个人特性	好的领导者应当具备怎样的素质	各种优秀领导者的描述
领导行为理论	领导的有效性取决于领导行为和风格	怎样的领导行为和风格是最好的	各种最佳的领导行为和风格描述
领导权变理论	领导的有效性取决于领导者、被领导者和环境的影响	在不同的情况下,哪一种领导方式是最好的	各种领导行为权变模型描述

(一)领导特质理论

领导特质理论着重于研究领导者本身的素质、品质或个性特征对领导工作效能的影响。其基本方法是:

先根据实际生活中不同的领导者领导效果的好坏,来归纳出成功的领导者和失败的领导者在个人品质或特质上有哪些差异,进一步总结成功领导者的个人品质,并把这些归纳的结果作为一种理论标准,用于考察某个组织中的领导者是否具备这些品质,由此推断该领导者是否是一个成功的领导者。

传统的领导特质理论研究者认为领袖人物是天生的,而不是后天造成的。那些被称为"伟大领袖"的领导者具有某些使他们必然成为伟人的特质,如智慧、果断、热情、有力量、勇敢、正直、自信等。许多西方管理学家长期以来一直把领导者个人的性格和特征作为描述和预测其领导效能的指标。这种理论研究的前提假设是领导者的个人特质是决定领导才能的关键因素。

20 世纪 60 年代,著名的心理学家吉赛利在《管理才能探索》一书中研究探索了 8 种个性特征和 5 种激励特征:

8 种个性特征是:

1. 才智——语言与文字方面的才能;
2. 首创精神——开拓创新的愿望和能力;
3. 督察能力——指导监督别人的能力;
4. 自信心——自我评价高、自我感觉好;
5. 适应性——善于与下属沟通信息,交流感情;
6. 判断能力——决策判断能力较强,处事果断;
7. 性别——男性与女性有一定的区别;
8. 成熟程度——经验、工作阅历较为丰富。

5 种激励特征是:

1. 工作稳定性的需要;
2. 对物质金钱的需要;
3. 对地位权力的需要;
4. 对自我实现的需要;
5. 对事业成就的需要。

吉赛利的研究成果表明,这些特性对领导者成功管理的影响可分为三个层次,即最重要的是:才智、地位权力需要、督察能力、事业成就的需要、自我实现的需要、自信心、判断能力等;比较次要的是:首创精神、工作稳定的需要、适应能力、物质金钱的需要、成熟程度等;最后才是性别的区别。即一个有效的领导者,首先是才智和自我实现及对事业成功的追求等对能否取得成功关系较大,而物质金钱的追求、工作经验等关系不大。其次,一个有效领导者的督察能力和判断能力亦是十分重要的。最后,男性与女性的区别与事业成功与否关系不大。

传统的领导特质理论受到了许多人的批评,现代领导特质理论认为先天的素质只是人的心理发展的生理条件,素质是可以社会实践中得以培养与提高的。因此,他们主要是从满足实际工作需要和胜任领导工作所需的要求方面来研究领导者应具有的能力、修养和个性。Bass 通过研究认为,有效的领导者的特性是"在完成任务中具有强烈的责任心,能精力充沛地执着追求目标,在解决问题中具有冒险性和创造性,在社会环境中能运用首创精神,富于自信和特有辨别力,愿意承担决策和行为结果,愿意承受人与人之间的压力,愿意忍受挫折和磨难,具有影响他人行为的能力。"

(二) 领导行为理论

领导品质理论注重的是领导者的个性特点对领导有效性的影响,领导行为理论则把重点放在研究领导者的行为风格对领导有效性的影响上,其中较典型的理论有:三种领导方式理论、密西根大学的研究、俄亥俄州立大学的研究和管理方格图。

1. 三种领导方式理论

在管理实践中,不同的领导者或同一领导者在不同的工作情况下倾向于采取某种特定的领导风格,这往往是与他们对权力的运用方式不同有关。在引导和影响组织成员的过程中领导者对所拥有权力的使用方式就反映了领导方式或领导风格的差异。心理学家勒温在实验研究基础上,将领导者的行为方式划分为专制式、民主式、放任自流式三种。

（1）专制式。亦称为专权式或独裁式。这类领导者是由个人独自做出决策，然后命令更改予以执行，并要求下属不容置疑地遵从其命令。该领导行为的主要特点是：个人独断专行，从不考虑别人的意见，组织的各种决策完全由领导者本人独自做出；除了工作命令外，从不把更多的消息告诉下级，下属没有任何参与决策的机会，只能奉命行事；领导者预先安排一切工作内容、程序和方法，下属只能服从；主要靠行政命令、纪律约束、训斥惩罚来维护领导者的权威，很少或只有偶尔的奖励；领导者与下属保持相当的心理距离。

（2）民主式。在民主式领导风格下，领导者在采取行动方案或做出决策之前会主动听取下级意见，或者吸收下属参与决策制定。比如，民主式的销售经理往往允许并要求销售员参与制定销售目标，而专制式的销售经理则仅仅向各销售员分配指标。民主式领导行为的主要特征是：领导者在做出决策之前通常都要同下属磋商，得不到下属的一致同意不会擅自采取行动；分配工作时，会照顾到组织每个成员的能力、兴趣和爱好；对下属工作的安排并不具体，个人有相当大的工作自由，有较多的选择性与灵活性；主要运用个人的权力和威信，而不是靠职位权力和命令使人服从；领导者积极参加团体活动，与下属无任何心理上的距离。

（3）放任式。放任式领导的主要特点是：极少运用其权力影响下属，而给下级以高度的独立性，以致达到放任自流的程度。

勒温根据实验还得出，以上三种领导方式中，放任式的领导方式工作效率最低，只能达到组织成员的社交目标，但完不成工作目标；专制式的领导方式虽然通过严格管理能够达到既定的任务目标，但组织成员没在责任感，情绪消极，士气低落；民主式的领导方式工作效率最高，不但能完成工作目标，而且组织成员之间关系融洽，工作积极主动，富有创造性。

2. 利克特的四种领导方式理论

密西根大学社会研究所的利克特认为：一个有效的管理者应该面向下属开展工作，及时与下属沟通信息，从而使组织中的全体成员建立一种团结一致、互相支持的关系。这是一种有效的管理方式。为此，利克特假设了四种管理方式：

（1）专制—命令式领导方式。这种方式的特点是，领导者发布指示，下属执行且不参与决策；领导者很少用奖励的方法激励下属，而较多地采用处罚的方式；领导者习惯于自上而下发布指示和命令，而不注意自下而上的信息反馈。

（2）温和—命令式领导方式。这种方式的特征是，领导者兼用奖励和处罚的方法管理下属；自上而下和自下而上地双向沟通信息，适当地听取下属对决策的意见；适当地授权给下属，但加以严格的政策控制。

（3）协商—参与式领导方式。这种方式的特征是，领导者在决策前，较充分地听取下属的意见，并且适当地加以采纳；兼用奖励和处罚的方式管理下属，注意信息的双向沟通，调动下属的管理者进行具体的决策等。

（4）群体参与式领导方式。这种方式的特征是，领导者提出挑战性的目标，由下属根据目标自行决策并制定实施规划，主要采用奖励的方法，而较少采用处罚的方法来管理下属；保持上下级之间、同级之间信息渠道的畅通，使整个组织形成一种良好的气氛。

研究表明：利用第四种方式从事管理工作的人是极有成就的领导人。因为用这种方式管理的组织在制定目标和实现目标等方面是十分有效的。在这类组织中，全体成员感到在实现价值，满足需要和愿望，达到目标和期望方面有共同的利益。个人目标和组织目标融为一体，工作的积极性和创造性能充分地发挥出来，而这些都归功于员工参与者管理的程度较深。

3. 领导双因素模式

四分图理论是由美国俄亥俄州立大学企业研究所的多基尔和沙特尔为核心的研究小组提出来的。这种理论把领导行为归纳为组织和体谅两个因素：组织即是组织设计、规章制度、责权关系等；体谅即是组织气氛、尊重下级、信息交流等。这两类因素的具体组合就形成四种领导行为，如图 5-1 所示。

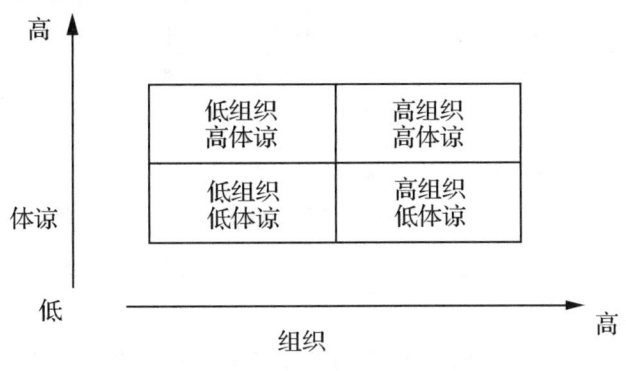

图 5-1　四分图

图中有四个领导行为：低组织高体谅、高组织低体谅、高组织高体谅和低组织低体谅等。通过四分图可以确定不同的领导类型。

采取低组织高体谅的领导者注意关心爱护下属，经常与下属交换思想，交换信息，与下属感情融洽，但是组织内规章制度不严，工作秩序不佳，这是一类较仁慈的领导者。

采取高组织低体谅的领导者注意严格执行规章制度，建立良好的工作秩序和责任制，但是不注意关心爱护下属，不与下属交流信息，与下属关系不融洽。这是一类较为严厉的领导者。

采取高组织高体谅的领导者注意严格执行规章制度，建立良好的工作秩序和责任制，同时关心爱护下属交流信息，沟通思想，想方设法调动组织成员的积极性，在下属心目中可敬又可亲。这是一类高效成功的领导者。

采取低组织低体谅的领导者不注意关心爱护下属，不与下属交换思想，交流信息，与下属关系不太融洽，也不注意执行规章制度，工作无序，效率低下。这是一类无能、不合格的领导者。

以上四种方式其实就是关于是以人为中心还是以工作为中心的区别，一般来讲，高组织高关心人的领导方式最佳。

4. 管理方格理论：美国得克萨斯大学的布莱克和穆顿提出了关于培养领导方式的管理方格理论。这一研究充分概括了前述两项研究关于员工导向和生产导向维度，将领导者按他们的绩效导向行为（称为对生产的关心）和维护导向行为（称为对人员的关心）进行评估，给出等级分值，然后把分值标注在两个维度的坐标界面上，并划分成 9 个等级，从而生成 81 种不同的领导类型，如图 5-2 所示。

1.9 型领导方式：特别关心员工，持这种方式的领导者认为，只要员工精神愉快，生产自然会好。这种管理的结果可能很脆弱，一旦和谐的人际关系受到破坏，生产业绩会随之下降。亦称乡村俱乐部型管理。

9.1 型领导方式：只注重任务的完成，是一种专权式的领导，下属只能奉命行事，可能会失去创造性或进取精神。亦称任务型管理。

图 5-2 管理方格图

5.5 型领导方式:既不过分重视人的因素,也不过于重视任务因素,努力保持和谐与妥协。亦称中庸之道型管理。

1.1 型领导方式:表示领导者付出最小的努力完成工作。亦称贫乏型管理。

9.9 型领导方式:表示领导者通过协调和综合工作相关活动而提高任务效率与士气。亦称团队型管理。

从以上五种管理方式来看,采用 9.9 型管理方式的领导者最为成功。

(三)领导权变理论

更多的管理学者和心理学家认为,管理者的领导行为不仅取决于个的品质、才能,还取决于他所处的环境,因此,领导行为应随环境因素的变化而变化,研究成果中以菲德勒模型、领导生命周期理论和路径—目标理论最为典型。

1. 菲德勒模型

伊利诺大学的菲德勒从 1951 年开始,首先从组织绩效和领导态度之间的关系着手进行研究,经过长达 15 年的调查试验,提出了"有效领导的权变模式",即菲德勒模型。他认为任何领导形态均可能有效,其有效性完全取决于是否与所处的环境相适应。他把影响领导者领导风格的环境因素归纳为三个方面:职位权力、任务结构和上下级关系。

职位权力指的是与领导者职位相关联的正式职权和从上级和整个组织各个方面所得到的支持程度,这一职位权力由领导者对下属所拥有的实有权力所决定。领导者拥有这种明确的职位权力时,则组织成员将会更顺从他的领导,有利于提高工作效率。

任务结构是指工作任务明确程度和有关人员对工作任务的职责明确程度。当工作任务本身十分明确,组织成员对工作任务的职责明确时,领导者对工作过程易于控制,整个组织完成工作任务的方向就更加明确。

上下级关系是指下属对一位领导者的信任爱戴和拥护程度,以及领导者对下属的关心、爱护程度。这一点对履行领导职能是很重要的。因为职位权力和任务结构可以由组织控制,而上下级关系是组织无法控制的。

菲德勒根据上述三个方面情境因素的不同组合,归纳出 8 种不同类型的环境条件,如图 5-3 所示,得出了在各种不同情况下使领导有效的领导方式。

上下级关系	好				坏			
任务结构	明确		不明确		明确		不明确	
职位权力	强	弱	强	弱	强	弱	强	弱
环境类型	1	2	3	4	5	6	7	8
环境有利性	有利				一般			不利
高LPC型领导方式	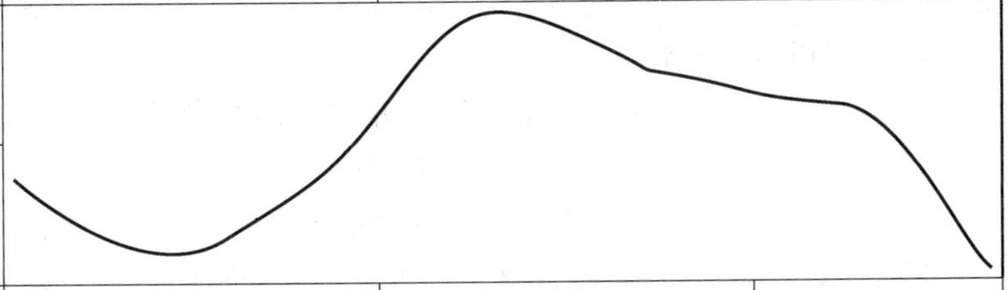							
低LPC型领导方式								
领导首要目标	任务导向型				员工导向型		任务导向型	

图 5-3 菲德勒权变领导模型

2. 领导生命周期理论

该理论由赫塞和布兰查德提出，他们认为下属的"成熟度"对领导者的领导方式起重要作用。所以，对不同"成熟度"的员工采取的领导方式有所不同。

所谓"成熟度"是指人们对自己的行为承担责任的能力和愿望的大小。它取决于两个要素：工作成熟度和心理成熟度。工作成熟度包括一个人的知识和技能，工作成熟度高的人拥有足够的知识、能力和经验完成他们的工作任务而不需要他人的指导。心理成熟度指的是一个人做某事的意愿和动机。心理成熟度高的个体不需要太多的外部激励，他们靠内部动机激励。在管理方格图的基础上，根据员工的成熟度不同，将领导方式分为四种：命令式、说服式、参与式和授权式，如图 5-4 所示。

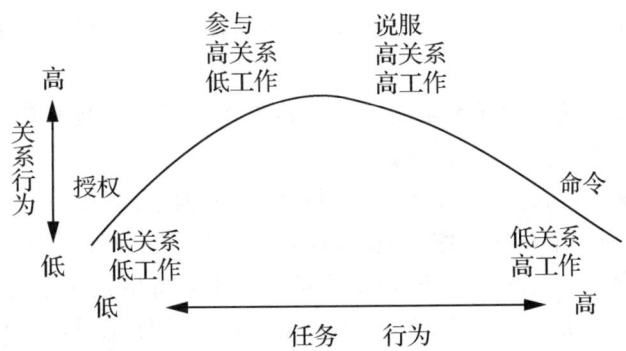

（注：下属的成熟度）

M4	M3	M2	M1
成熟	比较成熟	初步成熟	不成熟
有能力	有能力	无能力	无能力
有愿望	无愿望	有愿望	无愿望

图 5-4 领导生命周期理论

命令式。表现为高工作低关系型领导方式，领导者对下属进行分工并具体指点下属应当干什么、如何干、何时干，它强调直接指挥。因为在这一阶段，下属缺乏接受和承担任务的能力和愿望,既不能胜任又缺乏自觉性。

说服式。表现为高工作高关系型领导方式。领导者既给下属以一定的指导,又注意保护和鼓励下属的积极性。因为在这一阶段,下属愿意承担任务,但缺乏足够的能力,有积极性但没有完成任务所需的技能。

参与式。表现为低工作高关系型领导方式。领导者与下属共同参与决策,领导者着重给下属以支持及其内部的协调沟通。因为在这一阶段,下属具有完成领导者所交给任务的能力,但没有足够的积极性。

授权式。表现为低工作低关系型领导方式。领导者几乎不加指点,由下属自己独立地开展工作,完成任务。因为在这一阶段,下属能够而且愿意去做领导者要他们做的事。根据下属成熟度和组织所面临的环境,领导生命周期理论认为随着下属从不成熟走向成熟,领导者不仅要减少对活动的控制,而且也要减少对下属的帮助。当下属成熟度不高时,领导者要给予明确的指导和严格的控制,当下属成熟度较高时,领导者只要给出明确的目标和工作要求,由下属自我控制和完成。

3. 路径—目标理论

路径—目标理论是以期望机率模式和对工作、对人的关心程度模式为依据,认为领导者的工作效率是以能激励下属达到组织目标并且在工作得到满足的能力来衡量的。领导者的基本职能在于制定合理的、员工所期待的报酬,同时为下属实现目标扫清道路,创造条件。根据该理论,领导方式可以分为四种:

指示型领导方式。领导者应该对下属提出要求,指明方向,给下属提供他们应该得到的指导和帮助,使下属能够按照工作程序去完成自己的任务,实现自己的目标。

支持型领导方式。领导者对下属友好,平易近人,平等待人,关系融洽,关心下属的生活福利。

参与型领导方式。领导者经常与下属沟通信息,商量工作,虚心听取下属的意见,让下属参与决策,参与管理。

成就指向型领导方式。领导者做的一项重要工作就是树立具有挑战性的组织目标,激励下属想方设法去实现目标,迎接挑战。

路径—目标理论告诉我们,领导者可以而且应该根据不同的环境特点来调整领导方式和作风,当领导者面临一个新的工作环境时,他可以采用指示型领导方式,指导下属建立明确的任务结构和明确每个人的工作任务;接着可以采用支持型领导方式,有利于与下属形成一种协调和谐的工作气氛。当领导者对组织的情况进一步熟悉后,可以采用参与者式领导方式,积极主动地与下属沟通信息,商量工作,让下属参与者决策和管理。在此基础上,就可以采用成就指向式领导方式,领导者与下属一起制定具有挑战性的组织目标,然后为实现组织目标而努力工作,并且运用各种有效的方法激励下属实现目标。

管理聚焦

新一代美国名商的群体特性

1. 年轻;2. 中产阶级价值观;3. 被剥夺的童年;4. 母亲影响巨大;5. 内疚感;

6. 不满足、洞察力、精力;7. 创造力和勇气;8. 诚实、乐观、善于交际;

9. 沟通能力强。

四、领导艺术

现代社会中的组织,常常是由一个多种因素组成的比较复杂的社会组织。它不可能脱离整个社会。因此,这就对组织中的主管人员的领导方法提出了更高的要求,同时也决定了主管人员的工作在很大程度上是创造性的。领导艺术就是富有创造性的领导方法的体现。在履行指导与领导职能的过程中,科学是与艺术相互结合、彼此交织在一起的。主管人员要具备灵活运用各种领导方法和原则的能力与技巧,才能率领和引导人们克服前进道路上的障碍,顺利实现预定的目标。

(一) 领导艺术的含义与内容

1. 领导艺术的含义

领导艺术是为达到某一领导目标,在一定知识和实践基础上,在领导过程中表现出的一种非模式化,富有创造性的才能与技巧。其实质是事物的复杂性和可变性,要从实际出发,具体情况具体分析,是富有创造性的领导方法的体现。领导艺术是指在领导的方式方法上表现出的创造性和有效性。一方面是创造,是真善美在领导活动中的自由创造性。"真"是把握规律,在规律中创造升华,升华到艺术境界;"善"就是要符合政治理念;"美"是指领导使人愉悦、舒畅。另一方面是有效性,领导实践活动是检验领导艺术的唯一标准。

领导艺术是领导者个人素质的综合反映,是因人而异的。黑格尔说过:"世界上没有完全相同的两片叶子",同样也没有完全相同的两个人,没有完全相同的领导者和领导模式。有多少个领导者就有多少种领导模式。

2. 领导艺术的内容

有关领导艺术的内容,归结起来,有以下几种:

履行职能的艺术。履行职能的艺术主要包括沟通联络、激励和指导的艺术。如沟通联络要把握好沟通联络的方法,了解沟通联络的类型,针对完成任务的性质及实现目标的要求,运用不同的沟通联络方法进行沟通联络。同时,要特别注意非正式沟通对企业领导成效的影响。在领导活动中,信息的沟通要明确完整,力求表达得清楚准确,努力消除下级人员的思想顾虑,积极地解决各种形式的问题,这对有效的领导是十分重要的。

决策的艺术。决策是从两个以上可供选择的方案中选择其中最佳方案的过程。而在非程序化决策过程中,主管人员的决策技能起了重要的作用。人们在一定经验的基础上,对未来事件的判断具有远视力和洞察力,主要反映在及早察觉组织发展的有利条件和不利条件,依靠周密思考,集中群众的正确意见,做出既有事实根据又先于别人想到的不寻常的战略决策。

授权的艺术。对下属指派职责,授予下级相应职权,激发下级尽职尽责的义务感就是授权。除了因事择人、视能授权,按照预期成果授权,按职责与职权相适应原则授权,授权必须彻底等原则外,授权时还要把握好授权的艺术。

(1) 在可能的范围内,尽量把工作交给下级去做。这样既能调动下级人员的积极性,又能节约领导者时间,使其处理更重要的问题。

(2) 在授权中,授权工作的难度应比承担工作的人平时表现出的能力大些,以增强其奋进精神,以便成功后有成就感。

(3) 公开授权。有关人员都了解谁被授权执行某任务,以便提高受权者威信,使受权者有压力,有紧迫感。

（4）授权后，上级领导应注意发现和强调下级的工作绩效，而不应过分计较下级实施工作中的手段。

（5）除非事前协调好，否则，上级不应将两位或两位以上人员共同履行的职责、完成的工作交给其中一人去完成。这样扬此抑彼，易造成矛盾。

（6）上级授权应由简到繁，循序渐进地进行。

（7）上级不应姑息迁就受权者的"反授权"行为。

（8）上级授权之后，应对被授权者进行工作追踪，一是了解被授权者的工作进度，二是要求被授权者按时提出工作进度报告，以便上级进行控制。

协调人际关系的艺术。领导的最终效果取决于领导者和被领导者对指示、命令的理解和执行情况。良好的人际关系对加强这种理解是不容置疑的。通过领导活动，处理好企业中的正式组织关系，如各层次、各部门、各环节的关系，是领导活动的目的。

运筹时间的艺术。领导者的工作时间可分为两部分，一部分为可控时间，一部分为不可控时间。有效地利用可控时间，变不可控时间为可控时间，缩小不可控时间的比重，对领导者意义重大。制定企业合理定额，完善企业各项规章制度，运用先进的管理方法和手段对企业进行管理，都可以提高领导者的时间利用率。

总之，领导艺术建立在主管人员个人的经验、素养和洞察力的基础上，认真讲求领导艺术，有助于提高工作的有效性，有助于密切主管人员和员工的关系。在这样的环境中，将能够造成一个又有集中、又有民主、又有纪律、又有自由、又有统一意志、又有个人心情舒畅，生动活泼的崭新局面。

（二）领导艺术可资借鉴的某些准则

作为主管人员应当具备的最重要的特性是：要能理解人，了解人的优点和弱点；如果某工作人员的缺点不如他的优秀品质那样突出的话，对其缺点宜采取宽容态度；要能体谅关心下级。由于每个人都各有各的独特的作风，因此，树立领导人的某种标准，实际上是不可能的，但如下准则对所有主管都是有意义的。

1. 要理解与人为善的艺术；善良是力量的特征。

2. 在任何时候都不要伤害工作人员的自尊心。

3. 要永远放弃两面派行为：对下级一副面孔，对长官又是另一副面孔。

4. 永远要以"您"称呼下级，别忘记说"请"。

5. 别惧怕新事物，如果做什么事都用20年前的老办法，那么这个事实本身就说明，你在某种程度上是个保守派。

6. 查处任何过失时，在采取某些措施之前，要尽量耐心地听取犯错误人的解释。

7. 请记住，不善于听取意见是受挫领导者的职业缺点。因此，你要学会听取意见，甚至不要用诸如"简短些！"这样刺激性的话打断话多的工作人员。

8. 请相信那些值得信任的人。如果一个人认真地完成受托的事情，不要用过多的提醒和指示使他难为情。请让他有机会安安静静地、不受"干扰"地工作。

9. 对干得好的，不要舍不得致谢。那些认为"催促"可起推动作用，表扬会使人头脑发昏，并导致自我安慰和骄傲自满的领导者大错特错了。领导者的好话过去是、现在仍然是刺激人们工作尽力和勤奋的最有效因素。

10. 如果由于差错而必须申斥的话，请你单独地找他面谈。绝大多数人都很忌讳在自己同事面前受到责备，完全不允许在工作人员的下级在场的情况下申斥他。

11. 无论如何不要断然把下级人员划分为"坏的"和"好的"。请你遵循这样一条原则：每个人身上的优良品质比不良品质总是多得多，需要的只是激励前者，抑制后者。

12. 及时地向下级通报自己的设想和计划，这会在集体中建立共同努力、信任的气氛，有助于集体高高兴兴去实现你的设想。实践证明，把某些领导的权力授予下级人员的做法，会改善集体的精神面貌，使人产生不辜负所受到的信任和希望的心理感受，有助于更充分地挖掘工作人员的潜力。好的领导者应当多多地承担错误的责任，尽可能少地接受表扬。

管理聚焦

土星电脑公司和美国硅谷的许多高科技公司一样，以火箭般的速度发展，但也面临着来自东海岸大公司的激烈竞争。公司刚开张时，一切就像闹着玩似的，高层管理人员穿着T恤衫和牛仔裤来上班，谁也分不清他们与普通员工有什么区别。然而当公司财务上出现了困境，局面开始有了大改变。原先那个自由派风格的董事会主席虽然留任，但公司聘入了一位新的首席执行官琼斯。琼斯来自一家办事古板的老牌公司，他照章办事，十分传统，与土星公司的风格相去甚远。公司管理人员对他的态度是：看看这家伙能呆多久？！看来，冲突矛盾是不可避免的了。

第一次公司内部危机发生在新任首席执行官首次召开高层管理会议时，会议定于上午8点半开始，可有一个人9点钟才跌跌撞撞地进来。西装革履的琼斯眼睛瞪着那个迟到的人，对大家说："我再说一次，本公司所有的日常公事要准时开始，你们中间谁做不到，今天下午5点之前向我递交辞职报告。从现在开始到我更好地了解你们的那一天，你们的一切疑虑我都担待着。你们应该忘掉过去的那一套，从今以后，就是我和你们一起干了。"到下午5点，十名高层管理人员只有两名辞职。

此后一个月里，公司发生了一些重大变化。琼斯颁布了几项指令性政策，使已有的工作程序改弦易辙。从一开始起，他三番五次地告诫公司副总经理威廉，一切重大事务向下传达之前必须先由他审批。他抱怨下面的研究、设计、生产和销售等部门之间缺乏合作。在这些面临着挑战的关键领域，土星公司一直没能形成统一的战略。

琼斯还命令全面复审公司的福利待遇制度，然后将全体高层管理人员的工资削减15%，这引起公司一些高层管理人员向他提出辞职。研究部主任这样认为："我不喜欢这里的一切，但我不想马上走，开发电脑打败IBM对我来说太有挑战性了。"生产部经理也是个不满琼斯做法的人，可他的一番话颇令人惊讶："我不能说我很喜欢琼斯，不过至少他给我那个部门设立的目标能够达到。当我们圆满完成任务时，琼斯是第一个感谢和表扬我们干得棒的人。"

事态发展的另一方面是，采购部经理牢骚满腔。他说："琼斯要我把原料成本削减15%，他还拿着一根胡萝卜来引诱我，说假如我能做到的话就给我油水丰厚的年终奖。但干这个活简直就不可能，从现在起，我另找出路。"

但琼斯对霍普金斯的态度却令人不解。霍普金斯是负责销售的副经理，被人称为"爱哭的孩子"。以前，他每天都到首席执行官的办公室去抱怨和指责其他部门。琼斯采取的办法是，让他在门外静等，冷一冷他的双脚；见了他也不理会其抱怨，直接谈公司在销售上存在的问题。过了不多久，霍普金斯开始更多跑基层而不是琼斯的办公室了。

随着时间的流逝，土星公司在琼斯的领导下恢复了元气。公司管理人员普遍承认琼斯对计算机领域了如指掌，对各项业务的决策无懈可击。琼斯也渐渐地放松了控制，开始让设计和研究部门更放手地去干事。然而,对生产和采购部门,他仍然勒紧缰绳。土星公司内再也听不到关于琼斯去留的流言蜚语了。人们对他形成了这样的评价:琼斯不是那种对这里情况很了解的人,但他确实领我们上了轨道。

(三) 提高领导艺术的途径

有句谚语:"一头狮子带领的一群羊,可以打败一只羊带领的一群狮子"。领导者就应像头狮子一样,如此他的企业才会无往而不胜。领导者的素质对于企业的成功与发展,具有十分重要的意义。而领导者发挥领导才能则是一门艺术,需要管理者反复研习方能掌握。

首先要勤于学习。领导者要学习专业理论知识,搞企业管理的要钻研经济理论,搞人事调动要精通用人科学。还要学习领导科学知识,学习与领导科学相关的其他科学知识。在学习中,在方法上应注意制定切实可行的学习计划,坚持做好读书笔记,坚持向他人学习。

其次要勇于实践。领导者提高自身领导艺术,离不开参加领导工作的实践。领导者进行领导实践要把理论与实践相结合,并且在实践过程中要对理论、经验进行检验。领导者要在实践中不断创新,这是提高领导艺术的关键。学习他人的领导经验,总结自己的领导经验,最重要的是要根据自己的特点,大胆改革创新,形成具有自己特色的领导艺术。

此外,要经常自我检查。提高领导艺术主要靠领导者自身起作用。领导者应对自身的领导艺术作自我检查。常用的方法有:

自我评价法。自我评价是领导者对自己的领导艺术进行自我分析、评定的办法。这种办法应把定性分析和定量分析结合起来。通过分析,自己找出领导工作中的优缺点,从而自觉地有针对性地扬长避短,不断改进工作质量。

反躬自问法。一个领导者如果能对自己的工作经常想想怎么办?为什么要这样办?这样办的好处与坏处?久而久之,就可以使自己逐步成熟起来,做到心中有数、遇事不慌,及时地拿出解决问题的办法。

自我校正法。自我校正就是加强自我检查,时刻警惕自己有不良行为发生。领导者如果经常检查自己工作中的失误,时刻对不良意识、不良行为保持警惕,就能充分发挥领导艺术。

比较提高法。"以人为鉴,可明得失"。领导者如果能经常拿自己的领导艺术和他人比较,就会不断发现别人的长处和自己的不足,促使自己克服弱点,赢得进步,不断提高领导水平。

任务二 激励的方法

激励是管理工作的重要方面。在管理活动中,只有使所有参与企业活动的人都保持高昂的士气和工作热情,才能取得最好的效果。激励能使人的潜力得到最大限度的发挥,所以,激励和激励理论常常是国内外学者研究的重点,也是本部分所阐述的重点内容之一。

一、激励的内涵

1. 激励的概念

激励与沟通是领导的关键手段,领导者要想取得下属的认同,进而让下属追随与服从,首先必须能够了解下属的愿望并尽可能帮助他们实现。从某种程度上讲,管理者只有懂得什么东西在激励员工，以及激励如何发挥作用，并把它们在各项管理工作中反映出来，他们才有可能成为有效的领导者。

人们加入一个组织或者群体，都是为了达到他们个人所不能达到的目标。然而，进入组织的人们不一定会努力工作，贡献他们潜在的能力。他们为组织服务的愿意程度是有高低的，有的强烈，有的一般，也有的消极。如何使组织中的各类成员为实现组织的目标热情高涨地去工作，尽可能有效地贡献出他们的智慧和才能，这才是管理者要研究的激励问题。

激励是心理学术语，指心理上的驱动力，含有激发动机，鼓励行为，形成动力的意思，即通过某种内部和外部刺激，促使人奋发向上努力去实现目标。在管理工作中，可把激励定义为调动人们积极性的过程，更具体地讲，是为了特定目的而去影响人们的内在需要或动机，从而强化、引导或改变了人们行为的反复过程。所以，激励就是激发人的动机，诱发人的行为，激励是一种力量，也是一个过程。激励是与保持和改变人的行为的方向、质量和强度有关的一种力量，激励的目标是使组织中的成员充分发挥出他们潜在的能力，从这个角度来讲，激励是一种力量，是一种使人们充分发挥其潜能的力量。激励通常与以下内容有关：

（1）激励的目的性。任何激励行为都具有目的性，这个目的可能是一个结果，也可能是一个过程，但必须是一个现实的、明确的目的。

（2）激励通过人们的需要或动机来强化、引导或改变人们的行为。人们的行为来自动机而动机源于需要，激励活动正是对人的需要或动机施加影响，从而强化、引导或改变人们的行动。因此，从本质上说，激励所产生的人们的行为是其主动自觉的行为，而不是被动的强迫的行为。

（3）激励是一个持续反复的过程。由多种复杂的内在、外在因素交织起来的持续作用和影响的复杂过程。

2. 激励的过程

激励的实质是通过影响人的需求或动机达到引导人的行为的目的，它实际上是一种对人的行为的强化过程。因此，研究激励，先要了解人的行为过程。心理学家揭示动机欲望支配着人们的行为，而动机又产生于人的需要。需要是人的一种主观体验，是对客观要求的必然反映，人在社会生活中形成的对某种目标的渴求和欲望构成了人的需要的内容并成为人行为活动积极性的源泉。人的行为受需要的支配和驱使，需要一旦被意识到，它就以行为动机的形式表现出来。驱使人的行为朝一定的方向努力，以达到自身的满足。

从感觉需要出发，在人的心理上引起不平衡状态，产生不安和紧张，导致欲望动机，有了动机就要选择和寻找目标，激起实现目标的行动。当需求得到满足，行为结束。心理紧张消除后，人们又会产生新的需求，形成新的欲望，引起新行为。如此循环往复。

由此可见，激励可以说是通过创造外部条件来满足人的需要的过程。人的行为的始点是需要。所谓需要，就是人们对某种事物或目标的渴求和欲望，包括基本需要和各种高层次的需要。当人的需要未得到满足时，心理上会产生一种不安和紧张，这种状态会促成一种导向某种行为的内在驱动力，这就是动机。所谓动机，就是诱发行为指向目标的一种内在状态。当人有了动机之后就会导致一系列寻找、选择和达到目标的行为。如果人的行为达到了目标，就会产生心理和生理上满足，原有的需要满足了，新的需要又会产生，从而又引起人的新的行为。

激励是与人的行为过程紧密联系在一起的，激励的作用主要表现在以下三个方面：

(1) 需要的强化

人的需要不仅复杂，有时还相互矛盾。不仅不同种类的需要之间存在着矛盾，即使同类需要之间也存在着矛盾。而激励工作要强化的是那些有利于组织目标实现的人的需要。事实上，人们做出的选择并不是完全偏向一种需要，而是多种需要的调和与相互妥协。如何能在这种调和中去强化最有利于组织目标实现的需要，这就是激励的艺术性所在。

(2) 动机的引导

强化了需要不一定就能得到预期的行为，因为可能有多种行为都能提供同一种满足。比如，某员工想获得更多的报酬，他可以通过努力地工作得到，也可以考虑跳槽到另一家薪水更高的组织获得，还可能通过采取一些不正当的手段谋取。这时管理者就应该加以引导，以杜绝不良行为的发生，也尽可能不要让优秀的员工流失，同时通过相关激励措施的制定引导其行为向有利于组织目标的方向上来。

(3) 提供行动条件

要鼓励人行动就应该为他们的行动提供条件，帮助他们实现目标。

在激励过程中，行动结果提供的反馈又会反过来影响人的需要，也就是说当人的需要得到很好的满足时，这种需要就会得到强化，其行为的动机就会更强烈，或产生进一步的需要；相反，如果这种需要没有很好地被满足，显然就会影响下一次的激励效果。

二、激励理论

（一）需要层次理论

前已述及，人的行为由一定的动机引起，而动机又产生于人们的自身需要，需要是人的行为的基础。马斯洛的需要层次理论有两个基本观点：一是人是有需要的动物，其需要取决于它已经得到了什么，还缺少什么，只有尚未满足的需要能影响行为；二是人的需要都有等级层次之分，某一层次的需要得到满足后，才会产生更高层次的需要。为此，他把人的需要划分为五个层次：生理的需要、安全的需要、社交的需要、尊重的需要、自我实现的需要。

1. 生理的需要。人们为了能够继续生存，首先必须满足人类最基本的需要，如衣、食、住、行。这些需要如果得不到满足就不能生存，当然也就谈不上还有其他的需要。

2. 安全的需要。这种需要又可以分为两小类：一是对现在的安全的需要；一是对未来的安全的需要。对现在的安全的需要就是要求自己现在的社会活动的各个方面均能有安全保障，对未来的安全的需要就是希望未来的生活能有保障，如退休保障、医疗保障等。

3. 社交的需要。人们总是希望在社会生活中受到他人的注意、接纳、关心和同情，在感情上有所归属，而不希望在社会中成为孤立的一个分子。这种需要多半是在非正式组织中得到满足。社交的需要比生理的和安全的需要来得更细，需要的程度也因人的性格和受教育程度而不同。

4. 尊重的需要。这里的尊重，既包括自尊，也包括受人尊重。自尊是自己在取得成功时有一种自豪感，受别人尊重是当自己做出贡献时，能得到他人的承认。

5. 自我实现的需要。这是更高层次的需要，这种需要就是希望在工作上有所成就，在事业上有所建树，实现自己的理想和抱负。自我实现的需要常表现在两个方面：一是胜任感方面，有这种需要的人试图控制事物或环境，不是等事情被动地发生，而是希望在自己控制下进行。二是成就感方面，对一些人而言，工作的乐趣在于成果或成功，有成就感的人往往知道自己想要什么样的结果，成功后的喜悦要远比其他任何报酬都重要。

(二) 双因素理论

该理论是美国心理学家赫茨伯格对9个企业的203名工程师和会计人员进行了1844次调查后得出的。其主要的观点有：

1. 影响人的工作动机的因素很多，但可以分为两大类：一类称为保健因素；一类称为激励因素。保健因素不满足，能使人产生消极情绪的因素，满足了，不会产生消极情绪，但也不会产生激励作用。属于保健因素的主要是与工作条件和工作环境有关而与工作内容和工作性质本身无关的因素，如公司的政策、人事关系、工作条件等；激励因素则与工作内容有关，包括成就感、工作的挑战性、责任感以及个人成长与发展等，这类因素若满足了，会产生很大的激励力，若未满足，不会产生激励力，但也不会因此而产生消极情绪。因此，赫茨伯格认为在满意与不满意之间存在着中间状态，二者不是对立的，即满意的对立面是没有满意，而不是不满意，不满意的对立面是没有不满意，而不是满意。换句话说，消极的对立面是不消极，但不是积极，积极的对立面是不积极，但不是消极。

2. 只有满足了人的激励因素，才能起到激励作用。即并不是所有的需要的满足都能产生激励力，只有那些激励因素的满足，才能激发起人的积极性。因此，尽管激励是以满足需要为前提，但并不是满足了需要就一定能产生激励作用。对同一个因素而言，不能一概而论是属于保健因素还是激励因素，需要因环境而异、因人而异。

（三）三种需要理论

哈佛大学的麦克莱兰和他的同事经过实验提出，人们在工作情境中有三种基本的动机和激励需要。他们把这三种需要分为：对权力的需要、对归属的需要和对成就的需要。

1. 权力需要。对权力怀有高度需要的人，最基本的特征是竭力向往影响和操纵控制他人，而且自己具有强烈的不愿受他人控制的欲望，这类人一般总寻求领导职位，要求拥有并保持权力去影响他人，他们的特点是坚强、坦率、好争辩、头脑冷静、乐于竞争、喜欢公开演讲等。

2. 归属需要。有归属需要的人具有建立友好亲密的人际关系愿望，希望从被人接纳中得到快乐，并尽量避免因被某团体拒绝而带来痛苦。这类人的特征是经常关心和寻求维持融洽的社会关系，希望获得他人的友谊，结交知心朋友，在社团活动的亲密与了解中得到乐趣，并乐于帮助和安慰危难中的伙伴。

3. 成就需要。具有高度成就需要的人有强烈的成功愿望，寻求挑战性的工作，寻求适当难度的目标，敢于承担责任这类人有种内在的驱动力量，渴望自己将从事的工作做得更完美，更有成效。他们不太愿意接受那些被人们认为特别容易或特别困难的工作。在他们看来，只有在成败可能性均等的条件下，才能显示出一个人出色的才能，这也是一种能使自己在奋斗中获得成功喜悦的最佳机会。以上三种工作的动机和激励需要，在现实生活中人们都有不同程度的存在，只是各种需要的强弱程度因人而异。研究发现，企业家们显示出怀有很高的成就需要和较高的权力需要，但归属需要较低；管理者们一般也显示出有高度的成就和权力需要和低的归属需要，但是其程度都不及企业家。不少事实证明，高度成就需要的人对企业、对国家都颇有建树，这类人越多，事业发展越快，组织就会更加兴旺发达。

（四）期望理论

美国心理学家弗罗姆提出的期望理论认为，一种行为倾向的强度取决于个体对于这种行为可能带来的结果的期望强度，以及这种期望对行为者的吸引力。具体地说，人们从事某项工作并达到组织目标,是因为他们相信这项工作和组织目标会帮助他们达到自己的目标,如晋升、加薪、奖励等。因此,激励是个人寄托于一个目标的预期价值与他对实现目标的可能性的看法的乘积。期望理论说明,激励实质是选择过程,促使人们做某种事的激励力依赖于效价和期望值这两个因素,效价和期望值越高,激励力越大。用公式表示为:

激励力＝效价×期望值

期望理论注重三种关系:

努力——绩效关系。即个人认为通过一定努力会带来成效的可能性。

绩效——奖励关系。即个人认为一定水平的绩效会带来希望的奖励的程度。

奖励——个人目标关系。组织奖励满足个人目标或需要的程度以及这些潜在的奖励对个人的吸引力。

期望理论强调人的各种个人需要和激励的重要性,在决定是否做某项工作之前,一般员工会关注以下几方面的问题:

这份工作能提供什么样的结果？这些结果可以是积极的,如额外奖励、提升等,也可以是消极的,如疲劳、失业的可能性等。这些结果对员工的吸引力有多大？

这个问题显然与员工的态度、个性及需要有关。如果员工发现某一结果对他有特别的吸引力,那么他将努力实现它,否则,可能会选择放弃。

为得到这一结果,员工需要付出什么样的行动？只有员工清楚地知道为达到这一结果必须做什么时,这一结果才会对员工的工作绩效产生影响。员工是怎样看待这次工作机会？即他认为工作成功的可能性有多大？

(五) 公平理论

公平理论是美国管理心理学家亚当斯于1976年提出的,主要研究报酬对人们工作积极性的影响。公平理论认为,激励中的一个重要因素是个人对报酬结构是否觉得公平,也就是个人主观地将他的投入同别人的投入相比,以此来评价是否得到公平或公正的报酬。所以公平理论中的公平考虑的是一种相对公平,而不是绝对公平,是用自己的收入与付出同他人的收入与付出相比较,如果认为比值大体相当,则认为是公平的,否则会认为是不公平的,用公式表示为:

本人所得/本人付出＝他人所得/他人付出

而一般情况下,人往往会过高地估计自己的投入和他人的所得,过低地估计自己的所得和他人的投入,从而使得上面的等式不成立,出现左边小于右边的现象,一旦出现这种情况,员工就会产生不公平感,产生消极和不满情绪。这种不公平感时间长了以后,员工可能会产生以下几种选择行为:一是减少自己的投入;二是希望增加自己的所得;三是希望改变他人的所得;四是选择离开原组织;五是重新选择一个新的参照对象。

公平理论不仅就员工对自己所得奖励比较后的心理状态作了详尽的描述,而且还对比较后可能引起的行为变化进行了预测。这些研究结果对管理者客观地评价工作业绩和确定合理的工作报酬,以及敏锐地估计员工的行为是非常重要的。

(六) 强化理论

美国哈佛大学心理学家斯金纳提出的强化理论认为,人的行为是其所获刺激的函数,通过对取得成绩的人加以赞扬,对成绩差的人加以惩罚,使人们受到激励,因此该理论也称之为行为修正理论。他同时提出以下几种行为修正方法:

1. 正强化。正强化是对有利于组织目标的行为加以奖励，以使这种行为能不断地重复出现。正强化的方法有物质奖励和精神奖励两种。科学的正强化的方法是，保持强化的间断性，强化的时间和数量也不固定，也即管理者根据组织的需要和职工的行为，不定期、不定量地实施强化。实践证明，连续的固定的正强化效果不一定好，因为久而久之，员工会感到组织的强化是理所当然的，甚至会产生越来越高的期望。

2. 负强化。负强化是对不利于组织目标的行为加以惩罚，以使这些行为削弱，直至消失。负强化的方法也包括物质惩罚和精神处分两种。与正强化相反，负强化要维持其连续性，即对每一次不符合组织目标的行为都有应及时予以处罚，从而消除人们的侥幸心理，减少直到完全消除这种行为重复出现的可能性。强化理论认为，管理者应把重点放在积极强化而不是简单的惩罚上，惩罚产生的作用可能很快，但效果可能是暂时的，也可能产生不愉快的消极作用。

3. 自然消退。自然消退是对某种行为采取任何措施，既不奖励也不惩罚。这是一种消除不良行为的策略，实质上是一种负强化手段，这样既可以消除某些不合理的行为，又能避免上下级之间的不愉快甚至矛盾冲突。因为人都有自知之明，如果老是找领导唠叨某件事，而领导从来也是只听不表态，那么几次以后，他就知道其实领导是不赞成他的说法的，过一段时间他就自动地不再去找领导抱怨了。

4. 惩罚。惩罚是对不良行为给予批评或处分，但惩罚可能会引起怨恨乃至敌意，一般只适合当员工的行为对组织的危害程度较大时才选择使用。

（七）当代激励理论的综合

前面列出了若干理论，但是孤立地理解和运用各个单独理论的做法是不妥的，事实上许多理论可以相互补充。

如期望理论认为如果个体感到在努力与绩效之间、绩效与奖励之间、奖励与个人目标的满足之间存在密切联系，那么他就会付出高度的努力；反之，每一个联系又受到一定因素的影响。对于努力与绩效之间的关系来讲，个人还必须具备必要的能力，对个体进行评估的绩效评估系统也必须公正、客观。对于绩效与奖励之间的关系来讲，如果个人感知到自己是因绩效而非其他因素而受到奖励时，这种关系最为紧密。

成就需要理论认为，成就需要者不会因为组织对他的绩效评估以及组织奖励而受到激励，对他们而言，努力与个体目标之间是一种直接关系，只要他们所从事的工作能使他们产生个体责任感、有信息反馈并提供了中等程度的风险，他们就会产生内在的驱动力。他们并不关心努力—绩效、绩效—奖励、奖励—目标之间的关系。

强化理论通过组织的奖励强化了个人的绩效而体现出来。如果管理者设计的奖励系统在员工看来是用于奖励卓越的工作绩效的，那么奖励将进一步强化激励这种良好绩效。

在实际工作中，要综合各种激励理论，融会贯通，创造性地加以运用，特别是公共管理部门的领导，在满足需要、激发人们行为积极性时，一定要注意言出必行，真正为下属办实事，有的管理者也想调动员工的积极性，但他们只一味地要求员工努力，不给员工办事，或者是开"空头支票"，长期以往会挫伤员工的工作积极性，给今后的工作带来难度。要注意满足员工需要必须公平合理且有区别，同时从思想意识上引导下属树立正确的价值观，从低层次的需要转向更高层次的需要，使其行为取向与社会标准趋于一致。

三、激励原则与方法

（一）激励的一般原则

实际工作中，不可能存在一种适用于一切人和一切环境的激励制度和激励方法。在管理中，激励是充分展示管理者管理艺术的管理活动。在管理过程中，激励必须因时、因人、因地而异。但这并不等于说激励就没有一定的规律可循。同其他管理职能一样，激励也必须遵循如下一些基本原则：

1. 理解人、尊重人。激励的根本目的是要调动人的积极性。与其他管理职能相比较，激励是做人的工作的艺术，激励得当，人们的工作热情高涨；反之，人们的情绪低落，组织的目标就难以实现。做好人的工作，其前提必须理解人，尊重人。人的行为具有多变性，多样性，创造性，但又遵循着一定的规律。理解人就是要认识这种规律。一个人的工作态度好、热情高；或者恰恰相反，工作积极性不高，效率低，都有一定的原因。了解人就是要认识人，抓住这种原因。其次，做好激励工作，还必须理解人。仅了解人，知道了事情为什么是这样还不够，还应该站在当事人的立场上考虑问题，由此才能找到解决问题最有效的办法来。最后，激励还必须尊重人。无论是正激励的表扬，还是负激励的批评，都必须考虑受激励者所处的情境，采取合适的方式。只有真正地尊重他人，激励才会为人们所接受，奖励不被人们认为是恩赐，批评不被人们当作是打击。

2. 时效原则。时效原则指奖励必须及时，不能拖延。一旦时过境迁，激励就会失去作用。唐朝柳宗元在《断刑论》中就指出："赏务速而后有劝，罚务速而后有惩"。实践也一再证明，应该受表扬的行为得不到及时的鼓励，会使人气馁，丧失积极性；错误的行为受不到及时的惩罚，会使错误行为更加泛滥，造成积重难返的局面。把握好激励的时机是一种艺术，并非记住了这一原则就能做好的。一般来说，正激励多在行为一发生就给予表扬，以示支持。对错误的行为，先应及时制止，不让其延续下来或扩散开去，批评与其他的惩罚措施，就应根据不同的情形分别处理了。因为在有些情况下，当场的严厉批评会使受批评的同志觉得面子上过不去，进而产生对立情绪，甚至矛盾冲突。在这种情况下，适当的冷处理或许是十分必要的了。

3. 功过分开，一视同仁。我国传统文化在奖励问题上有一种将功补过，以功抵过的主张，这是不符合现代管理的要求的。奖赏与惩罚应当分明，这不仅指对该奖的人给予奖赏，对该罚的人给予惩罚；而且还包含着对同一个人的功过应当严格区分，分别处理，有功该奖，有过当罚，不能以功抵过，扯平完事。做到赏罚分明，一个密切相关的问题就是赏罚必须一视同仁，人人平等。三国时著名的政治家诸葛亮曾说："赏以兴功，罚以禁奸，赏不可不平，罚不可不均。赏赐知其所施，则勇士知其所死；刑罚知其所加，则邪恶知其所畏。故赏不可虚施，罚不可妄加，赏虚施则劳臣怨，罚妄加则直士恨。"赏罚必须是对事不对人，才有可能做到人人平等。

4. 以奖为主、以罚为辅。奖励和惩罚都属于激励，最终目的是一样的。调动人的积极性，消除组织中存在的消极因素，可根据个人不同的情况，在偏重赏或是偏重罚之间适当地做出选择。但在建立激励制度时，应执行以奖为主、以罚为辅的原则。因为完成组织的目标，最终还要靠调动人的积极性和创造性，要激励员工努力工作。这一点，惩罚是做不到的。我国古代思想家们在论述奖赏问题上也是认为应当坚持以奖为主的原则的。《左传》中古人曰："善为国者，赏不悟越而刑不滥，赏悟越则惧及淫人，刑滥则惧及善人。若不幸而过，宁僭无滥,与其失善,宁其利淫。无善人,则国从之。"这段话的大意是:善于治理国家的人,赏罚都不可以过度。赏过度就担心邪恶者也能得到,罚过度就担心好人也会受伤害。如果不巧出现了差错的话,那么宁可赏过而不要罚过,因为,宁可赏错坏人,也不能伤害好人,一个国家若没有了好人,那么这个国家也不可能好起来。古人这里讲的是治国立法的道理,但也适用于一般组织的管理。

5. 物质奖励与精神奖励相结合的原则。物质利益是人们行为的基本动力,但不是唯一的动力。任何人都不可能仅为物质利益而活着。现实生活中,人们的需要是多方面的,既有物质性的,也有精神方面的,只不过对于不同的人而言,两种需要的强度有所不同罢了。所以,奖励必须注意物质奖励与精神奖励相结合。无论片面地强调哪一方面都是不正确的。物质奖励与精神奖励相结合也是针对激励制度而言的,就某一件事,某一个人来说,一次奖励,可能只是物质的,也可能只是精神的,或者是二者相结合的。

6. 实事求是,奖罚合理。无论是正向激励,还是负向激励,都必须实事求是,掌握好分寸。这也是激励的艺术性所在。古人也指出,赏不当功,罚不当罪是十分有害的。要做到实事求是,奖罚合理。首先必须端正奖罚的思想。奖励不能唯奖励而奖励,不能借奖励来拉关系,培植山头势力;不能故意拔高成绩,树立虚假典型;也不能搞平均主义,人人有份。批评、惩罚,也应该从事实出发,对事不对人。不能无限上纲,更不能借机打击报复;也不能因为受罚者是与自己关系不错的人,文过饰非,大事化小,小事化了。

另外,还要掌握运用激励工具的艺术,特别是语言艺术。不论是奖励还是批评、惩罚,都要运用一定的语言表达出来。不同的语言或同一语言在不同的情形下,会表达出不同的激励强度。学会运用语言的艺术,一是要学会准确用语,用语要得体;二是要学会因时因地用语,注意形式和地点。同样的语言,在大会上说出来和在小会上说出来,个别说话时说出来,作用是大不一样的。掌握好奖惩的分寸,必须苦练运用语言艺术。

(二) 激励的方法

激励的方法指在关怀、尊重、体贴、理解的基础上,以诚挚的感情,入情入理的分析,实事求是的科学态度,恰如其分的手段,对受激励的对象以启发和开导,调动其内在积极因素,促使其振奋精神,积极向上,努力进取。激励的方法可分为精神激励法和物质激励法两大类。下面分别加以阐述。

1. 精神激励法

常见的精神激励法有:

(1) 目标激励。目标激励就是通过树立工作目标来调动人们的积极性。在多数情况下,人们都希望工作具有挑战性,能在工作中充分发挥自己的能力,从而体会实现感。在管理过程中,如果给每一个人能确立一个通过努力可以实现的、明确的工作目标,就可以起到调动积极性的作用。

(2) 情感激励。古人云:"感人心者莫先于情。"情感是人们对于客观事物是否符合人的需要而产生的态度和体验。它是人类所特有的心理机能。当客观事物符合人的需要,就会产生满意愉快欢乐等情感。反之,就会产生忧郁、沮丧等消极情感。管理激励工作必须注重"情感投资",晓之以理,动之以情,鼓励人情、人爱、人性、要讲人情味,给人以亲切感温暖感,用真挚的感情去感染人,满足人的感情需要。

(3) 榜样激励。所谓榜样激励,也就是典型激励。典型是公开树立起来的旗帜,典型的力量是无穷的,运用先进典型教育和带动员工,是常用的一种行之有效的好方法。在实际工作中,应注意发现和及时正确宣传好的典型,发挥典型的引导作用,使好人好事得到社会和众人的承认和尊重,使人们向先进看齐,以先进为榜样,培养健康、向上的情操。

(4) 行为激励。从管理心理的角度来看,每个人都对他周围的人产生行为影响力。但由于权力、地位、资历、品德、才能和心理素质等情况不同,每个人对他周围的人产生的行为影响力的大小是不同的。正因为如此,领导只有加强自身修养,通过自身的言传身教,树立权威和表率,才能更好地影响、激励员工。这一点在本书领导与领导者一章有详细的论述。

(5) 考核激励。就是对干部和职工的思想、业务水平、工作表现和完成任务方面考核,对政绩突出、表现优秀者给予奖励、晋升,对不胜任者要换职换岗,必要时还应降职处理。这种做法目的是给干部、职工造成一种压力,克服干好干坏一个样的状态,从而促使其振奋精神、积极进取。

(6) 尊重激励。自尊心是一种高尚纯洁的心理品质。自尊心是人们潜在的精神能源,前进的内在动力。人们有自我尊重,自我成就的需要,总是要竭力维护和努力争取自己的面子、威信、尊严。一个人的自我尊重需要得到满足,就会对自己充满信心,对他人、对社会满腔热情,感到生活充实,人生有价值。反之,一个人的自尊心受挫,就会消极颓废,自暴自弃,畏缩不前。

(7) 关怀激励。就是把他人的政治利益,物质利益和精神生活需要时刻放在心里。对于他人的工作、学习、生活、成长和进步给予关心和支持。通过关心他人的冷暖和切身利益,帮助排忧解难,使其认识到自我存在的价值,从内心深处受到感动,打动心灵,从而产生精神动力,积极工作,多做奉献。

(8) 危机激励。危机就是潜在的危险。危机激励就是从反面激励,就是从关心人的立场出发,帮助分析问题和找出存在问题的原因,给人指明坚持某种观点、主张、做法可能会产生的不良后果以及危害,使人产生危机感,从而转变自己的态度、观点和行为,焕发精神,树立信心,鼓起勇气,积极进取。

(9) 表扬激励。表扬激励就是对好人好事给予公开赞扬,对人们身上存在的积极因素和积极表现及时肯定、鼓励和支持。从心理学特点来讲,人们都喜欢接受表扬,不愿接受批评。从每个人的身上来看,积极因素总的来说始终是占主要方面的,消极因素是占次要方面的。表扬激励有利于调动积极因素,把消极因素转化为积极因素,把大多数人的积极性调动起来,促进工作的开展。

(10) 荣誉激励。受荣辱观决定,正常人都有荣誉感。荣誉激励包括发给奖状、奖旗、奖牌,给予记功、授予称号等,以此来激发员工的工作热情,调动人们的积极性。

2. 物质型激励法

物质型激励法指的是通过满足人们对物质利益的需求,来激励人们的行为,调动人们的工作积极性的方法。物质利益是人们生存和发展的基础,是最基本的利益。当然,不同的人对物质利益的要求是不同的,有的强烈,有的淡薄。但总的来说,它仍是现阶段最重要的个人利益之一。所以说,物质型激励方法也是管理中重要的常见的激励方法。物质型激励方法主要有:

(1) 晋升工资。就是提高职工的工资水平。工资是人们工作报酬的主要形式,它与奖金的主要区别在于工资具有一定稳定性和长期性。工作有成效的职工如果获得晋升工资的奖励,毫无疑问是重大的物质利益。因此,晋升工资的激励方法一般是用于一贯表现好,长期以来工作成绩突出的职工。

（2）颁发奖金，奖金是针对某一件值得奖励的事情给予的奖赏。奖金与工资不同，它的**灵活性大**，不具有长期性、稳定性，一件事情该奖，目标达到了，奖金发放了，也就结束了，所以说奖金也是一种重要的物质型激励手段，适用于特殊事情的激励。

（3）增加福利。除了货币性的工资与奖金之外，常用的还有住房、轿车、带薪休假等可为人们提供其他物质利益的激励手段。特别是有些激励方法是带有物质型激励与精神型激励相结合的特征，如高尔夫球俱乐部会员证，对个人来说，参加高尔夫球运动不仅是一种享受，而且在一定的社会中它还代表着一种地位和身份，给人以自尊需求的满足感。

管理聚焦

1980年1月，在美国旧金山一家医院里的一间隔离病房外面，一位身体硬朗、步履生风、声若洪钟的老人，正在与护士死磨硬缠地要探望一名因痢疾住院治疗的女士。但是，护士却严守规章制度毫不退让。

这位真是"有眼不识泰山"，她怎么也不会想到，这位衣着朴素的老者，竟是通用电气公司总裁，一位曾被公认为世界电气业权威杂志——美国《电信》月刊选为"世界最佳经营家"的世界企业巨子斯通先生。护士也根本无从知晓，斯通探望的女士，并非斯通的家人，而是加利福尼亚州销售员哈桑的妻子。

哈桑后来知道了这件事，感激不已，每天工作达16小时，为的是以此报答斯通的关怀，加州的销售业绩一度在全美各地区评比中名列前茅。正是这种有效的感情激励管理，使得通用电气公司事业蒸蒸日上。

任务三 沟通技巧

管理者每天的工作都离不开沟通。人际间的相互交往，与上司、下属和其他部门的人之间的协调，计划、组织、领导与控制工作的开展都离不开信息的沟通。沟通是管理者开展各项工作所必须掌握的基本技能之一。在这一节里我们将介绍有关管理者应该掌握的沟通知识与技巧。

一、沟通的内涵

1. 沟通的概念

沟通是人与人之间转移信息的过程。管理沟通是指特定组织中的人们，为了达成组织目标而进行的管理信息的交流的行为和过程。它是组织内部联系的最主要手段，通过信息沟通，可以让领导者更好地了解和掌握内部情况，建立并改善组织内部的人际关系，影响并改变组织成员的行为。

管理沟通包括人际沟通和组织沟通两方面。前者存在于两人或多人之间的信息沟通，目的是取得他人的理解与支持；后者指组织中沟通的各种方式、网络与系统等，是组织内部进行的信息交流、联系与传递活动，目的是加强分工协作。在一个组织内部，既存在着人与人之间的人际沟通，也存在着部门与部门之间的组织沟通。因此管理者要搞好这两方面的沟通。

2. 沟通过程

沟通必须具有三个因素：信息发送者、信息接受者、所传递的内容。要达到有效沟通的目的，要求满足三个条件：发送者发出的信息应完整、准确；接受者能接受到完整信息并能够正确理解；接受者愿意以恰当的形式按传递过来的信息采取行动。

一般来说，沟通过程由发送者开始，发送者首先将要传递的思想进行编码，形成信息，然后通过传递信息的媒介（通道）发给接受者。接受者在接受信息之前，必须先将其翻译成可以理解的形式，即译码。发送者进行编码和接受者进行译码都要受到个人的知识、经验、文化背景等的影响，沟通的最后一个环节是反馈，是指接受者把信息返回给发送者，并对信息是否被理解进行检查，以纠正可能发生的某些偏差。整个过程受到噪声的影响，噪声就是那些对信息的传送、接受或反馈造成干扰的因素，它会影响沟通的有效性。图 5-5 所示描述了沟通过程。它由 7 个要素组成：发送者、信息、编码、媒介（通道）、解码、接受者以及反馈。

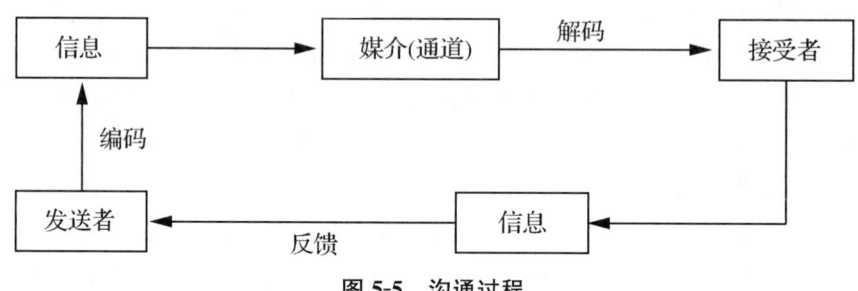

图 5-5　沟通过程

3. 沟通的类型

按照不同的分类标准，沟通有很多类型，它们各自的定义和优缺点如表 5-2 所示。

表 5-2　沟通的类型

分类标准	类型	定义	优点	缺点
按沟通信息有无反馈分	单向沟通	信息没有反馈的沟通（如作报告、演讲、上课）	信息传递速度快，易保持传递信息的权威性	准确性较差，难以把握沟通效果
	双向沟通	信息有反馈的沟通（如讨论、协商、会谈、交谈）	准确性较高，有助于意见沟通	较费时，信息传递速度较慢
按传递信息的方式分	口头沟通	采用口头表达方式进行信息传递的沟通（如会谈、讨论、电话）	简便易行，交流迅速，便于双向沟通，反馈信息	事后无据，信息易被歪曲
	书面沟通	采用书面文字的形式进行的沟通（如文件、报告、通知）	信息传递范围广，可长期保存，便于核查，准确性高	费时，会影响信息的理解
	语言沟通	借助于语言而进行的沟通（如口头语言、文字语言、图表）	语言与非语言沟通常交织在一起使用，有助于加强信息的传递效果	语言与非语言沟通配合不好，会影响沟通效果
	非语言沟通	借助于非语言而进行的沟通（如手势、表情动作、体态变化、眼神、说话的语气、快慢、音量等）		

续表

分类标准	类型	定义	优点	缺点
按沟通的组织系统分	正式沟通	按照正式的组织系统和层次,通过组织明文规定的渠道进行的沟通(代表组织)	沟通效果好,有较强的约束力,易于保密	沟通速度较慢
	非正式沟通	通过私人的接触来进行的沟通,如传播小道消息(代表个人)	沟通方便,内容广泛,方式灵活,沟通速度快	沟通较难控制,传递信息不确切,易于失真、曲解

4. 沟通渠道

信息的传递和交换是循着一定的路线来进行的,通常称之为沟通渠道,有正式沟通渠道与非正式沟通渠道之分。

正式沟通渠道是对信息传递的媒介物、线路作了事先安排的渠道,是通过正式的组织结构而建立起来的。非正式沟通渠道是指非官方的、不受任何约束的信息通道。它作为组织内部正常信息系统的辅助物,管理者应加以足够的重视。这里,主要介绍正式沟通渠道的类型与特征(如表5-3所示)。

表5-3 正式沟通渠道的类型及特征

大 类	小 类	特 征
垂直沟通渠道	上行沟通渠道(自下而上的沟通)	非命令性、民主性、主动性、积极性
	下行沟通渠道(自上而下的沟通)	指令性、法定性、权威性、强迫性
横向沟通渠道	平行沟通渠道	非命令性、协商性、双向性
	斜行沟通渠道	协商性、主动性

垂直沟通渠道是指沿着组织的指挥链在上下级之间进行信息传递,又可进一步分为上行沟通和下行沟通渠道两种形式。

下行沟通是指信息按照组织上下级的隶属关系,从较高的组织层次向较低的组织层次传递的形式。它常用于命令、指导、协调和评价下属。当管理者将目标和任务分派给员工时,就运用了下行沟通。这种沟通方式往往带有指令性、法定性、权威性和强迫性。下行沟通的目的是使员工了解组织的目标,以形成与组织目标一致的观点并加以协调。然而仅仅采用下行沟通方式,信息可能会在传递过程中被曲解或遗漏,如下级可能并不理解上级的指示,甚至对上级的规定看都不看,为此需要信息反馈系统以保证下行沟通的有效性。

上行沟通指信息按照组织上下级的隶属关系,从较低的组织层次向较高的组织层次传递的形式。它常用于下级对上级信息的反馈和问题的反映。一般采用汇报制度、建议箱、座谈会、接待日等形式。这种沟通方式往往带有非命令性、民主性、主动性和积极性,是上级掌握基层动态和组织运转情况、发现问题以改进工作的必要手段。这种沟通有时会受到不同层次上的主管人员的阻塞,他们可能对信息进行过滤,以去掉对自己不利的信息,为此,下级人员可借助于电子邮件进行沟通。

横向沟通渠道是指在组织内部横向部门和人员间进行信息传递,又可进一步分为平行沟通和斜行沟通渠道两种形式。

平行沟通是指在组织内部同一层次的人员之间进行的沟通。这种沟通的目的是为了谋求相互之间的了解和工作上的协作配合,如跨职能团队就需要通过这种沟通方式形成互动。它往往带有非命令性、协商性和双向性。

斜行沟通是指在组织内部既不在同一条指挥链又不在同一层次的人员之间进行的沟通。它发生在同时跨工作部门和跨组织层次的人员之间。斜行沟通的目的是为了加快信息的传递,主要用于相互之间的情况通报、协商和支持,因此往往带有协商性和主动性。为了避免对等级链的冲击,斜行沟通一般伴随着下行或上行沟通进行。

5. 沟通网络

沟通网络是由若干条信息沟通渠道按一定方式集结而成的链状或网状结构。它表明了在一个组织中,组织信息是怎样传递或交流的。沟通网络可分成正式沟通网络和非正式沟通网络。

正式沟通网络是通过正式沟通渠道建立起来的网络,它反映了一个组织的内部结构,通常与组织的职权系统和指挥系统相一致。非正式沟通网络是通过非正式沟通渠道联系的沟通网络。图5-6列出了5种正式沟通网络类型。

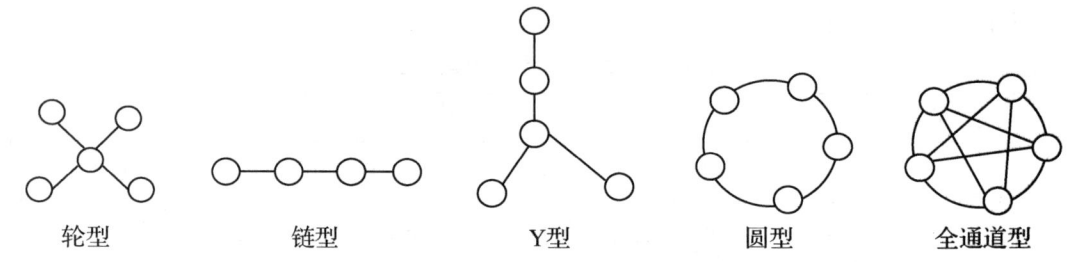

图5-6 正式沟通的典型的网络形式

在正式沟通网络中,链型沟通网络中的信息只能自上而下或自下而上的传递。轮型沟通网络表示一个上级与若干个下级之间的沟通关系。Y型沟通网络表示两位管理者通过一个人或一个部门进行沟通。圆型沟通网络没有固定的信息中心,各成员间互相传递信息。全通道型沟通网络允许组织中每一个成员与其他成员自由沟通。

在正式沟通网络中,没有一个网络在任何情况下都是最好的。链型传递信息速度最快;圆型能够提高组织成员的士气;轮型和链型对简单问题最有效率;圆型和全通道型更适于解决复杂问题;Y型兼有轮型和链型的优缺点。但由于存在多头领导,在组织内部的正式沟通中,一般不采用Y型沟通。

非正式沟通网络也常常被称之为"葡萄藤",一般分为四种:单线型、饶舌型、偶然型和集束型。单线型是通过一连串的人把消息传递给最终的接受者;饶舌型是一个人主动地把消息传播给其他很多人;偶然型是按偶然机会将消息随机地传递给其他人的;集束型则将信息有选择地告诉自己的朋友或有关人员。研究表明:非正式沟通普遍采用集束型方式,即把消息告诉经过选择的对象。非正式沟通有其存在的客观必然性,因此管理者不能阻止它,而应学会利用和引导它,使之成为正式渠道的补充。

管理者要一方面控制正式沟通的内容和频度,另一方面要善于利用和引导非正式沟通。

二、沟通的原则与沟通方法

作为管理人员,必须掌握一定的沟通原则和沟通方法。

(一) 沟通的原则

1. 准确性原则。当信息沟通所用的语言和传递方式能被接收者所理解时,这才是准确的信息,这个沟通才具有价值,沟通的目的是要将发送者的信息能够被接收者明确,看起来似乎很简单,但在实际工作中,常会出现接收者对发送者非常严谨的信息缺乏足够的理解。信息发送者的责任是将信息加以综合,无论是笔录或口述,都要求用容易理解的方式表达。这要求发送者有较高的语言或文字表达能力,并熟悉下级、同级和上级所用的语言。这样,才能克服沟通过程中的各种障碍,而对表达不当、解释错误、传递错误给予澄清。

当然,在注意了准确性原则之后,沟通并不一定能正常进行,这是由于要注意的信息太多,人的注意力有限,所以接收者必须集中精力,克服思想不集中,记忆力差等问题,才能够对信息有正确的理解。

2. 完整性原则。当组织中的主管人员为了达到组织目标,而要实现和维持良好的合作时,他们之间就要进行沟通,以促进他们的相互了解。在管理中进行沟通只是手段而不是目的。这项原则的一个特别需要注意的地方,即信息的完整性部分取决于主管人员对下级工作的支持。主管人员位于信息交流的中心,应鼓励他们运用这个中心职位和权力,起到这个中心的作用。但在实际工作中,有些上级主管人员忽视了这一点,往往越过下级主管人员而直接向有关人员发指示、下命令,使下级主管人员处于尴尬境地,并且违反了统一指挥的原理。如果确实需要这样做,则上级主管应事先同下级主管进行沟通,只有在时间不允许的情况下,例如紧急动员完成某一项任务,下令撤离某一危险场所等,采用这个方法才是必要的。

3. 及时性原则。在沟通的过程中,不论是主管人员向下沟通信息,还是下级主管人员或员工向上沟通信息以及横向沟通信息,除注意到准确性、完整性原则外,还应注意及时性原则,这样可以使组织新近制定的政策、组织目标、人员配备等情况尽快得到下级主管人员或员工的理解和支持,同时可以使主管人员及时掌握其下属的思想、情感和态度,从而提高管理水平。

在实际工作中,信息沟通常因发送者不及时传递或接收者的理解,重视程度不够,而出现事后信息,或从其他渠道了解信息,使沟通渠道起不到正常的作用。当然,信息的发送者出于某种意图(例如物价上涨时,调整员工的心理承受力),而对信息交流进行控制也是可行的,但在达到控制的目的后应及时进行信息的传递。

4. 非正式组织策略性运用原则。这一原则的性质就是,只有当主管人员使用非正式的组织来补充正式组织的信息沟通时,才会产生最佳的沟通效果。非正式组织传递信息的最初原由,是出于一些信息不适合于由正式组织来传递。所以,在正式组织之外,应该鼓励非正式组织传达并接收信息,以辅助正式组织做好组织的协调工作,共同为达到组织目标作出努力。

一般说来,非正式渠道的消息,对完成组织目标有不利的一面。但是,小道消息盛行,却反映了正式渠道的不畅通。因而加强和疏通正式渠道,在不违背组织原则的前提下,尽可能通过各种渠道把信息传递给员工,是防止那些不利于或有碍于组织目标实现的小道消息传播的有效措施。

(二) 沟通的方法

沟通的方法是多种多样的,除了前面所述的沟通形态等具体的方法外,还应包括发布命令、会议制度、个别交谈等。沟通的方法运用要随机制宜,因人而定。

1. 发布指示。在指导下级工作时，指示是重要的。指示可使一个活动开始着手、更改或制止，它是使一个组织生机勃勃或者解体的动力。

指示的含义。指示作为一个领导的方法，可理解为是上级的指令，具有强制性。它要求在一定的环境下执行任务或停止工作，并使指示内容和实现组织目标密切关联，以及明确上下级之间的关系是直线指挥的关系。这种关系是不能反过来的，如果下级拒绝执行或不恰当地执行了指示，而上级主管人员又不能对此使用制裁方法，那么他今后的指示可能失去作用，他的地位将难以维持。为了避免这种情况的出现，可在指示发布前听取各方面意见，对下级进行训导，或将下级尽可能安排到其他部门工作。

指示的方法。管理中对指示的方法应考虑下列问题：

（1）一般的和具体的。一项指示是一般的还是具体的，取决于主管人员根据其对周围环境的预见能力以及下级的响应程度。对授权持有严格观点的主管人员倾向于具体的指示，而在对实施指示的所有周围环境不可能预见的情况下，大多采用一般的形式。

（2）书面的或口头的。在决定指示是书面的还是口头的时候，应考虑的问题是：上下级之间关系的持久性、信任程度，以及避免指示的重复等。如果上下级之间关系持久，信任程度较高，则不必书面指示。如果为了防止命令的重复和司法上的争执，为了对所有有关人员宣布一项特定的任务，则书面指示大为必要。

（3）正式和非正式的。对每一个下级准确地选择正式的或非正式的发布指示的方式是一种艺术。正确采用非正式的方式来启发下级，用正式的书面或口述的方式来命令下级。

2. 会议制度。指导与领导工作的实质是处理人际关系，而人与人之间的沟通是人们思想、情感的交流，采取开会的方法，就是提供交流的场所和机会。会议的作用表现在：

会议是整个组织活动的一个重要反映，是与会者在组织中的身份、影响和地位等所起作用的表现，会议中的信息交流能在人们的心理上产生影响。

会议可集思广益。与会者在意见交流之后，就会产生一种共同的见解、价值观念和行动指南，而且还可密切相互之间的关系。

会议可使人们了解共同目标，自己的工作与他人工作的关系，使之更好地选择自己的工作目标，明确自己怎样为组织作出贡献。

通过会议，可以对每一位与会者产生一种约束力。

通过会议，能发现人们所未注意到的问题，而认真地考虑和研究。

会议的种类主要有工作汇报会、专题讨论会、员工座谈会等。必须强调的是，虽然会议是主管人员进行沟通的重要方法，但决不能完全依赖这种方法。而且，会议要有充分准备，民主气氛浓厚，讲求实效，切忌"文山会海"的形式主义。

3. 个别交谈。个别交谈就是指领导者用正式或非正式的形式，在组织内外，同下属或同级人员进行个别交谈，征询谈话对象对组织中存在问题和缺陷提出他自己的看法，对别人或对别的上级，包括对主管人员自己的意见。这种形式大部分都是建立在相互信任的基础上，无拘无束，双方都感到有亲切感。这对双方统一思想、认清目标、体会各自的责任和义务都有很大的好处。在这种情况下，人们往往愿意表露真实思想，提出不便在会议场所提出的问题，从而使领导者能掌握下属人员的思想动态，在认识、见解、信心诸方面容易取得一致。

（三）沟通的障碍与控制

1. 沟通的障碍

一般来讲，沟通中的障碍主要是主观障碍、客观障碍和沟通方式的障碍三个方面。

主观障碍，大致有下述几种情况：

（1）个人的性格、气质、态度、情绪、见解等的差别，使信息在沟通过程中受个人的主观心理因素的制约。

（2）在信息沟通中，如果双方在经验水平和知识结构上差距过大，就会产生沟通的障碍。

（3）信息沟通往往是依据组织系统分层次逐级传递的。然而，在按层次传达同一条信息时，往往会受到个人的记忆、思维能力的影响，从而降低信息沟通的效率。

（4）对信息的态度不同，使有些员工和主管人员忽视对自己不重要的信息，不关心组织目标、管理决策等信息，而只重视和关心与他们物质利益有关的信息，使沟通发生障碍。

（5）主管人员和下级之间相互不信任。这主要是由于主管人员考虑不周，伤害了员工的自尊心，或决策错误所造成，而相互不信任则会影响沟通的顺利进行。

（6）下级人员的畏惧感也会造成障碍。这主要是由于主管人员管理严格，咄咄逼人和下级人员本身的素质所决定。

客观障碍，主要有两点：

（1）信息的发送者和接收者如果在空间距离太远、接触机会少，就会造成沟通障碍。社会文化背景不同，种族不同而形成的社会距离也会影响信息沟通。

（2）组织机构过于庞大，中间层次太多，信息从最高决策层到下级基层单位，而产生失真，而且还会浪费时间，影响其及时性。这是由于组织机构所造成的障碍。

沟通方式的障碍，主要有以下两个方面：

（1）语言系统所造成的障碍。语言是沟通的工具。人们通过语言、文字及其他符号将信息经过沟通渠道来沟通。但是语言使用不当就会造成沟通障碍。这主要表现在：

①误解。这是由于发送者在提供信息时表达不清楚，或者是由于接收者接收失误所造成的。

②歪曲。这是由于对语言符号的记忆模糊所导致的信息失真。

③信息表达方式不当。这表现为措辞不当，词不达意，丢字少句，空话连篇，文字松散，句子结构别扭，使用方言、土语，千篇一律等。这些都会增加沟通双方的心理负担，影响沟通的进行。

（2）沟通方式选择不当，原则、方法使用不活所造成的障碍。沟通的形态和网络多种多样，且它们都有各自的优缺点。如果不根据组织目标及其实现策略来进行选择，不灵活使用其原则、方法，则沟通就不可能畅通进行。在管理工作实践中，存在着信息的沟通，也就必然存在沟通障碍。主管人员的任务在于正视这些障碍，采取一切可能的方法消除这些障碍，为有效的信息沟通创造条件。

2. 沟通的控制

在每个组织中，所有的主管人员都能体会到实施沟通控制的实际困难，所以仅仅描述沟通的方式和原则、方法是无济于事的，这就需要对沟通进行控制，以便使管理工作能更健康、更有效地进行。信息沟通离不开信息的收集、加工处理以及信息的传递，因而对沟通的控制也应从这几个方面入手。

（1）信息收集工作。信息收集是进行信息沟通的前提，也是进行管理决策的前提。没有信息就无法进行决策。因此，在沟通的控制中，首先应在收集工作上下工夫。

在管理中，要收集到及时、有用的信息，关键在于信息员的素质。因此，要提高信息沟通的水平,首先要提高信息员的政治方面、知识方面和能力方面的水平,建立一支反应灵敏的信息员队伍。

在收集信息时,要开辟尽可能多的渠道,力求所收集的信息完整齐备,而且,在疏通这些渠道时,又要求树立全面观念、政策观念、时效观念和求实观念。

信息收集工作要求信息来源真实可靠,原始记录准确无误,切忌使用模棱两可的信息。

在信息收集过程中,常常会遇到"报喜易、报忧难"的情况。因此,对信息收集工作进行控制的关键是如实报告。

(2)信息加工处理。对收到的信息进行加工处理也是对信息沟通进行控制的一个重要环节,而且,只有通过加工处理过的信息,才能进行传递。

信息的加工处理必须遵循准确、及时、系统和对实际工作具有指导意义的要求。

对信息进行加工处理时,要依据其来源、时效的不同方式,归口处理,以提高工作效率。

对信息加工处理的反馈。这是确保信息准确性的一条可靠途径。这种反馈是双向的,即下级主管部门经常给上级领导提供信息,同时接收上级领导的信息查询;上级领导也要经常向下级提供信息,同时对下级提供的信息进行反馈,从而形成一种信息环流。

(3)信息传递的控制。要有效地控制信息沟通,必须努力做好信息传递工作。

信息传递要贯彻"多、快、好、省"的原则,这是一般要求,在信息传递中,这几方面互相联系,互相制约,要加以协调控制。

传递信息要区分不同的对象,选择信息传递的目标,确保信息的效用。同时,在提高信息传递的针对性时,注意信息的适用范围,考虑到信息的保密度,防止信息大面积扩散、泛滥。

要适当控制信息传递的数量,但要注意信息过分保密和随意扩散的倾向。

要控制越级传递和非正式渠道的沟通,尽可能地使之成为对层层传递和正式沟通渠道的补充,共同完成组织目标。

管理聚焦

某公司张经理在实践中深深体会到,只有运用各种现代科学的管理手段,充分与员工沟通,才能调动员工的积极性,才能使企业充满活力,在竞争中立于不败之地

首先,张经理直接与员工沟通,避免中间环节。他告诉员工自己的电子信箱,要求员工尤其是外地员工大胆反映实际问题,积极参与企业管理,多提建议和意见。经理本人则每天在上班时先认真阅读来信,并进行处理。

其次,为了建立与员工的沟通体制,公司又建立了经理公开见面会制度,定期召开,也可因重大事情临时召开,参加会议的员工是员工代表、特邀代表和自愿参加的员工代表。每次会议前,员工代表都广泛征求群众意见,提交经理公开见面会上解答。调资晋级和分房两项工作刚开始时,员工中议论较多。公司及时召开了会议,经理就调资和分房的原则、方法和步骤等做了解答,使部分员工的疑虑得以澄清和消除,保证了这两项工作的顺利进行。

案例分析与问题解决

现在再回到开篇案例上来。

麦当劳的成功得益于多样化的人才组合、灵活的管理制度以及人才培养体系。

人才的多样化是麦当劳的一大特点。正因为此,麦当劳不同于其他公司。真正毕业于

饮食服务学校的只占员工的30%,而40%的员工来自商业学校,其余的则由大学生、工程师、农学家和中学毕业后进修了2—5年的人组成。同时,麦当劳公司拥有一支庞大的年轻人才后备军,这些后备人才将有50%的机会成为公司明天的高级管理人员。多样化的人才组合与庞大的后备力量成为麦当劳管理阶层的稳固基石,不断将新鲜血液注入到公司中去。

脚踏实地的做事风格是麦当劳的一大优势。在麦当劳里取得成功的人,都有一个共同的特点:即从零开始,脚踏实地。炸土豆条、做汉堡包……是在这一行业中成功的必要条件。只有经历过各个阶段的尝试,才能以管理者的身份进行监督和指导。

快速晋升制度是麦当劳独有的特色。一个刚参加工作的出色的年轻人,可以在18个月内当上餐馆经理,可以在24个月内当上监督管理员。而且,晋升对每个人是公平合理的,既不作特殊规定,也不设典型的职业模式。每个人主宰自己的命运,适应快、能力强的人能迅速掌握各个阶段的技术,从而更快地得到晋升。这个制度可以避免有人滥竽充数:每个级别的经常性培训,只有有关人员获得一定数量的必要知识,才能顺利通过阶段考试;公平的竞争和优越的机会吸引着大量有文凭的年轻人到此,实现自己的理想。这种制度不仅有助于工作人员管理水平的提高,而且成为麦当劳集团在全球范围内极富魅力的主要因素之一,吸引了大量有才华的年轻人的加盟。

培养"接班人"是麦当劳与众不同之处。麦当劳公司与众不同的重要特点是,如果人们没有预先培养自己的接替者,那么他们在公司里的升迁将不被考虑。麦当劳公司的一项重要规则强调,如果事先未培养出自己的接班人,那么无论谁都不能提级晋升。这就促使每个人都得保证培养他的继承人并为之尽力,因为这关系到他的声誉和前途,这是一项真正实用的原则。

作为领导者,侧重于对组织中人的行为施加影响,发挥对下属的指挥、协调、激励和沟通作用,以便更加有效地完成组织的目标与任务,实现效率与效果的有机统一。

思考与练习

1. 什么是领导?如何做好领导工作?
2. 激励有什么作用?如何进行有效的激励?
3. 沟通有哪些原则和方法?

案例分析

案例1:

苏·雷诺兹今年22岁,即将获哈佛大学人力资源管理的本科学位。在过去的两年里,她每年暑假都在康涅狄格互助保险公司打工,填补去度假的员工的工作空缺,因此她在这里做过许多不同类型的工作。目前,她已经接受该公司的邀请,毕业后将加入互助保险公司,成为保险单更换部主管。

康涅狄格互助保险公司是一家大型保险公司,仅苏所在的总部就有5 000多人。公司奉行员工的个人开发,这已成为公司的经营哲学,公司自上而下都对员工特别信任。

苏将要承担的工作要求她直接负责25名职工。他们的工作不需要什么培训而且具有高度的程序化,但员工的责任十分重要,因为更换通知要先送到原保险公司所在处,要列表显示保险费用与标准表格中的任何变化;如果某份保险单因无更换通知的答复而将取消,还需要通知销售部。

苏工作的群体成员全部是女性,年龄从19岁到62岁,平均年龄为25岁。其中大部分人是高中学历,以前没有过工作经验,她们的薪金水平为每月1 420美元到2 070美元。苏将接替梅贝尔·芬彻的职位。梅贝尔为互助保险公司工作了37年,并在保险单更换部做了17年的主管工作,现在她退休了。苏去年夏天曾在梅贝尔的群体中工作几周,因此比较熟悉他的工作风格,并认识大多数群体成员。她预计除了丽莲·兰兹之外,其他将成为下属的成员都不会有什么问题。丽莲今年50多岁,在保险单更换部工作了10多年。而且,作为一位"老太太",她在员工群体里很有分量。苏断定,如果她的工作得不到丽莲的支持,将会十分困难。

苏决心以正确的步调开始她的职业生涯。因此,她一直在认真考虑:一名有效的领导者应具备什么样的素质?

思考题:
1. 影响苏成功的成为领导者的关键因素是什么?
2. 为了帮助苏赢得控制丽莲,你有何建议?

案例2:

李英现已进入了40岁的年龄段,回首这二十几年的奋斗历程,很为自己早年艰苦而又自强不息的日子感叹不已。想当初自己没有稳定的工作就结了婚,妻子是位孤女,只有父母留下的一栋虽然面积不小但很破旧的平房。妻子在待业之中,俩人常为生计发愁。后来,李英在某企业找到了一份固定的工作,并很快地被提拔为工段长,接着又成为车间主任,进而升为生产部长。他记得那段日子对他个人和公司来说,都是极重要的转折。他拼命地为公司工作,很为自己是其中的一分子感到自豪。他的付出也给他带来了丰厚的回报。他的工资收入已相当可观了,更重要的是,他在不断的提拔、升级中得到了他妻子很为他感到自豪的权力和地位。有段时间,他自己也沾沾自喜过,可现在细细想来,他觉得自己并没有成就什么,心里老是空落落的。他现在是企业生产的总指挥官,可他看着企业一年比一年不景气,很想在开发新产品方面为企业做些更大的贡献。可他在研究开发和销售方面并没有什么权力。他多次给企业领导提议能否变革组织设计方式,使中层单位能统筹考虑产品的生产、销售及研究开发问题,以增强企业的活力和创新力,可领导一直就没有这方面的想法。所以,李英想换个单位,换个职务不要太高,但能真正发挥自己潜能的地方,可自己都步入中年了,"跳槽"的决定又谈何容易。

思考题:
1. 请运用有关激励理论,对李英走过历程中所体现的个人需要的满足情况以及他目前的困惑心境作分析。
2. 如果李英有意跳槽到你所领导的单位来工作,你应该在哪些方面采取措施以吸引他并给他提供所看重的激励?请说明理由。

 技能提高

任务一:调查与访问企业管理系统

实训目标

通过实训,主要培养学生领导的能力。具体包括:
1. 使学生结合实际,加深对管理系统的感性认识与理解;
2. 初步培养学生认知与自觉养成现代管理者素质的能力。

实训内容与要求

1. 由学生自愿组成小组,每组6—8人。利用课余时间,选择1—2个中小企业进行调查与访问。

2. 在调查访问之前,每组需根据课程所学知识经过讨论制定调查访问的提纲,包括调研的主要问题与具体安排,具体问题可参考下列问题:

(1) 该企业管理系统的构成状况;

(2) 管理者的分类,并重点访问一位企业领导,向他了解其职位、工作职能、胜任该职务所必需的管理技能,以及所采用的管理方法等情况;

(3) 对其管理对象的调查与分析;

(4) 该企业中有哪些你感兴趣的管理机制?并作简要分析。

成果与检测

1. 每人写出一份简要的调查访问报告;

2. 调查访问结束后,组织一次课堂交流与讨论;

3. 以小组为单位,分别由组长和每个成员根据各成员在调研与讨论中的表现进行评估打分;

4. 再由教师根据各成员的调研报告与在讨论中的表现分别评估打分;

5. 将上述诸项评估得分综合为本次实训成绩。

任务二:

访问你熟悉的一位领导,请他描述一下他所使用的领导方法,特别是要搞清楚他使用的沟通方法和激励方法,并根据你学习的领导理论,对他的方法进行评述。

网上练习

上网找到瑞博管理在线网站(www.boraid.com)。在它的下载专区中"管理技能"栏目,寻找并阅读2—3篇有关领导和沟通方面的文章。研究这些领导风格和沟通方法有何不同?取得的效果是否也不一样?为什么?

模块六 控 制

学习目标
1. 定义控制、预算控制、目标管理；
2. 解释控制的过程；
3. 掌握有效控制的基本原则及要求；
4. 区分三种不同类型的控制；
5. 描述控制的四种方法。

开篇案例

2001年8月8日,星龙湾大酒店在鲜花的簇拥和鞭炮的喧嚣中正式对外营业了。这是一家集团公司投资成立的涉外星级酒店,该酒店不仅拥有装潢豪华、设施一流的套房和标准客房,下设的老宁波餐厅更是特色经营传统宁波菜和海派家常菜肴,为中外客商提供各式专业和体贴的服务。由于集团公司资金雄厚实力强大,因此在开业当天,不仅社会各界知名人士到场剪彩庆祝,更吸引了大批新闻媒体竞相采访报道。一时之间,星龙湾大酒店门前是人头攒动,星光熠熠。

最让星龙人感到骄傲和夸耀的是酒店大堂里的一盏绚丽夺目、煜煜生辉的水晶灯。这盏水晶灯是公司王副总经理亲自组织货源,最终从奥地利某珠宝公司高价购回的,货款总价高达120万元美元。这样的超级豪华水晶灯不仅是在全国罕见,即使是国外,也只有在少数几家5星级大酒店里才能见到。开业当天,来往宾客无不对这盏豪华的水晶灯赞不绝口,称美不已。尤其是经过媒体报道,更成为当天的头条新闻,星龙湾大酒店在这一天也像那盏水晶灯一样,一举成名,当天客房入住率就达到了80%以上。王副总经理也因此受到了公司领导的高度赞扬,一连几天,王总的脸上都洋溢着快乐而满足的笑容。

然而,好景不长。两个月后,这盏高规格高价值的水晶灯就出了状况。首先是失去了原来的光泽,变得灰蒙蒙的,即使用清洁布使劲擦拭都不复往日光彩。其次,部分金属灯杆都出现了锈斑,还有一些灯珠破裂甚至脱落。人们看到这破了相的水晶灯,议论纷纷,这就是破费数百万美元换回的高档水晶灯吗?鉴于情况严重,公司领导责令王副总经理在限期内对此事做出合理解释,并停止了他的一切职务。这个时候,王副总经理是再也笑不出来了。

事件真相很快就水落石出,原来这盏价值近千万元人民币的水晶灯根本不是从奥地利某珠宝公司购得的,而是通过南方某地的W公司代理购入的赝品水晶灯。王副总经理在交易过程中贪污受贿,中饱私囊。虽然出事之后,王副总经理不无例外地得到了法律的严惩,然而星龙湾大酒店不仅因此遭受了数千万元的巨额损失,更为严重的是酒店名誉遭受重创,成为同行的笑柄。这对于一个新开业的公司而言,不啻是个致命的打击。如果你是该公司的总经理,你会采取怎样的步骤来控制此类问题?

欺诈只是管理者所面对的组织控制问题中的常见问题之一。如果一个组织中缺乏足够的控制,它将面对巨大的成本或达不到组织的目标。无论计划做得如何周全,如果没有满意的控制系统,一项计划或决策仍然不能得到很好地贯彻执行。为了更有效地控制,管理者必须设计一个良好的组织控制系统,这已成为企业持续发展、形成自己竞争优势的来源。

控制是管理的重要职能之一,是企业各级管理人员的一项重要工作内容。它是保证组织计划与实际作业动态相适应的管理职能。控制工作的主要内容包括确立标准、衡量绩效和纠正偏差。一个有效的控制系统,可以保证组织的各项活动朝着组织的目标不断前进,而且,控制系统越是完善,组织目标就越有实现的保证。

任务一 控制活动与要领

一、控制活动

(一) 何为控制

控制是指管理者为保证实际工作与计划一致,有效实现目标而采取的一切行动。在广义上,控制与计划相对应,控制是指计划以外的所有保证计划实现的管理行为,包括组织、领导、监督、测量和调节等一系列环节;在狭义上,控制是指继计划、组织、领导职能之后,按照计划标准衡量计划完成情况和纠正偏差,以确保计划目标实现的一系列活动。

控制是管理四大职能之一,与计划、组织和领导职能密切配合,共同构成组织的管理循环。

控制的目的:(1) 对个人和组织活动进行控制是"责任"的体现;(2) 组织环境的不确定性;(3) 组织活动的复杂性;(4) 防微杜渐。

(二) 控制的类型

在管理控制中,通常根据实施控制活动的时间进程把控制分成三种类型:前馈控制、现场控制和反馈控制。

1. 前馈控制

在活动开展之前就认真分析研究进行预测并采取防范措施,使可能出现的偏差在事先就可以筹划和解决的控制方法,叫做前馈控制。前馈控制系统比较复杂,影响因素也很多,输入因素常常混杂在一起,这就要求前馈控制建立系统模式,对计划和控制系统做好仔细分析,确定重要的输出变量,并定期估计实际输入的数据与计划输入的数据之间的偏差,评价其对预期成果的影响,保证采取措施解决这些问题。前馈控制比反馈控制更为理想,但由于计划必须面对许多不肯定因素和无法估计的意外情况,即使进行了前馈控制,也不能保证结果一定符合计划要求,因此,计划执行结果仍然要进行检验和评价。

优点:防患于未然;不针对个人,易为接受。

缺点:要求及时和准确的信息;管理人员充分了解前馈控制因素与计划工作的影响关系,难以做到。

2. 现场控制

用在计划正在执行的过程中,主要是基层主管人员采取的一种控制工作方法。通过深入现场亲自监督、检查、指导来控制下属人员的活动,其内容有:向下级指示恰当的工作方法和工作过程;监督下级的工作以保证计划目标的实现;发现不符合标准的偏差时,立即采取纠正措施。

优点:有助于提高工作人员的工作和自我控制能力。

缺点:受管理者时间、精力、业务水平限制;应用范围较窄;容易形成对立。

3. 反馈控制

主要是分析工作的执行结果,将它与控制标准相比较,发现已经发生和即将出现的偏差,分析其原因和对未来的可能影响,及时拟定纠正措施并予实施,以防止偏差继续发展或再度发生。

优点:避免下周期发生类似问题;消除偏差对后续活动的影响。

缺点:偏差、损失已经产生;时滞。

4. 三种控制类型的比较:(1)前馈控制,是建立在能测量资源的属性与特征的信息的基础上的,其纠正行动的核心是调整与配置即将投入的资源,以求影响未来的行动。(2)现场控制,其信息来源与执行计划的过程,其纠正的对象也正是执行计划的过程。(3)反馈控制,是建立在表明计划执行最终结果的信息的基础上的,其所要纠正的不是测定出的各种结果,而是执行计划的下一个过程的资源配置与活动过程,见图 6-1 所示。

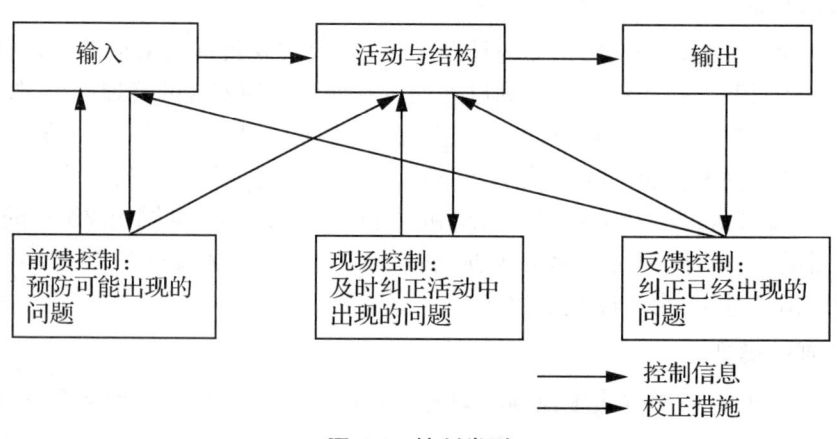

图 6-1 控制类型

管理聚焦

电子商务时代管理者必须应对何种类型的控制问题?最重要的内容是控制工作时的精神涣散和控制潜在的骚扰、偏见及其他有害的行为。

公司员工在电子商务环境西工作时特别容易精神涣散,尤其是在他们的工作没有趣味或他们产生了特别大的压力时。由于计算机是所有电子商务的血液,所以员工必须拥有计算机并且接受在线信息。这样在员工为工作而上网时就不可避免会有网上冲浪、玩在线游戏或其他类型的在线娱乐之类的分散精力行为。另一方面,这种特殊控制议题还包含电子商务企业员工根本就不在现场办公的问题。许多电子商务企业的员工是虚拟员工,他们在城市的各个地方,甚至在地球的另一边。他们与经理或公司仅仅通过计算机进行联系。管理者根本没有机会进行走动式管理。管理者不可能随时随地往门内瞧一眼发生了什么事。假定这种挑战是真实的,电子商务企业的管理者如何能够期望控制员工的工作绩效?

想一想利用前馈、现场和反馈的机制来控制潜在的工作涣散问题是有帮助的。在前馈控制方面,电子商务企业中最有效率的员工是那些独自工作都很有效率、能够很好地进行自我控制的员工,因此管理者应该雇用这种类型的个人,制定灵活的工作政策并明确要求工作必须有效和高效率地完成。在现场控制方面,保持公开和持续的沟通,尤其是在员工与他们的管理者几周或几个月都不能面对面接触的虚拟环境下。沟通方式不能老是以电子邮件的形式,尽管这是一种最突出的选择。即便是在最隔绝的电子商务环境下的员工有时也需语言上的接触。偶尔也需要有选择性地用监视软件对个别员工的工作进行监督。无论如何,员工需要意识到他们的工作是可能受到监督的。当然也得承认员工有时花一点时间浏览网页或玩计算机游戏可能工作效率会更高。最后,反馈控制应该包括员工定期递交报告说明其完成的工作的类型和数量。

电子商务企业管理者的第二项主要控制议题可能就是与可能通过滥用互联网和电子邮件引起的骚扰、偏见、歧视和性侵犯行为作斗争。越来越多的证据表明许多员工采用电子通信时并不能像传统工作方式时那样保持克制。正如一位律师说的,员工和经理"都知道在工作场所不能挂色情挂历。他们也知道在工作场所不能开有关种族和性别歧视的玩笑"。但同样是这些人,可能会认为工作时通过电子邮件传递关于种族和性别歧视的玩笑或下载色情图片是可以接受的。无论如何,轻松地点击发送和下载按钮看起来确实会丧失他们适当和合法行为的意识。电子商务企业的管理者如何解决这种特殊的控制问题?

所有的组织,尤其是电子商务企业,需要一项政策来说明不合适的电子沟通方式。这项政策需要反复说明管理者有权监督员工对互联网和电子邮件的使用。如果骚扰和歧视行为确实发生了,电子记录可以帮助确定发生了什么事情并助于管理者迅速采取行动。最后,这项政策应该明确说明违反或违背后的纪律处罚。

(三) 控制的原则

管理者实施有效控制,必须研究控制的规律,掌握控制的原则。

1. 反映计划要求的原则

有效的控制不是在行动当时随机产生的,必须是预先安排、按计划行事的。发现自己经常在"补漏洞"的管理者,不断作出以前曾经重复作出过的同类校正,就说明缺少预先的安排,因此控制活动必须有计划地进行。计划越明确、全面和完整,控制的效果也就越好。

要提高控制的预先性。由于控制中的信息反馈存在着时滞问题,管理者要特别重视预先控制;即使在同步控制和反馈控制中,也要充分注意预见性问题,要尽可能早地获得信息,发现偏差,并尽快纠正。有效的控制,应是有预见性地按照既定标准、程序来进行控制。

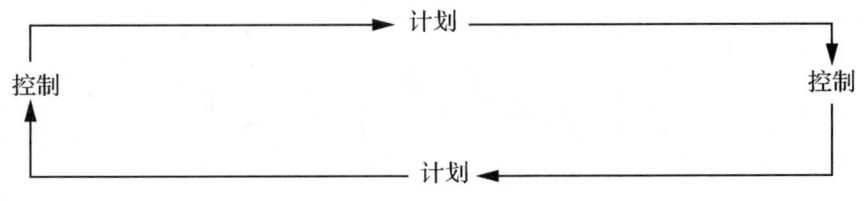

图 6-2 计划与控制的循环图

2. 例外控制原则

管理者要把控制力量集中在例外的情况上。即只有发生实际工作脱离计划的重大偏差时,才应由领导者处理,而一些不重要的问题可由下级应用已经制定的有关管理规范去解决。这样,领导者才能实施更有力的控制。

具体要求：(1) 假定某些偏差的发生是预料之中的,只要活动是在允许的范围内,那就可以将其看作是处于控制之中的。有些工作标准,是允许一定限度的变化量存在的。这些规定幅度内的偏差能通过预定政策加以调整,它不会危及到整个系统的行为。(2) 只有重大偏差,由于没有处理它的既定规范,才应该由领导者处理。(3) 领导者要为下级明确提供能够用来处理次要偏差的既定原则、政策、程序、规范和措施,以保证它们有效、独立地解决那些例行问题。(4) 管理部门应对调整标准做好准备。

3. 关键点控制原则

要使控制有效率,就必须抓住关键因素加以控制。关键因素主要有三种类型：

(1) 出现偏差的可能性大的因素。在一些控制因素中,往往有某些特定因素,有非常高的偏差可能性,并对工作影响较大。那么就要把这些因素作为关键因素,来加以重点控制。如在生产中对事故发生概率大的环节,就必须重点控制。

(2) 直接决定工作成效的重点因素。当某些因素对于取得工作成功是至关重要的时候,就应对其给予高度重视。如企业的新产品开发与市场开拓等。

(3) 能使控制最有效又最经济的因素。一些因素对全局举足轻重,而又便于控制,花费较少,那么就把它们作为控制的关键因素,这样会大大提高控制的效率。

4. 控制趋势原则

对控制全局的管理者来说,重要的是现状所预示的趋势,而不是现状本身。一般来说,趋势是多种复杂因素综合作用的结果,是在一段较长的时期内逐渐形成的,并对管理工作成效起着长期的制约作用。趋势往往容易被现象所掩盖,控制趋势的关键在于从现状中揭示倾向,特别是在趋势刚显露苗头时就察觉,并给予有效的控制。

5. 组织适应性原则

二、控制要领

控制是根据计划的要求,制定衡量绩效的标准,然后把实际工作结果与标准相比较,以确定组织活动中出现的偏差及其严重程度；在此基础上,有针对性地采取必要的纠正措施,以确保组织资源的有效利用和组织目标的圆满实现。因此,不论在什么地方,也不论控制的对象是新产品的研究与开发,还是人力资源管理、市场营销、财务资源等,控制的过程都包括制定标准、衡量绩效、纠正偏差三大阶段。

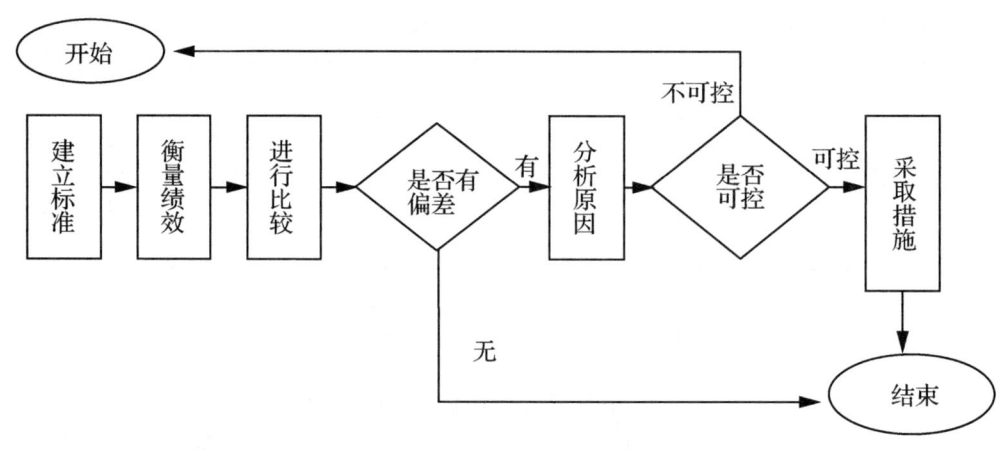

图 6-3 控制的基本过程

(一) 制定标准

要控制就要有标准,目标和计划是控制的总标准。为了对各项业务活动实施控制,还必须以总标准为依据设置更加具体的标准,计划方案的每个目标、这些方案所包括的每项活动、每项政策、每项规程以及每项预算,都可以成为衡量实际业绩或预期业绩的标准,如实物标准、成本标准、资本标准、收益标准、计划标准等等。在实际工作中,不管采用哪种类型的标准,都需要按照控制对象的特点来决定。

1. 控制标准及其形式

(1) 控制标准。用来进行有效控制的标准,是指反映或衡量系统预期稳定状态的水平或尺度。决定这种标准最主要的依据是计划。所谓系统的预期稳定状态,就是指计划所设定的,按照计划轨道运行,并最终实现计划目标的期望或理想的系统状态。而标准则是界定或标示这种预期状态属性或特征的指标。一般来讲,计划目标作为控制标准是较理想的。

(2) 控制标准范围的确定。控制系统一般都是较为复杂的,不能指望所有方面都制定标准,严格控制。所以,需要对那些直接关系组织目标实现的基本活动领域或关键性活动订立控制标准。一般按组织的基本活动种类来说,须订立业务标准、政策标准、职能标准、设备结构标准、人事标准以及工作标准等。如美国通用汽车公司为以下八个领域建立了标准:利润、市场地位、生产率、产品领导地位、人员发展、员工态度、公共责任、短期目标与长期目标之间的平衡。

(3) 标准的表现形式。不同的业务领域、不同性质的活动各有不同形式的控制标准。但是就其基本类型而言,表示标准的方法或形式,主要有以下几种:用实物量表示标准,如每月的生产数量;用价值量表示标准,这是最常用的标准,包括资金标准、收益标准、成本标准等;使用时间表示标准,如完成任务的期限等;用定性指标表示标准,如企业的经营方向等。控制的对象有的是可以借助一定的量化指标来表示,而有的则只能使用定性的标准。

2. 制定标准的方法

控制的对象不同,为它们建立标志正常水平的标准的方法也不一样。一般来说,企业可以使用的建立标准的方法有三种:利用统计方法来确定预期的结果;根据经验和判断来估计预期结果;在客观的定量分析的基础上建立工程(工作)标准。

(1) 统计法

统计法,也叫历史法,是以分析反映企业经营在历史各个时期状况的数据为基础来为未来活动建立的标准。这些数据可能来自企业的历史统计,也可能来自其他企业的经验;据此建立的标准,可能是历史数据的平均数,也可能是高于或低于中位数的某个数,比如上四分位值。

利用本企业的历史性统计资料作为某项工作的确定标准,简便易行。但是,据此制定的工作标准可能低于同行业的卓越水平,甚至是平均水平。这种条件下,即使企业的各项工作都达到了标准的要求,也可能造成劳动生产率的相对低下,制造成本相对高昂,从而造成经营成果和竞争能力劣于竞争对手。为了克服这种局限性,在根据历史性统计数据制定未来工作标准时,充分考虑到行业的平均水平,并研究竞争企业的经验。

(2) 估计法

实际上,并不是所有工作的质量和成果都能用统计数据来统计,也不是所有的企业活动都保存着历史统计数据。对于新从事的工作或统计资料缺乏的工作,可以根据管理人员的经验、判断和评估来为之建立标准。这种方法制定的标准,实质上反映一种价值判断,管理者对目标的期望及其个人价值系统将起决定作用;同时管理者需要对已经变化了的新情况,特别是对未来的预期,运用主观判断能力进行评估。

利用这种方法来建立工作标准时,要注意利用各方面的管理人员的知识和经验,综合大家的判断,给出一个相对先进合理的标准。

(3) 工程法

工程法是根据工作情况作出客观的定量分析来制定标准的一种方法。它不是利用现成的历史数据,也不是靠管理者的经验判断,而是对实际发生的活动进行测量,从而订立出符合实际的可靠标准。这种方法订立标准,一般是更科学,更可靠的,因为它是以实际测量为基础的;但这种方法也有一定的局限性,即有些实际工作测量的难度是很大的,而且现在的实际有难以反映未来的变化。

如工人操作标准是劳动研究人员在对构成作业的各项动作和要素的客观描述与分析的基础上,经过消除、改进和合并而确定的标准作业方法;劳动时间定额是利用秒表测定的受过训练的普通工人以正常速度按照标准操作方法对产品或零部件进行某个(些)工序的加工所需的平均必要时间。

(二) 衡量绩效

衡量绩效就是按照标准衡量工作实绩达到标准的程度,其实也是控制当中信息反馈的过程。在确定了标准以后,为了确定实际工作的绩效究竟如何,管理者首先需要收集必要的信息,考虑如何衡量和衡量什么。因此,对于衡量绩效而言,主要的问题实际上就是信息的收集、处理与传递的过程。为了取得真实的管理效果的信息,组织信息的及时性、可靠性和适用性就显得非常重要。

1. 信息的及时性。及时性有两个方面的含义:对那些时过境迁后不能追忆和不能再现的重要信息要及时记录;信息的加工、检索和传递要快。组织应及时地了解有关组织运转的实际情况及其与计划、标准的差异的信息,并把这些信息及时地传递给有关的人员和部门,这就要求在组织中建立一个迅速有效的信息系统。比如,民航的座位订票系统。

2. 信息的可靠性。也就是说,所收集和传递的信息必须是反映实际情况的真实信息。如果信息不准确,组织调整偏差的控制装置所采取的控制行为也就达不到控制的效果。当然,在信息的可靠性与及时性之间有时可能会存在矛盾,因为信息的可靠性往往体现出信息的完整性和精确性,但可靠的信息则可能花费大量的时间、精力和资金,处理不当反而会贻误时机,在这种情况下,再可靠的信息也都会由于失去时效而无济于事。因此,在进行控制时,管理者要把握好信息的可靠性与及时性的尺度。

3. 信息的适用性。组织所获得的信息必须对控制工作有用。一方面,组织的不同管理部门对信息的种类、范围、内容、详尽程度、精确性等方面的要求是大不一样的,如详细的产品销售数量的信息可能对质量管理部门并没有实质性的用处,而对销售部门来说,却是至关重要的;另一方面,信息必须经过有效的加工方可使用,例如,为了反映利润的情况,可以把利润表示为销售收入的百分比、投资回报率以及与上年同期的比较。

因此,在衡量绩效偏差时,必须根据实际的管理运行方式,获取真实可靠的信息,使控制本身不离开正常的轨道,保证控制的有效性。

(三) 纠正偏差

管理控制,最终是通过纠正偏差的行动来实现的。纠正偏差是整个管理控制中最关键的一个阶段。通过利用科学的方法,依据客观的标准,对工作绩效进行衡量,发现计划执行过程中出现的偏差,在此基础上,分析偏差产生的原因,制定并实施必要的纠正措施。

1. 偏差分析

首先,确认偏差的性质、幅度、特征,并尽可能定性、定量地加以准确界定。其次,要深入分析造成偏差的原因、条件,并寻找出诸因素中的主要原因,以便有针对性地采取纠正措施,从源头上纠正偏差。

2. 纠正方式

调整行动,使行动与计划相符。如果原定计划合理,制定计划的客观环境并没有变化,主要是执行人员主观努力不够,则应采用这种方式,通过改变行动来实现计划目标。

调整计划,使计划与行动相符。如果在执行中发现原定计划不合理或客观环境已发生变化,则应采用这种方式,通过调整计划来实现统一。

既调整计划又调整行动,使二这重新取得一致。当组织处在一种较为复杂的环境下,上述两因素交织,则应采取这种方式,对计划与行动均进行调整,以实现计划与行动的一致。

3. 纠正是时效与幅度

迅速纠正。为了提高纠正的效率和降低纠正的成本,就必须尽可能早、尽可能快地纠正偏差。纠正不及时,将造成很多不必要的损失。如果纠正迟缓,将导致偏差的迅速扩大,必然造成严重的后果。因此,纠正必须果断、迅速。

适度控制。纠正不宜采取过于强烈的措施。如果纠正偏差的力量大于产生偏差的力量,将会造成新的偏差,形成大起大落的波动,反而不利于稳定状态的维持。因此,纠正要适可而止,恰到好处。

(四) 控制过程中的行为反应

无论是施控系统,还是受控系统,其核心都是人。在实施管理控制的过程中,人有施加控制的力量;同时控制也会遇到来自人的因素的阻力——抵制。抵制与控制几乎可以说是伴生的。管理者必须认真分析与研究管理控制过程中人的因素,正确估价控制中的行为反应,并因势利导,以实施有效控制。

1. 反对控制的心理因素

人们处于被控制地位或与被控制的事物有责任关系时,常常会产生对控制的反感。如经理不喜欢费用预算、财会人员不喜欢他们的账目被审计,等等。人们对控制产生反感的原因主要有以下几点:

不能接受的目标。一个人如果对控制目标不感兴趣,那他就不会为实现这一目标去努力,当然对控制会产生反感。例如,销售人员认为改善服务态度并不能促进销售,则会对服务质量目标不感兴趣,因此对公司关于提高服务质量的控制就持否定态度。每个人都有自己想做的许多事情,由于控制使他在某一项事情上花费太多的精力,他认为这样会影响其他事情,不值得这样做,因而对控制目标不感兴趣,产生反感。

标准太高或多变。一个人虽然对某一目标感兴趣,但认为标准定得太高或经常变化,也会对控制产生反感。标准定得太高,再努力也难以达到,施控主体只会与被控制者产生对立情绪。如果控制标准经常变化,使被控制者无所适从,这时他也会讨厌控制。

认为测度方式或控制内容不恰当。测度方式不恰当会产生误差,误差会使施控方与被控方发生矛盾,从而使被控方反对控制。如以用户反映意见的多少来衡量销售人员的服务质量,销售人员会不接受,因为用户反映的意见可能有商品本身的质量问题,这不能算在销售人员的身上。控制内容不当,也会引起责任人的不满。例如,有些控制对工作过程评价太多,责任人可能认为,过程方法不是主要的,只要结果好就行,因而对过程控制不满意。有的控制内容过于严密,使人们没有自主权,自我价值得不到实现,也使人对控制产生反感。

厌弃不愉快的事情。人们一般都不愿意听到不愉快的消息。但在控制过程中要报告出现偏差的情况,甚至还要对责任单位或个人排一排名次,这些都会产生不愉快的事情,有的人会有一种挫折感,因而对控制产生反感。

不公平的奖惩。控制常常通过奖惩来鼓励先进,鞭策落后。但是,如果奖惩不公,不但不能起到预期的作用,反而使人们对控制产生不满,有的会消极怠工,有的会公开抵制。

繁琐的控制程序。控制需要按一定的程序进行,这一程序对施控主体和被控对象都会产生约束,如要求操作人员必须按照某项规程完成某项工作任务;管理人员应随时检查工作进度,并及时报告等。如果控制过程过于繁琐,会给操作人员和管理人员增加较多的工作量,有时会引起他们的不满。

2. 诱导职工对控制的积极态度

上述人们反对控制的原因,有些是属于工作方法不当,但多数则是人们心理因素的反应。对后者可以采取诱导的办法予以解决。

树立正确的管理控制的观念。俗话说:"没有规矩不成方圆"。按规矩办事就是一种控制。控制是管理不可缺少的重要职能。没有控制,组织的计划目标就不可能达到,何况计划本身就是一定意义上的控制;没有控制,组织内部就会混乱无序,组织的功能就不可能发挥作用。由于组织中的各个机构和个人,他们所拥有的权力和别人对他们控制的权力总是构成一个回路,所以任何一个组织都可以看成是一个控制系统,而且它是由许多相互关联的控制子系统构成。组织中的任何部门或个人既是施控的主体,也是被控的对象,因此,任何人不可能不受控制的约束。而且,每个组织成员的个人需求,只有在严密的控制系统之中才能更容易实现。

让下属参与制定目标。让下属参与制定目标,一是使他们知道为什么会制定出这一目标、它对企业和对个人有什么好处,这样有利于下属接受这一目标。二是通过参与制定目标,也能使下属对目标实现的可能性有较全面的了解,对实现目标的困难也会有思想准备,以增强他们的信心。三是让下属参与,也使他们在心理上觉得介入了这项工作,从"自我实现人假设"来看,他们高层次的需求得到满足,从而增强责任感。

建立完善的原始记录和档案管理制度。可靠的控制信息来自工作过程中的原始记录,要把信息收集整理工作分散到日常工作中去,做到"日清日毕,日清日高"。即当日的事情当天完毕,一步一步地向目标迈进。对历史信息要建立完整的档案资料,避免后来的重复劳动。解决这一问题的最有效办法是建立商业信息计算机网络系统,这不仅可减轻信息收集整理上的繁琐程序,还由于信息准确可靠而避免了控制中的一些矛盾。

实行目标管理,强调自我控制。目标管理把计划与控制紧密地结合了起来,并强调自我控制,这样使每个部门和个人既是目标制定的参与者,也使目标实现的执行者。自己认可的目标由自己去实现,而且在实现过程中自己根据实际情况采取相应措施,当然会减少不满情绪。目标的实现也体现了自我价值的实现。

注重控制的灵活性。灵活性对消除或减少人们对控制的不满程度有重要的作用。灵活性不仅指控制标准因环境条件的变化需要进行必要的修订,还包括控制方法也随控制对象、控制内容的不同而改变。交通运输价格的提高,必然要改变经营费用的控制标准。对于技术创新计划的控制,当然不能像对销售活动的控制那样,通过销售定额来实现。灵活性要求领导和管理人员必须深入、全面地了解实际情况,制定计划要留有余地,对下属和操作者不是以权压人,而是以理服人,与他们互相合作配合。这后一点非常重要,它是灵活性的基础,没有这种基础,灵活性可能会成为降低控制标准,逃离正常控制的借口。

管理聚焦

海尔是20世纪中国出现的奇迹之一,一个亏损147万元的小厂17年之后成为一个国际知名的大型企业集团,年销售额从1984年的384万元到2001年的600亿元,业绩增长31万多倍,并保持年80%的平均增长速度。

从海尔的成功当中,总结出一套OEC管理方法,即全面质量管理法。海尔集团将其提炼为"日事日毕,日清日高",坚持做而且反复去做。"斜坡"论形象地说明:"你基础工作稍做差一点,就要滑下去,而且上不来了。"

全面质量管理当中,最重要的一个原则就是"三全"的原则,即全面的、全方位的、全过程的。全面质量管理主要是全员参与的管理。在整个质量管理过程中,"海尔"采取了日清管理法。为了便于在国际上交流,海尔人把它叫做"OEC管理法",也就是英文"Over all every control and clear"的缩写,就是全面地对每人、每天所做的每件事进行控制和清理,"日事日毕,日清日高"。今天的工作必须今天完成,今天完成的事情必须比昨天有质的提高,明天的目标必须比今天更高才行。海尔集团总裁张瑞敏曾经给员工打了一个比喻来说明这个日清日高的概念:把一块钱人民币存到银行里,如果计算利息不是单利而是复利即利滚利,假如利息率仅仅为1%,那么70天的时间,一块钱就会变成两块钱。这个意思说明,把所有的目标分解到每个人身上,每个人的目标每天都有新的提高,这样就可以使整个工作有条不紊地、不断地增长。我们的每个员工都有一张"三E卡",所谓"三E卡",就是每天、每件事、每个人,"即英文"everyone、everyday、evrything",每个员工干完今天的工作后,必须要填写这张卡片,填写完之后,他的收入就跟这张卡片直接挂钩。这张日清卡,使我们把整个的工作、大目标分解落实到每个人身上。比方说我们的冰箱共有156道工序,545个责任区,这些都落实到每个人头上去。我们的冰箱仓库一共有1964块玻璃,每一块玻璃都有一个责任人,这就使得整个的质量能够保证是优质,其中的关键是员工的素质,也就是只有优秀的员工才能生产出优秀的产品。

OEC管理并不是对所有的企业都适合。国家经贸委曾在青岛开了一次市场研讨会,都认为海尔的做法很好,但是好多方面学不了。学不了不是因为深奥,也不是因为操作有多复杂,关键就是能否坚持下去。OEC管理需要坚持做。几十次、几百次、几千次重复去做一件事情,一般人都会感到非常烦躁。比如,半个小时就可以把玻璃擦得非常干净,这事并不复杂,但是天天这样做就变得很难。具体地说,OEC管理法可以概括为五句话:总帐不漏项,事事有人管,人人都管事,管事凭效果,管人凭考核。

三、有效控制

控制的目的是保证企业活动符合计划的要求,以有效地实现预定的目标。如果没有控制,管理者就不可能获得足够的信息来解决问题、决策或采取适当的行动。管理者如何才能有效率且承担管理职能呢?为了回答这个问题,我们将考虑影响控制的权变因素,以及一个有效控制系统的特征。

（一）控制中的权变因素

在设计组织控制系统时，尽管有一系列的指导原则，但它们的有效性受许多实际因素的影响。这些因素主要包括组织的规模、组织文化、个人在组织结构中的位置和级别等。

控制系统应该依组织规模的变化而不同。一个小型组织更多地依靠非正式的和个人控制方法。通过直接视察的同期控制可能是成本最低的方法。对于大型的组织则需要正式、非个人及广泛的前馈和反馈控制。

组织文化可能是开放、自由或信任，也可能是害怕、报复和不信任。如果是前者，我们可能会发现非正式的自我控制；如果是后者，就需要外部强加的和正式的控制系统来保证工作行为达到标准。因此控制的类型和程度应与组织文化相协调。

一个人在组织中所处的地位越高，对多种控制标准的需求就越高；反之，对多种控制标准的需求就越低。分权的程度越高，就需要管理者更多地反馈员工的决策和绩效，增加控制的数量和宽度。

（二）有效控制的特征

1. 适时控制

企业经营活动中产生的偏差只有及时采取措施加以纠正，不能避免偏差的扩大，或防止偏差对企业不利影响的扩散。及时纠偏，要求管理人员及时掌握能够反映偏差产生及其严重程度的信息。如果等到偏差已经非常明显，且对企业造成了不可挽回的影响后，反映偏差的信息才姗姗来迟，那么，即使这种信息是非常系统、绝对客观、完全正确的，也不可能对纠正偏差带来任何指导作用。

纠正偏差的最理想方法应该是在偏差未产生以前，就注意到偏差产生的可能性，从而预先采取必要的防范措施，防止偏差的产生；或者企业由于某种无法抗拒的原因，偏差的出现不可避免，那么这种认识也可以指导企业预先采取措施，消除或遏制偏差产生后可能对企业造成的不利影响。

预测偏差的产生，虽然在实践中有许多困难，但在理论上是可行的，即可以通过建立企业经营状况的预警系统来实现。

2. 适度控制

适度控制是指控制的范围、程度和频度要恰到好处。这种恰到好处的控制要注意以下几点：

（1）防止控制过多或控制不足

控制常给被控制者带来某种不愉快。但是缺乏控制又可能导致组织活动的混乱。有效的控制应该既能满足对组织活动的监督和检查的需要，又能防止与组织成员发生强烈的冲突；既不能控制过多，也不能控制不足。

（2）正确处理好全面控制与重点控制的关系

任何组织都不可能对每一个部门、每一个环节的每一个人在每一个时刻的工作情况进行全面的控制，必须根据工作的情况找出影响企业经营成果的关键环节和关键因素，并据此在相关环节上设立预警系统或控制点，进行重点控制，正确处理好全面控制与重点控制的关系。

（3）使花费一定费用的控制得到足够的控制收益

任何控制都需要一定的费用。衡量工作成绩，分析偏差产生的原因，以及为了纠正偏差而采取的措施,都需支付一定的费用;同时,任何控制,由于纠正了组织活动中存在的偏差,都会带来一定的收益。一项控制,只有当它带来的收益超出其所需成本时,才是值得的。

3. 客观控制

控制工作应根据企业的实际状况,采取必要的措施,或促进企业活动沿着原先的轨道继续前进。因此有效的控制必须是客观的,符合实际的。

(1) 控制过程中采用的检查、测量的技术手段必须能正确地反映企业经营在时空上的变化程度与分布状况,准确地判断和评价企业各部门。

(2) 企业还必须定期地检查过去规定的标准和计量规范,使之符合现时的要求。

4. 弹性控制

企业在生产经营过程中经常可能遇到某种突发的、无力抗拒的变化,这些变化使企业计划与现实条件严重偏离。有效的控制系统应在这样的情况下仍能发挥作用,维持企业的运营,也就是说,应该具有灵活性或弹性。

弹性控制一般与控制的标准有关。一般地说,弹性控制要求企业有弹性的计划和弹性的衡量标准。

除此以外,一个有效的控制系统还应该站在战略的高度,抓住影响整个企业行为或绩效的关键因素。有效的控制系统往往集中精力于例外发生的事情,即例外管理原则,凡已出现过的事情,皆可按规定的控制程序处理,第一次发生的事例,需投入较大的精力。

任务二　控制方法

企业管理实践中运用着各种各样的控制方法。作为企业管理人员除了利用现场巡视、监督或分析下属依循组织路线传送的工作报告等手段进行控制外,还经常借助预算控制、非预算控制、作业控制、目标管理等方法进行控制。

一、预算控制

预算控制是管理控制中使用最广泛的一种控制方法。它清楚地表明了计划与控制的紧密联系。预算是计划的数量表现;预算的编制是作为计划过程的一部分开始的,而预算本身又是计划过程的终点,是一转化为控制标准的计划。然而,一些非营利的组织(例如政府部门、学校等)却普遍存在着计划与预算脱节的情况,这是由于二者是分别进行的而且往往互不通气。在许多组织中,预算编制工作往往被简化为一种在过去基础上的外推和追加的过程,而预算审批则更简单,甚至不加研究调查,以主观想象为根据地任意削减预算,从而使得预算完全失去了应有的控制作用,偏离了其基本目的。正是由于存在这种不正常的现象,促使一些新的计算方法发展起来,它们使预算这种传统的控制方法恢复了活力。

(一) 预算的性质与作用

预算是以财务术语(如收入、费用以及资金等),或者以非财务术语(如直接工时、材料、实物销售量和生产量等来表明组织的预期成果,它是用数字编制的反映组织在未来某一个时期的综合计划。预算可以称做是"数字化"或"货币化"的计划,它通过财务形式把计划分解落实到组织的各层次和各部门中去,使主管人员能清楚地了解哪些资金由谁来使用、计划将涉及到哪些部门和人员、多少费用、多少收入,以及实物的投入量和产出量等。

1. 预算是一种计划,从而编制预算的工作是一种计划工作。

预算内容可以简单地概括为三个方面:

(1)"多少"——为实现计划目标的各种管理工作的收入(或产出)与支出(或投入)各是多少;

(2)"为什么"——为什么必须收入(或产出)这么多数量,以及为什需要支出(或投入)这么多数量;

(3)"何时"——什么时候实现收入(或产出)以及什么时候支出(或入),必须使得收入与支出取得平衡。

2. 预算是一种预测,它是对未来一段时期内的收支情况的预计。定预算数字的方法可以采用统计方法、经验方法或工程方法。

3. 预算主要是一种控制手段。编制预算实际上就是控制过程的第一步——拟定标准。由于预算是以数量化的方式来表明管理工作的标准,从本身就具有可考核性,因而有利于根据标准来评定工作成效,找出偏差(控制过程的第二步),并采取纠正措施,消除偏差(控制过程的第三步)。编制预算能使确定目标和拟定标准的计划工作得到改进。但是,预算最大价值还在于它对改进协调和控制的贡献。当为组织的各个职能部门都制定了预算时,就为协调组织的活动提供了基础。同时,由于对预期结果的偏离将更容易被查明和评定,预算也为控制工作中的纠正措施奠定了基础。预算可以产生更好的计划和协调,并为控制提供基础,这正是编制预算的基本目的。

如果要使一项预算对任何一级的主管人员真正具有指导和约束作用,预算就必须反映该组织的机构状况。只有充分按照各部门业务工作的需要来定、协调并完善计划,才有可能编制一个足以作为控制手段的分部门的预算。

把各种计划缩略为一些确切的数字,以便使主管人员清楚地看到哪些资金由谁来使用,将在哪些单位使用,并涉及哪些费用开支计划、收入计划和实物表示的投入量和产出量计划。主管人员明确了这些情况,就有可能放心地授权给下属,以便使之在预算的限度内去实施计划。

(二)预算的种类

不同组织,由于生产活动的特点不同,预算表中的项目会有不同程度的差异。一般来说,预算内容涉及以下几个方面:

1. 收支预算

收支预算包括收入预算和支出预算。收入预算是指组织在预算期内以货币单位表示的收入预算,例如企业销售收入、租金等;支出预算即计划期内各种费用的支出,包括直接材料预算、直接人工预算、附加费用预算等。

2. 实物量预算

这是一种以实物单位来表示的预算,是货币量收支预算的重要补充。常用的实物量预算的单位包括直接工时数、台时数、原材料数量、面积、重量和体积等。

3. 资本支出预算

资本支出预算概括了专门用于厂房、机器、设备、库存和其他一些类目的资本支出。由于资本通常是企业最有限制性的因素之一,而且这类预算数额大、回收周期长,因此需要慎重考虑,单独列支,并将它与组织的长期计划工作密切结合起来。

4. 负债预算

这是指考虑一定时期的资产、债务和资本等账户的情况,设计筹资方式、途径和数量以及还款时间、方式和能力,防止出现"资不抵债"的情况,保持财务收支的平衡。从某种意义上说,这种预算是组织中最重要的一种控制。

5. 总预算

通过编制预算汇总表,可以用于公司的全面业绩控制。它把各部门的预算集中起来,反映了公司的各项计划,从中可以看到销售额、成本、利润、资本的运用、投资利润以及其相互关系。总预算可以向最高管理层反映出各个部门为了实现公司总的奋斗目标而运行的具体情况。

为了克服预算存在的不足,使预算在控制中更加有效,有必要采用可变的或灵活的预算方案,主要有弹性预算、滚动预算和零基预算等,这里不再一一介绍。

（三）预算控制方法

1. 审计法

审计是一种常用的控制方法,财务审计与管理审计是审计控制的主要内容。所谓财务审计是以财务活动为中心内容,以检查并核实账目、凭证、财物、债务以及结算关系等客观事物为手段,以判断财务报表中所列出的综合的会计事项是否正确无误,报表本身是否可以信赖为目的的控制方法。通过这种审计还可以判明财务活动是否符合财经政策和法令。所谓管理审计是检查一个单位或部门管理工作的好坏,评价人力、物力和财力的组织及利用的有效性。其目的在于通过改进管理工作来提高经济效益。

2. 统计报告法

统计报告法是使用统计方法对大量的数据资料进行汇总、整理、分析,以各种统计报表的形式及分析报告,自下而上向组织中有关管理者提供控制信息。使用这种方法,要求企业具备良好的基础工作,有健全的原始记录和统计资料。管理者通过阅读和分析统计报表及有关资料,找出问题、分析问题并解决问题。

3. 财务报表分析

财务报表是用于反映企业经营的期末财务状况和计划期内的经营成果的数字表。财务报表分析,也称经营分析,就是以财务报表为依据来判断企业经营的好坏,并分析企业经营的优劣势。它主要包括:利润率分析,指分析企业收益状况的好坏;流动性分析,指分析企业负债与支付能力是否相适应,资金的周转状况和收支状况是否良好等;生产率分析,指分析企业在计划期间内生产出多少新的价值,又是如何进行分配将其变为人工成本、应付利息和净利润的。

财务报表分析法主要有实际数字法和比率法两种。实际数字法是用财务报表分析中的实际数字来分析,但有时这种绝对的数字因为可比性问题,不能准确地反映企业的不同时期或不同企业间的实际水平。比率法是求出实际数字的各种比率后再进行分析,因为是用相对数进行分析,所以,体现出了对比的科学准确性,比较常用。

二、作业控制

作业控制是为了保证各项作业计划的顺利进行而做的一系列工作。一般包括成本控制、质量控制、采购库存控制等。

1. 成本全面控制

成本全面控制是在对系统的所有工作做全面详细分析后,层层分解成本指标,以其作为衡量控制标准。也就是说,以成本为控制主线,确保在预定成本下获得预期目标利润。

2. 质量控制

为保证产品质量符合规定标准要求和满足用户使用目的,企业需要在产品设计、试制、生产制造直至使用的全过程中,进行全员参加的、事后检验和预先控制有机结合的、从最终产品的质量到产品赖以形成的工作的质量,全方位抓好质量管理。

20世纪80年代,随着国际竞争的加剧和顾客期望值的提升,许多企业采用全面质量管理(TQM)的方法来控制质量,把质量观念渗透到企业的每一项活动中,以实现持续的改进。全面质量管理有四大特征:

(1) 全过程的质量管理。即质量管理不仅仅在生产过程,而且应"始于市场,终于市场",从产品设计开始,直至产品进入市场,以及售后服务等,质量管理都应贯穿其中。

(2) 全企业的质量管理。质量管理不仅仅是质量管理部门的事情,它和全企业各个部门都休戚相关,因为产品质量是做出来的,不是检验出来的,故每项工作都与质量相关。

(3) 全员的质量管理。即每个部门的工作质量,决定于每个职工的工作质量,所以每个职工都要保证质量,为此,由职工成立了很多质量小组,专门研究在部门或工段的质量问题。

(4) 全面科学的质量管理方法。它以统计分析方法为基础,综合应用各种质量管理方法,工作步骤按"计划——执行——检查——处理"(PDCA)四步循环进行。

三、库存控制

企业的生产要正常连续地进行,供应流不能断,需要一定的库存,但库存占用了大量的流动资金。库存增加,不仅占用生产面积,还会造成保管费用上升、资金周转减慢、材料腐烂变质等;库存过少,又容易造成生产过程因停工待料而中断,产成品因储备不足而造成脱销损失等。所以,做好库存控制是非常重要的。

库存控制主要要解决这些问题:哪些物资要有库存?哪些应多存?哪些应少存?何时订货?订多少?等等。

1. 库存什么。企业生产所需物质应根据数量和资金占用等情况分别对待,其中常用方法有 ABC 分类法。ABC 分类法是根据 80—20 原则制定的,其基本思想是少数的关键因素起决定性作用。A 类资金占用比重很大,但品种较少;C 类则相反,品种较多,但资金占用比重很小;B 类介于二者之间。通过分类,对各类物质实行不同的管理。A 类是库存控制的重点,应严格控制库存数量,严格盘点,采购间隔期尽量短,以利于加速资金周转;C 类可适当延长采购间隔期,简化管理;B 类控制方式可根据具体情况,采取适当的管理方式。

2. 库存量控制。库存量的控制要考虑总体采购资金、服务质量等因素。企业可控制采购间隔期或是采购批量来满足需要;也可设定一个订货点来控制,当库存量低于订货点时就需要再次订货了。

3. JIT 生产方式。虽然库存被认为是必需的,但库存给许多企业带来了极大的烦恼。基于此,日本丰田汽车公司的准时生产在这方面作出了良好的成绩,甚至被称为"无库存生产方式"。JIT 用"拉动式"的"看板管理"在生产现场控制生产进度,使之达到准时生产的目的。"拉动式"生产方式根据市场需求制定生产计划后,只对最后的生产工序工作中心发出指令,最后工序工作中心根据需要向它的前道工序工作中心发出指令,这样按反工艺顺序逐级"拉动"。在生产现场,其"拉动"靠"看板"来实现,每一张看板代表一定的数量,很容易计算和检查。它实际上是将库存放在现场,由看板数量确定各零配件的库存数量,每当生产运行平稳后,就减少一些看板数量,使得生产中的一些问题暴露出来,从而采取措施,加以改进。

四、目标管理

1. 目标管理的概念及特点

目标管理是美国纽约大学教授杜拉克于1954年提出来的。他在《管理实践》一书中首先使用了"目标管理"这一概念,随后又提出"目标管理与自我控制"的主张。他认为,企业的目的和任务,必须转化为目标,目标是目的与任务的具体化。目的和任务只有把它转化成具体的目标后,才能被更准确地理解和实现。

所谓目标管理,是由企业的最高领导层根据企业面临的形势和内部条件,制定出一定时期内企业经营活动所要达到的总目标,然后上下协商将总目标层层分解落实到各部门直至每个员工,形成一个目标体系,并制定实现目标的措施和对目标完成情况的考核与奖惩办法。

从前面计划管理和管理控制的概念的过程可以看出,目标管理实际是计划管理与管理控制相结合的一种具体方法。

目标管理与一般的计划管理不同,它注重人的行为因素,是泰勒科学管理与行为科学理论的结合。相比之下,目标管理具有如下的特点:

(1) 系统性。目标管理无论从目标体系还是从管理过程看,都是一个完整的系统,具有系统的各种特征。一是目标明确,不仅是把企业在计划期内要完成的任务变成明确的目标,而且通过目标分解,使下属各部门、班组,甚至职工个人都有具体的目标。二是层次性强。目标分解是从上到下逐级分解,上级目标指导下级目标,下级目标保证上级目标,相互衔接,构成层次清晰的目标体系;三是相关性和整体性。整个目标管理过程都是围绕着总目标的实现而展开的,目标之间、措施之间的相关性和整体性就不言而喻了。

(2) 民主性。目标管理强调全员参与,无论是目标的分解,措施的落实,都必须通过上下协商确定,即充分发扬民主,使制定的行动方案有很好的群众基础。这不仅使目标具有科学合理性,更重要的是有利于激发广大职工的主人翁精神和参与意识,形成良好的企业文化氛围。

(3) 强调"自我控制"。目标管理的创始人杜拉克主张在目标实现的过程中实行"自我控制"。他认为,员工是愿意负责的,愿意在工作中发挥自己的聪明才智和创造性,应该用"自我控制"的管理代替"压制性的管理"。目标实施过程中,要求各部门和员工个人随时对照目标控制自己的行为,以实现目标。考评时,也首先由职工自己进行自我评价,然后由领导考评。

(4) 激励性。由于目标管理是将目标的制定和实施控制结合了起来,并与执行者的利益紧密联系在一起的,实现目标后的报酬和奖惩制度明确,执行者可自己估计到应得到的报酬和奖励。因此,这种方法有很好的激励性。

上述特点可以说是目标管理的优点,但目标管理也有不足之处,主要是:容易产生上层管理者以目标下达代替管理,淡化了管理者与职工之间在目标实现过程中的沟通;目标的量化和具体化有时也难以实现,因而要使责任十分明确也是困难的;目标管理是建立在"Y理论"基础上的,而实际并不是所有的人都具有责任感和上进心,他们会在分解目标时讨价还价或在执行过程中弄虚作假;对实施结果的评价有时也未必一定公平,从而也影响了人们的积极性。

2. 目标管理的程序与方法

目标管理的程序包括四个步骤：制定总目标、目标分解、目标实施与检查、目标成果评价。

（1）制定总目标

企业总目标主要由最高经营管理者制定，可吸收一些中下层管理者或少数职工参加。这时的目标方案是初步的，具有试探性，必须待向下分解落实各级分目标后，才能确定正式的总目标。企业高层领导人对目标的认同和为此而承担责任是制定好总目标的关键。高层领导集体内的所有成员都应接受既定的总目标并为之实现而共同努力。

总目标的制定过程如图 6-4 所示。

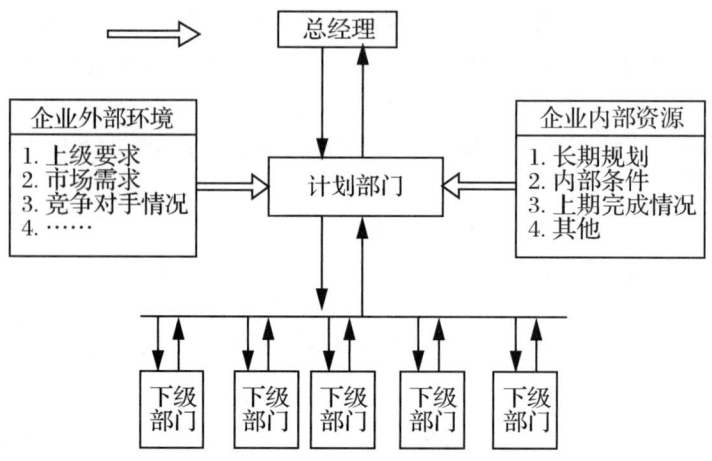

图 6-4　企业总目标制定程序示意图

（2）目标分解

目标分解就是将总目标层层分解落实到各个部门、班组和职工个人，即制定分目标，形成目标体系。目标分解时，上级应向企业全体职工说明目标的可行性和对企业、对职工的好处，目标实现的途径和方法，以增强全体职工对目标实现的信心和决心，使他们能积极主动地参与目标的分解和落实，并努力去为实现各自的分目标承担责任，保证总目标的实现。同时，上级还应为下级提供必要的实现目标的条件，也就是进行各种资源的分配。具体地讲，目标分解应做好如下几方面的工作：

上级管理人员应向下属说明上级目标的内容，包括数量、质量、时限和任务要求，征求下属意见。

上下协商，确定下属的目标和任务，必须使下属的目标和任务符合三个要求：一是具体；二是与上级目标达到协调一致；三是有明确的时间要求。这一过程是反复的，直至上下满意、认可为止。

在协商中，根据下属所承担的目标和任务分配资源，如人员、资金、设备等，以保证目标的实现。上级对下属合理的要求应予以满足。

制定相应的考核和评价办法，确定目标实现的报酬和奖惩标准。

目标分解过程可用图 6-5 来表示。

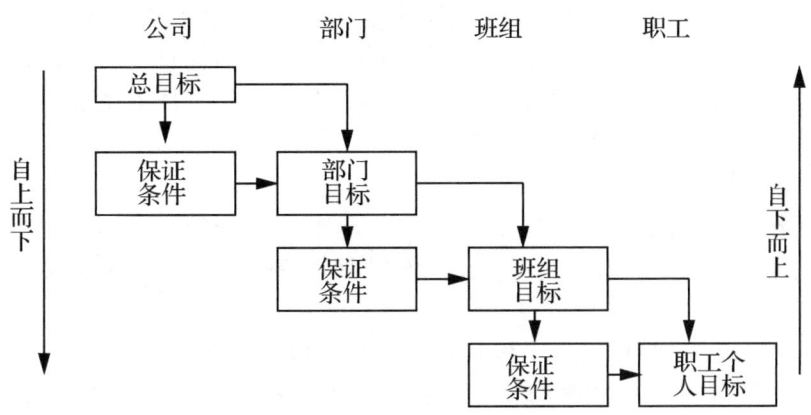

图 6-5　目标分解过程示意图

目标分解过程中,各种目标之间的平衡和一致性是十分重要的,即同一层次的目标之间比例关系协调,避免资源的浪费;下一层次的目标应与上一层次的目标保持一致,保证上层目标的实现。图 6-5 为目标分解形成的目标体系。

(3) 目标实施与检查

目标体系形成以后,各部分即时组织实施。实施应首先发动群众制定目标实施的具体措施,包括途径、方法、进度以及其他具体要求。为便于检查和进行自我控制,应将这些内容制定成任务书,以表格或卡片形式更简单地表示。如图 6-7 所示为某公司个人目标卡片。

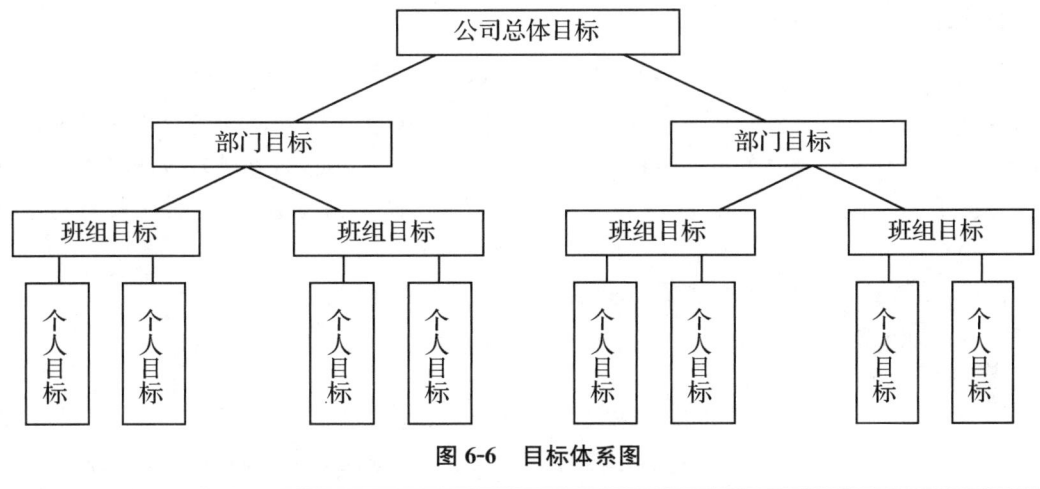

图 6-6　目标体系图

企业总体目标：			姓名		部门		岗位	
目　　标				实　施　措　施			完成日期	自我评价
序号	项目	目标值	序号		内　　容			
								领导评价：

图 6-7　个人目标卡片

目标在实现过程中,各上级部门应定期进行检查,督促下属保质、保量、按期完成目标任务,发现问题,应与下属一道分析原因,寻求解决办法。根据目标管理的特点,目标实现过程中应强调责任人进行自我控制,对照任务书要求随时检查自己的任务完成情况,不断改进自己的工作方法,采取有效措施保证目标的实现。

(4)目标成果评价

当目标管理的一个周期结束时,必须对目标实现的结果进行评价,并对承担者进行奖惩。评价与奖惩的关键是要做到公正、合理,体现多劳多得的分配原则,这是目标管理健康发展的根本。

目标成果评价应采取自评、互评和上级部门评定相结合的方式进行,首先由职工个人对照任务书或目标任务卡片中的要求进行自我评价,然后由本部门职工或部门之间以民主讨论方式互评,最后由上级部门最后审定。

对完成目标的奖惩,是按照事先制定的奖惩条例和标准来进行的,要使奖惩做到公正、合理,必须使事先制定的条例和标准具有合理性。由于一个企业各个部门和职工,其工作的内容和性质是千差万别的,要做到公平合理,是有较大难度的。商品流通企业中,在经营一线从事销售工作的人员,他们的工作直接影响企业的经营规模和经济效益,他们完成的工作任务也容易量化,而采购、储运等部门虽属直接的经营部门,但与企业经济效益的关系显得不那么直接,因此,在制定目标和评价标准时,销售部门可以得到更多的好处,这是目标管理中普遍存在的问题。解决的办法是要有全局观念,不能厚此薄彼。

管理聚焦

某公司从2001年开始推行目标管理:为了充分发挥各职能部门的作用,充分调动一千多名职能部门人员的积极性,该公司首先对职能部门实施了目标管理。经过一段时间的试点后,逐步推广到全公司的各生产车间和班组。几年的实践表明,目标管理改善了企业经营管理,挖掘了企业内部潜力,增强了企业的应变能力,提高了企业素质,取得了较好的经济效益。

按照目标管理的原则,该厂把目标管理分为三个阶段进行。

第一阶段:目标制订阶段

1. 总目标的制订

该公司通过对国内外市场机床需求的调查,结合长远规划的要求,并根据企业的具体生产能力,提出了"三提高"、"三突破"的总方针。所谓"三提高",就是提高经济效益、提高管理水平和提高竞争能力;"三突破"是指在新产品数目、创汇和增收节支方面要有较大的突破。在此基础上,该厂把总方针具体化、数量化,初步制订出总目标方案,并发动全厂员工反复讨论、不断补充,送职工代表大会研究通过,正式制定出公司的总目标。

2. 部门目标的制订

企业总目标由总经理向全公司宣布后,全公司就对总目标进行层层分解,层层落实。各部门的分目标由各部门和厂企业管理委员会共同商定,先确定项目,再制订各项目的指标标准;其制订依据是公司总目标和有关部门负责拟定,原则是各部门的工作目标值只能高于总目标中的定量目标值,同时,为了集中精力抓好目标的完成,目标的数量不可太多。为此,各部门的目标分为必考目标和参考目标两种。必考目标包括公司明确下达目标和部门主要的经济技术指标;参考目标包括部门的日常工作目标或主要协作项目。其中必考目标一般控制在2—4项,参考目标项目可以多一些。目标完成标准由各部门以目标卡片的形式填报厂部,通过协调和讨论最后由厂部批准。

3. 目标的进一步分解和落实

部门的目标确定了以后,接下来的工作就是目标的进一步分解和层层落实到每个人。

(1) 部门内部小组(个人)目标管理,其形式和要求与部门目标制订相类似、拟定目标也采用目标卡片,由部门自行负责实施和考核。要求各个小组(个人)努力完成各自目标值,保证部门目标的如期完成。

(2) 该厂部门目标的分解是采用流程图方式进行的,具体方法是:先把部门目标分解落实到职能组,任务级再分解落实到班组,班组再下达给个人。通过层层分解,公司的总目标就落实到了每一个人身上。

第二阶段:目标实施阶段

该公司在目标实施过程中,主要抓了以下三项工作

1. 自我检查、自我控制和自我管理

目标卡片经主管副总经理批准后,一份存企划部,一份由制订单位自存。由于每一个部门、每一个人都有了具体的、定量的明确目标,所以在目标实施过程中,人门会自觉地、努力地实现这些目标,并对照目标进行自我检查、自我控制和自我管理。这种"自我管理",能充分调动各部门及每一个人的主观能动性和工作热情,充分挖掘自己的潜力,因此,完全改变了过去那种上级只管下达任务、下级只管汇报完成情况,并由上级不断检查、监督的传统管理办法。

2. 加强经济考核

虽然该公司目标管理的循环周期为一年,但为了进一步落实经济责任制,即时纠正目标实施过程中与原目标之间的偏差,该公司打破了目标管理的一个循环周期只能考核一次、评定一次的束缚,坚持每一季度考核一次和年终总评定。这种加强经济考核的做法,进一步调动了广大职工的积极性,有力地促进了经济责任制的落实。

3. 重视信息反馈工作

为了随时了解目标实施过程中的动态情况,以便采取措施、及时协调,使目标能顺利实现,该公司十分重视目标实施过程中的信息反馈工作,并采用了两种信息反馈方法:

(1) 建立"工作质量联系单"来及时反映工作质量和服务协作方面的情况。尤其当两个部门发生工作纠纷时,公司管理部门就能从"工作质量联系单"中及时了解情况,经过深入调查,尽快加以解决,这样就大大提高了工作效率,减少了部门之间不协调现象。

(2) 通过"修正目标方案"来调整目标:内容包括目标项目、原定目标、修正目标以及修正原因等,并规定在工作条件发生重大变化需修改目标时,责任部门必须填写"以修正目标方案"提交企划部,由企划部提出意见交主管副总经理批准后方能修正目标。

该总经理在实施过程中由于狠抓了以上三项工作,因此,不仅大大加强了对目标实施动态的了解,更重要的是加强了各部门的责任心和主动性,从而使全厂各部门从过去等待问题找上门的被动局面,转变为积极寻找和解决问题的主动局面。

第三阶段:目标成果评定阶段

目标管理实际上就是根据成果来进行管理的,故成果评定阶段显得十分重要,该公司采用了"自我评价"和上级主观部门评价相结合的做法,即在下一个季度第一个月的10日之前,每一部门必须把一份季度工作目标完成情况表报送企划部(在这份报表上,要求每一部

门自己对上一阶段的工作做一恰如其分的评价);企划部核实后,也给予恰当的评分;如必考目标为 30 分,一般目标为 15 分。每一项目标超过指标 3% 加 1 分,以后每增加 3% 再加 1 分。一般目标有一项未完成而不影响其他部门目标完成的,扣一般项目中的 3 分,影响其他部门目标完成的则扣分增加到 5 分;加 1 分相当于增加该部门基本奖金的 1%,减 1 分则扣该部门奖金的 1%。如果有一项必考目标未完成则扣至少 10% 的奖金。

该公司在目标成果评定工作中深深体会到:目标管理的基础是经济责任制,目标管理只有同明确的责任划分结合起来,才能深入持久,才能具有生命力,达到最终的成功。

案例分析与问题解决

现在再回到开篇案例上来。该案例涉及的环节应做如下控制:

首先,要做到职务分离,采取集体措施。诸如采购申请必须由生产、销售部门提出,具体采购业务由采购部门完成,而货物的验收又应该由其他部门进行。在本案例中,采购大权由王副总经理一人独揽,反映出该公司控制环节中权责不明;货物的采购人不能同时担任货物的验收工作,以防止采购人员收受客户贿赂,购买伪劣材料影响企业生产乃至整体利益;付款审批人和付款执行人不能同时办理寻求代理商和索价业务。付款的审批通常经过验货或验单后执行(预付款除外),以保证货物的价格、质量、规格等符合标准。

其次,要做好入库验收控制。应根据购货单及合同规定的质量、规格、数量以及有关质量鉴定书等技术资料核查收到的货物,只有两者相符时才予以接受;对于所有已收到的货物,应定期完整填写收货报告,将货物编号并登记明细账簿,对验收中所出现的问题要及时向有关部门反映;货物入库和移交时,经办人之间应有明确的职责分工,要对所有可能接触货物的途径加以控制,以防调换、损坏和失窃。本案例中王副总经理同时主管验货,那么验货查假自然只是走走过场了。

最后,还必须做好货款支付控制。发票价格、运费、税费等必须与合同符合无误,凭证齐全后才可办理结算、支付货款,如有部分退货,则注意要从原发票中扣除后再办理结算;除了向不能转账支付和不足转账金额的单位、个人支付现金外,货款一般应办理转账。货款支付前应由企业授权人签字,支票签章时应仔细审核有关票据;在购货发票以外增加的费用如装卸、搬运以及在途损耗等,支付前必须经会计部门进行审核,有关部门进行耗损原因分析,以确定其合法性和合理性;付款凭证要连续编号,付款业务及时准确记录;与供货商定期联系,了解未付款情况,追查耽误原因。

本案例中,价格高昂的赝品水晶灯能堂而皇之地挂在豪华的酒店大厅中,没有技术证明资料,没有必要的查验手续,就慷慨大方地将支票签了,钱付了,这是无意的疏忽还是当事人有意的回避和遮掩? 不管实情如何,都反映了该公司整个材料采购环节内部控制中存在着巨大漏洞以至让不法分子有利可图,有机可乘。所以切实加强企业内部控制对企业的生存和发展有着至关重要的作用。

思考与练习

1. 何为控制? 控制的原则有哪些?
2. 有效控制系统有哪些特征?
3. 简述控制的主要步骤。
4. 你认为控制方法中哪种最重要? 为什么?

案例分析

案例 1：

数字化的吊儿郎当——电子漫游(cyber-loafing)。随着越来越多的公司向员工提供最新技术和在线接入，工作场所滥用最新工具的可能性，以及中断工作的时间也在增长。不仅是最新技术的进步，互联网及 3W 都提供了工作时间漫游的机会。根据一位职业信息专家的调查发现，90%以上的员工在上班时浏览过与工作无关的网站。但这还不是惟一让人吃惊的统计数据，这些人中的 37.1%说他们工作时间持续在网上冲浪，58.8%说他们工作时间收到色情或其他不正当的电子邮件，24%说他们采取某些措施来防止冲浪时被他们的老板抓住，54%的员工说他们看见其他人工作时浏览与工作无关的网站。

以电子漫游者的观点看，互联网是一个工作的完美替代品，因为一个员工在游手好闲的时间还显得非常忙。无论如何，搜索网站和写电子邮件看起来很像是在一本正经地工作。尽管并非每一次登录电子邮件和访问网站都是游手好闲，但许多组织意识到需要对这些新技术进行控制。

位于加州爱尔文的西部数据公司(West Digital Corporation)，管理者权衡了赞成与反对让其全球范围内 1 万名员工是否能够接入互联网的意见。成立于 1979 年的西部数据公司是一家全球性的信息存储产品与服务的供应商，其产品包括系列化的个人和企业计算机的磁盘。公司的使命是："西部数据的使命依靠提供世界一流的计算机产品和服务来满足我们客户的需要。我们将通过对个人及技术的投资所产生的持续盈利能力来完成这项使命。"员工在贯彻这项使命从事本职工作时，遵循公司的准则：团结、领导、顾客满意、个人责任、质量与不断追求进步和团队精神。

作为一家全球性公司，员工分布非常广泛(包括新加坡、加拿大、法国、德国、中国香港、美国等地)，西部数据的管理者知道员工能够接入互联网对通信系统和顾客服务是非常有益的。西部数据的 CEO Matt Massengill 一直强调顾客服务的重要性："顾客指望着我们追求完美的承诺。我们设计制造的每一件产品，与顾客的每一次接触、每一项任务——我们所做的一切——都以顾客满意的程度为衡量标准。"当然，这些管理者也意识到了潜在的问题。让员工接入互联网所带来的优点能超越潜在的缺点吗？管理者认为能够，员工在工作时可以接入互联网。

思考题：

1. 西部数据公司的员工在工作时间接入互联网的益处除了内部通讯和顾客服务外，还可能有哪些？其他类型的组织也能获得这些同样的益处吗？为什么？

2. 西部数据公司在控制潜在的工作时间滥用互联网接入问题上可以使用哪些类型的前馈、现场、反馈控制？

3. 假如西部数据公司在全球的另外一些地方运作，公司的互联网使用控制系统是否不同？为什么？

案例 2：

Sin-Tec 企业的总经理乔治·谭就其产品印刷电路板的销路，到欧洲同买主建立联系后返回了新加坡。同往常一样，他的邮件筐中堆满了信件。但是他却没有时间浏览这些信件并处理有关产品发送、抱怨和其他内部问题。

正当乔治埋头于这些信件时，工厂经理和财务经理来到了他的办公室。他们来这儿是由于乔治的盛怒：

为什么没有任何人告诉我,我们公司究竟发生了什么?为什么我未能知道周围发生了什么?为什么我始终一无所知?我没有时间去浏览所有这些文件并了解问题。没有一个人告诉我我们的企业是如何运作的,而且我似乎从没听过我们的问题,直到它们变得相当严重。我要求你们制订一个系统从而使我能持续得到信息。我对一无所知已经很厌倦了,特别是那些我要对公司负责就必须知道的事情。

当这两位经理返回他们的部门时,工厂经理对财务经理说:"每一件乔治想知道的事都在他桌上的那堆报告之中。"

思考题:
1. 乔治说"一无所知"对吗?为什么?
2. 为了让乔治持续得到信息,需要怎么做?
3. 对于乔治来说,设计一个控制系统应该有哪方面的考虑?

案例 3:
西湖公司是由李先生靠 3 000 元创建起来的一家化妆品公司。开始只是经营指甲油,后来逐步发展成为颇具规模的化妆品公司,资产已达 6 000 万元。李先生于 1984 年发现自己患癌症后,对公司的发展采取了两个重要措施:(1) 制定公司要向科学医疗卫生方面发展的目标;(2) 高薪聘请雷先生接替自己的职位,担任董事长。

雷先生上任后,采取了一系列措施,推行李先生为公司制定的进入医疗卫生行业的计划:在特殊医疗卫生业方面开辟一个新行业,同时开设一个凭处方配药的药店,并开辟上述两个新部门所需产品的货源、运输渠道。与此同时,他在全公司内建立了一条严格的控制措施:要求各部门制定出每月的预算报告,要求每个部门在每月初都要对本部门的问题提出切实的解决方案,每月定期举行一次由各部门经理和顾客代表参加的管理会议,要求各部门经理在会上提出自己本部门在当月的主要工作目标和经济往来数目。同时他特别注意资产回收率、销售边际及生产成本等经济动向,他也注意人事、财务收入和降低成本费用方面的工作。

由于实行了上述措施,该公司获得了巨大的成功。到 80 年代末期,年销售量提高 24%,到 1990 年达到 20 亿元。然而,进入 90 年代以来,该公司逐渐出现了问题,1992 年出现了公司有史以来第一次收入下降、产品滞销、价格下跌。主要原因有:(1) 化妆品市场的销售量已达到饱和状态;(2) 该公司制造的高级香水一直未打开市场,销售情况没有预测的那样乐观;(3) 国外公司挤占了本国市场;(4) 公司在国际市场上出现了不少问题,推销员的冒进,得罪经销商,公司形象没有很好地树立等等。

雷先生也意识到公司存在的问题,准备采取有力措施,以改变公司目前的处境。他计划要对国际市场方面进行总结和调整,公司开始研制新产品。他相信用了大量资金研制的医疗卫生工业品不久也可以进入市场。

思考题:
1. 雷先生在西湖公司里采取了哪些控制方法?
2. 假设西湖公司原来没有严格的控制系统,雷先生在短期内推行这么多控制措施,其他管理人员会有什么反应?
3. 就西湖公司的目前状况而言,怎样健全控制系统?

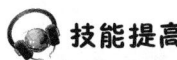技能提高

任务一:制定控制方案——有效保证学习质量

实训目标

通过实训,主要培养学生控制与信息处理的能力。具体包括:

1. 有效控制的能力;
2. 搜集与处理信息的能力;
3. 总结与评价的能力。

实训内容与要求

1. 以小组为单位,每个小组制定一个控制方案;
2. 应进行必要的调查研究,正确地确定标准,要具有可操作性;
3. 方案必须体现控制的要求,有完整的结构;
4. 班级组织一次交流,介绍、分析与评价各小组的控制方案。

成果与检测

1. 各小组制定控制方案;
2. 由教师与学生共同作出评估。

任务二:

在你本地的社区找出两个经历过员工欺诈的组织,并说明这些发生的欺诈是什么类型的以及组织现在和将来应该采取哪些步骤来处理。

网上练习

上网找到《金融时报》(Financial Times)的网站(www.ft.com)。在它的网站上,寻找并阅读2—3篇有关企业管理控制方面的文章。确认这2—3家企业在管理控制方面有何不同?取得的效果是否也不一样?为什么?

企业文化建设专题

二十一世纪,企业如何在激烈的竞争中立于不败之地,企业文化建设已成为营造具有时代特色的企业经营管理方式的重要课题。

一、企业文化的内涵

二十世纪八十年代"企业文化"这一概念从日本、美国引入我国,经过 20 余年的消化、吸收和发展,"企业文化"开始被我国的理论界与企业界所关注。特别是大家都开始意识到,杰出而成功的公司都具有强有力的企业文化的时候,建设自身企业文化便被纳入到众多企业的管理议程中。正当企业文化的建设在企业如火如荼地开展,我们不由得要问一句:到底什么是企业文化?是员工频繁的文化娱乐活动?是一组有气势、且放之四海皆可用的标语口号?还是争得几块诸如花园工厂、群众文化先进单位等等的铜牌?难道这些就是我们建设企业文化的全部内容吗?

关于企业文化这一概念,我们可以从广义和狭义两个角度去理解。广义的企业文化,既包括一个企业的物质文化,即有形的"显文化"或"硬文化",如厂房、设备、产品,也包括一个企业的精神文化,即无形的"隐文化"或"软文化",如生产经营环境、组织结构、规章制度、经营理念、共同的价值观、传统习惯等等。这里我们对企业文化作狭义的理解,即企业文化主要应当是无形的"隐文化"或"软文化"。所以,我们可以对企业文化作如下表述:企业文化是指企业在一定的社会环境下,经过企业长期倡导并经企业全体员工认同、实践和创造,所形成的整体价值观念、信仰追求、道德规范、行为准则、经营风格、传统习惯的总和。其外延则形成一个体系,构成企业文化的结构和具体内容。

二、企业文化的内容与结构

我们认为,企业文化的整体内容和结构可以从精神层、制度层、行为层、形象(物质)层等四个层面来理解,其具体的结构形式如图 7-1 所示。

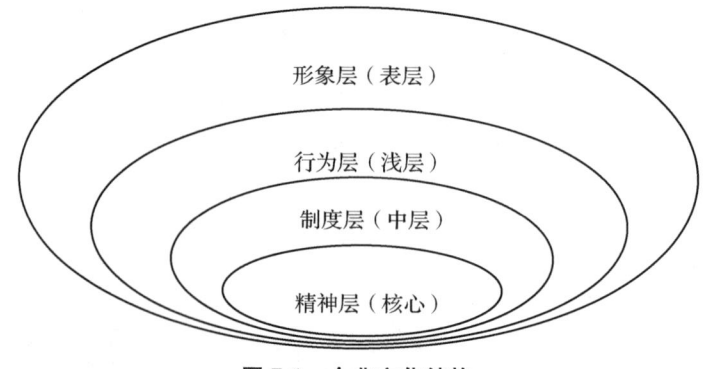

图 7-1　企业文化结构

（一）企业文化的精神层

企业文化的精神层又叫企业的精神文化，是指企业在生产经营过程逐渐形成和趋于定型的精神成果，包括企业精神、企业经营哲学、企业道德、企业价值观念等内容。精神文化是一种更深层次的文化现象，它是企业物质文化、行为文化、制度文化的升华，在整个企业文化系统中处于核心地位，是企业的上层建筑。

企业的精神文化，其内容可以包括如下三个方面：

1. 企业精神。一般地说，企业精神是现代意识与企业个性相结合的一种群体意识，是企业全体员工或多数员工内心的彼此共鸣，它能够极大地凝聚和激发企业员工的积极性和创造性，是企业宗旨、准则、价值观、经营管理理念的集中体现，是企业文化的核心。

2. 企业经营哲学。企业经营哲学是指企业在长期经营管理过程中得到提升和运用的世界观、方法论，是企业在处理人与人（管理者与被管理者、消费者与生产者、企业利益与员工利益、局部利益与整体利益、当前利益与长远利益、企业与企业之间的利益）、人与物（产品质量与产品价值、操作流程与规范、技术开发与应用、定额、计量、信息、情报、计划、成本、财务等）关系上形成的意识形态和文化现象。

3. 企业价值观。企业价值观是指企业在追求经营成功过程中所推崇和实践的整体的基本信念和价值取向。在当代，企业价值观大体包括四种取向：经济价值取向、伦理价值取向、政治价值取向，其基本排序趋势是：人的价值大于物的价值，共同价值大于个人价值，社会价值大于利润价值。一个成功的现代企业，它必然是一个有正确价值取向的企业。

（二）企业文化的制度层

企业文化的制度层又叫企业制度文化，其内容只要包括企业领导体制、企业机制和企业规章制度。企业制度文化是企业中人与物、员工与企业运营的结合部，它既是人的意识与理念的反映，又是一定物质的表现形式，具有精神与物质的中介性。企业制度是企业经营管理意志和价值观的直接体现，是一种约束企业和员工行为的规范性文化，具有强制的约束力。制度在企业文化特别是员工行为文化的形成过程中发挥着十分关键的作用，它使企业在复杂多变、竞争激烈的社会环境中处于良性的稳定状态，从而保证企业目标的实现。

1. 企业领导体制。企业领导体制是企业领导方式、领导作用、领导结构、领导制度的总称，其中主要是领导制度。企业领导制度，受生产力和文化的双重制约，在不同生产力水平阶段和在不同的理念、思维方式的影响下，有很大的差异性。企业领导制度的演变作为一种文化现象，既反映了企业价值观、管理思想的演变，也反映了企业管理的品质不断由低级向高级、粗放管理向集约管理进步的进程。

2. 企业机制。企业机制是企业为实现其经营宗旨、目标，所采取的可以使广大员工自觉地做什么或者不做什么的原则性方针、方法和意见，它的作用是：通过它激励或督导企业员工自觉地工作，从而成为企业宗旨、目标、领导意志与企业制度、规范和流程的对接点。机制虽看不见，摸不着，但它的作用不容忽视。

3. 企业制度。企业制度是企业为实现其经营宗旨、目标，在具体的生产经营管理实践中所定的让企业全体员工必须遵守执行的规范，是企业为维持正常的生产经营必需的一种强制性的保证，与以人为本的理念相辅相成，不可偏废。

（三）企业文化的行为层

企业文化的行为层又称企业行为文化，企业行为文化是指企业员工在企业生产经营、学习培训、文化娱乐中所发生的人与人之间关系的表现,它是企业经营作风、精神风貌、人际关系的动态体现,是企业精神、价值观的折射。一个注重诚信、关爱员工、纪律严明、雷厉风行、人际关系融洽自然的企业和一个唯利是图、队伍涣散、纪律松弛的企业,给人的文化冲击力是截然不同的。企业行为文化从内容和结构上可分为三个方面:企业家行为、企业模范人物行为和企业员工行为。

1. 企业家行为。企业家行为主要表现为对企业的决策与管理,以及内外关系的处理,在企业文化建设上具有决定性与导向性作用,对企业模范人物行为和企业员工行为具有重大影响。

2. 企业模范人物行为。企业模范人物行为是企业文化的中坚力量,他们的作用主要是示范和引导,在企业行为中占有重要地位。在具有优秀、正向企业文化的企业中,企业模范人物行为可以集中体现企业的精神、宗旨和价值观,他们使企业精神、宗旨和价值观"人格化",是企业员工学习的榜样。

3. 企业员工行为。企业员工是企业的主体,任可企业的企业精神、宗旨、目标和价值观,最终都要由企业员工加以体现,所以,企业员工行为必须是企业行为文化的主要组成部分。对企业员工行为的培养,在于示范和引导,不能只靠制度,要使员工的行为成为他们的一种内在的需求,做到了这一点,勤劳、敬业与企业的宗旨、目标保持一致,就会成为他们自觉、自发的行为。

(四)企业文化的形象层

企业文化的形象层又称企业形象文化,是企业文化的外在特征,它既可以包括企业环境、企业面貌、企业生产技术装备、企业标识、产品标识等企业静态视觉识别系统,也可以包括一切对内对外各种生产、经营、学习、宣传等各项活动方式、方法及后果的动态识别系统。这些物质性的东西既表现着企业现实的生产经营能力和生产经营状态,展示着企业的形象,也表现了企业员工对工作、对生活的情怀态度,表现了企业人的精神层次和追求。

企业形象识别系统的内容很广泛,主要有:环境形象、理念形象、经营管理形象、产品形象、服务形象、员工形象、作风形象和公共关系形象等。良好的企业形象是企业的无形财富,在企业文化中具有重要的功能作用。

三、企业文化的营造与建设

(一)企业文化营造与建设的主体

企业文化即企业的"人化",企业文化既要靠企业人来维护、执行,也要靠企业人来建设、营造。因此,企业的全体员工都应当是企业文化建设的主体,只是因为他们在企业经营中的分工、责任不同,因而在企业文化建设中扮演不同的角色而已。

1. 在企业文化的营造和建设中,企业领导者处于核心地位,决定企业文化建设的性质、方向与成败,其具体作用可以体现在五个方面;一是企业文化的倡导者,引导企业发展方向;二是企业文化的精心培育者,使企业文化健康成长;三是企业文化的设计者,使企业文化符合时代潮流;四是企业文化的身体力行者,是企业文化的典范;五是企业文化更新、转换、提升推动者,使企业文化不断进步,永远站在优秀企业文化的潮头。

2. 在企业文化的营造与建设中,企业模范人物对企业文化营造与建设有重要的示范作用,其具体表现是:

第一,以自己的言行感染周围的群众,在他们中产生共鸣,继而起到使他们乐于效仿的榜样作用；

第二，影响员工同心同德、形成集体力量的聚合作用；

第三，引导员工言行、强化企业价值观的舆论导向作用；

第四，解决企业内部矛盾，充当补充、调和作用；

第五，以自己的激情和创造，带动企业文化进行的创新作用。

3. 在企业文化的建设与形成过程中，企业员工是基本力量，是企业文化的"承载者"和实践者，是企业文化的最终体现。

在企业，企业员工不仅是生产经营的基本力量，也是文化建设最活跃的因素。企业文化的建设过程，实质上也是企业员工在企业生产经营实践中不断创造、丰富和运用企业文化的过程。他们在创造物质文明的同时，也创造着企业的精神文明。在企业中，个别员工也许不是最有智慧的，但作为一个群体他们的智慧是最强大的，正是有了群体的智慧，企业文化才能不断丰富、发展和进步。企业员工不仅是企业文化建设的创新者，也是企业文化的"载体"，是企业文化的承载者和实践者。企业文化不仅是蕴藏在人们头脑中的一种意识、一种观念、一种思想，从实际的角度看，它也是一种行为、一种作风、一种传统、一种精神、一种办事规范，它最终一定会在广大员工的举止言行中得到表现，从而转化为企业员工生产经营和企业文化建设实践。因此，进行企业文化建设，必须重视企业员工的参与和行动，把他们真正地发动起来，才能把企业文化建设好。

(二) 企业文化建设的启动、切入点和基本程序

企业文化建设是一项复杂的系统工程，其过程周期长、涉及的因素多，只有遵循企业文化的演变规律，领导重视，系统筹划，组织协调好各个方面的力量，选准启动时机和切入点，才能确保企业文化的营造和建设顺利进行。

1. 企业文化建设的启动时机

企业文化建设的启动时机，大致有如下几种情况：一是企业进入快速增长期；二是企业经营业绩不理想；三是企业面临的环境、条件、市场发生巨大变化。从当前看，许多企业特别是国企，处在一个市场竞争进一步激烈，体制、机制深刻变革的阶段，许多企业面临改制、改组、变革的冲击，企业原有的精神、理论、价值观、思维方式、行为方式都受到巨大考验。应该说，这一时期、这一环境应该成为众多企业摒弃原有落后文化，培育与新环境、条件相适应的新文化的大好时机和最佳切入点。南油的改制已成定局，此时，正是南油人抛弃原有的落后的文化，而以全新的思想、观念和魄力创造新文化的大好时机。

2. 企业文化营造和建设的切入点

一般地说，非新建企业的企业文化营造与建设的切入点有以下几种情况：一是面临多种困难，从解决面临的主要矛盾入手；二是成长期企业，从与更优秀的企业进行对照入手；三是面临巨大变化冲击的企业，从总结过去的经验教训，学习新的观念、知识入手。

3. 企业文化营造与建设的基本程序

作为关系企业长远发展的系统工程，企业文化建设的一般程序是：

第一，对企业文化现状进行研究、分析和评价。所谓对企业文化现状进行研究、分析和评价，就是对现有的(原有的)企业文化进行清理，分清哪些是优良，哪些是糟粕，优良的要加以使用、发扬和光大，糟粕要予以坚决抛弃，从而使新的企业文化有一个可靠的立脚点。

第二，对企业文化进行定格设计。所谓对企业文化进行定格设计，是指在确定、分析和评价企业文化现状的基础上，根据企业的内外环境、条件，用确切的语言文字，把企业主导的

精神、理念、价值观、道德观和行为准则表述出来,形成初步的文化理念框架。

第三,进行企业文化建设实践。

首先,企业文化理念的灌输与传播。企业文化理念定格后,就要积极推广,付诸实践,把文化理念体现在企业的一切活动之中,主要的理念要反复地重复地灌输,直至在全体员工中得到认同并被固定。具体的措施有很多,例如编写企业文化手册;开展相关活动;利用重大事件进行强化宣传;建立文化网络;营造文化氛围等等。

其次,企业文化理念的强化与固化。在创造良好的文化环境的基础上,要强化和固化已经确定的理念,使先进的理念成为员工可操作、可执行的规章制度、样板、由精神转化为物质,体现生产经营的效率和效益。

最后,积极创造与新的企业文化相适应的条件。例如,推广科学管理和民主管理,加强员工道德、业务培训,提高员工素质,营造民主环境,建设精神共同体等。

(三) 企业文化建设过程中需要注意的问题

1. 企业文化的建设,需要一定的形式来体现,也需要一定的物力财力加以保障

企业文化不是束之高阁的彩球,也不是哗众取宠的装饰。它扎根于员工,溶于全体员工的思、言、果之中。然而它又需要以喜闻乐见的形式来体现,如企业的形象策划 CI 导入;如球赛等文艺活动,所花费的人力和物力也必不可少。又如,企业的文化标语,需要管理人员按符合自己企业文化内涵的有启发性的标语标注在企业的相关位置,不仅需要耗费精力和时间,还需要支付因制作这些标语牌匾的制作费用。所以,企业要筹划用于企业文化建设的专项资金。

2. 企业文化建设要注重细节

企业中蕴涵的某个有价值的独特文化因素,这是任何一个企业在创办和运行过程中都会客观存在的。如有的员工非常喜欢学习;有的员工特别节俭;有的员工总是想改变产品的性能等。这些细节都需要管理者去发现并加以提倡。我们要在企业当中抓典型,号召"全员"学习。把优良的企业文化氛围推入具体实践中去。这就需要我们去注重细节。

3. 寻找企业自身的优势和文化渊源,以"量体裁衣"的方法来孕育企业文化

企业可以造就文化,文化是企业的一个反应形式。但每个企业的形式不同,则采用的企业文化内容也不同。我们要善于发现企业文化的积极因素,将这种因素加以酝酿,使之符合企业自身发展的需要。譬如,红蜻蜓集团在文化方面的执着、努力、贡献一直被国人所称颂。但红蜻蜓搞文化并非心血来潮,1995 年创业伊始,红蜻蜓就开始讲文化的故事,讲美丽的故事,因为这个品牌就来自于企业创始人钱金波儿时的一个梦想:小时候,陪伴他最多的伙伴便是楠溪江畔飞舞的红蜻蜓,他们常常用心交流,一起在泥土芬芳的田埂和小山坡玩耍,当时钱金波就立下志愿:将来一定要为这些小伙伴们做点什么。长大后,当他有能力创建一家企业的时候,他毫不犹豫地将企业及品牌名称命名为"红蜻蜓"。康耐的企业核心价值观为:"品牌领先、顾客至上、崇尚知识、人本和谐、精诚精业、舒适时尚。"只有找到企业的文化渊源,企业所需要提倡的或者需要重视的脉点,以此而孕育的文化才具有意义并体现自身企业文化的内涵和氛围。

4. 加强企业文化建设的组织实施,领导与监督

企业文化的建设、组织和实施需要事先有计划〈主要的具体方案〉、有部署、有进度、有过程地进行。同时加强在此过程的监督工作,不要走形式、摆样子、有了上文没有了下文;或者迫不及待,短期就要见效果,以致封尘日久失去企业文化的光辉。不仅要专人负责项目的实施,还要随时跟踪落实的具体建设状况,全面规划与安排,把企业文化建设作为一个重要的项目来抓。不但要明确为什么做？还需要明确怎么做？何时做？何地做？由哪些人去做？做的标准是什么？需要注意的问题是什么？因此,在企业文化建设的工作中,组织,实施,领导与监督尤为重要。

5. 企业文化的实施,方法上要采取"树立榜样,典型引路,以身作则,率先垂范"

优秀的企业文化一般都比较善于发现和推崇身边的典型,树立榜样。这样可以集中体现企业文化的魅力,使企业文化人格化、模特化,使员工看得见、比得上、学有榜样、模仿有型。同时树立正确的价值观、道德观。领导者带头严格遵守,身教胜于言教。如此得到员工的敬佩和支持,使企业文化建设顺利进行。

6. 企业文化建设要以"实际行动"出发,走出"口号"的呼声

把概括企业文化其特征描述,标志性事件,典型案例与代表性人物品格、思想,选择恰当的方式和途径传达给全体员工,使他们理解这种文化表现。走出"口号"的呼声,以实际行动去渗透和步入。

7. 融入员工的意识

员工对企业文化的接受、理解与认同,要在企业经营活动中体现出来,即表现在日常的工作状态。刚开始可能是被动的,员工会按照企业文化的要求来约束自己、规范自己。如果这种被动和约束不能转变成员工的自觉行动,企业文化建设是失败的。因此,企业文化建设必须使员工产生自觉行动,没有外在的约束,这样的文化才可以延续。要通过多种方式对员工的文化教育和业务培训,并教育引导员工树立以"客户"为上帝,以"市场"为效应的观念。加强他们的团队精神、融入员工的意识、提高企业的凝聚力。

8. 突出以"主体"为依靠

企业文化建设的主体是劳动者、生产者和决策者。他们是企业文化建设的载体。强调突出和依靠主体,就是要主张吸收员工长期以来在实践中创造的特色文化原料,注意发现他们的闪光点,不断充实文化的内容。只有具备强硬的领导班子,加上全体的员工与参与,企业文化建设方可取得成功。

9. 企业文化建设要不断"创新"

创新是企业的灵魂。创新是企业文化建设的特点和生命力所在,是企业价值观的内在核心,它与时代的环境变化同步,不能有丝毫的停滞和懈怠。没有创新的文化就没有创新的思想和员工,也就是没有技术的创新,管理的创新,服务的创新等,企业就会丧失其社会价值的依据。把创新的内核植入企业价值观,全方面融入企业文化的要素和建设企业文化的全过程,培育员工的创新精神,使之转化成为一种动力和依托,从而提高企业的核心竞争力,提高企业的经营效益。

10. 企业文化建设要全面

企业文化由物质层、行为层、制度层和精神层四大层次构成。所以,在文化建设的过程中要面面俱到,不可疏漏。否则,企业文化建设的效果是不理想的。这也是现代企业文化建设容易忽视的问题。有的企业认为搞搞文化标语就是企业文化建设了,这是十分片面的认识。企业文化建设不仅包括了的企业精神、企业经营哲学、企业道德、企业价值观、企业风貌的建设,还包括企业的目标、生产环境、企业的广告、企业包装设计、企业的行为规范、企业的规章制度等。它们之间是精密联系、互为影响、相互作用、共同构成企业文化的完整体系。

11. 企业文化建设要注重"礼仪文化"和"学习文化"

孔子曰："不学礼,不以立"。即无以立人,无以立事,无以立国。他表明了礼仪在企业文化建设当中的重要性。礼仪不但是员工的一种素质,同时也是企业文化的一种反应。1990年。麻省理工学院斯学院彼得·圣吉(Peter Senge)出版了《第五项修炼——学习型组织的艺术与实务》一书,掀起了组织学习和创建学习组织的热潮。他强调了终身学习、全过程学习、全员学习和团队学习。提出了不但要自我超越,还要改善心智,建立共同愿景以及团队学习。学习不但可以强化认识和提高理论水平,还可以转变企业员工的思想观念。因此,现代企业必须把"学习文化"作为企业文化建设的重点来抓。奥康集团就提倡从上到下必须"全员学习"。

12. 强调"以人为本"的理念来进行企业文化建设

管理的主要内容是管人,而人又是生活在客观的环境之中,虽然他们也在一个组织和部门中工作,但他们在思想及行为等方面可能与组织不一致。重视人的因素,就要注意人的社会性,对人的需要予以研究和探索。在一定的条件下,尽最大可能满足他们的需要,以保证组织中的全体成员齐心协力地完成组织目标而自觉作出贡献。我们提倡不但制度化管理员工,还要人性化管理员工,真切地体现"人本管理"的内涵。比如正泰集团在使用人才时的"人本文化"为"德才兼备是正品;有德无才是次品;有才无德是毒品;无才无德是废品。"又如奥康集团秉承"有德有才,提拔重用;有德无才,培养使用;有才无德,限制使用权;无德无才,不可留用"的人才理念。康耐集团的人才观为:人才无定论,康奈唯"砖"才。因此,我们必须重视人才,把人才的竞争力当成是企业的核心竞争力,建立完善的人才管理机制。强调"以人为本"的理念来建设企业文化是势在必行的。

四、企业文化的整合与变革

(一) 企业文化的整合

一般来说,企业文化整合是分层次进行的(或者说,企业文化整合事实上是在不同层次上展开和完成的),概括地说,它可以分为以下五个层次的整合:

(1) 企业文化对某一种新生的(主要指企业文化共同体内生的)或外来的企业文化特质加以同化。例如,日本企业吸收了西方(尤其是美国)企业质量管理的基本文化特质,通过创造性的整合,发展成了具有日本企业文化特色的全面质量管理全员质量管理体系。

(2) 在企业文化共同体内,对创造的(内生的)或引进的一组企业文化特质进行重组、重造,以形成企业某一方面文化的综合。例如,第二次世界大战后日本在麦克阿瑟将军的参与甚至干预下,通过解散财团,分割大企业,引进西方市场的自由竞争文化,但日本企业对这种竞争文化进行了适宜于自身发展的改造。

(3) 一种企业文化风格、规范趋于完美、成熟后,开始通过社会各种渠道进行传播和扩散。例如,企业质量管理文化起源于美国,迅速扩散到欧洲和日本企业,又经日本企业的上述整合达到某种近乎至美至善的境界,然后,便有如某种伟大的艺术风格(例如哥特建筑文化、意大利咏叹调、踢踏舞等)开始流行,成为企业文化整合的一种固有模式。

(4) 企业文化共同体伴随着企业革命、企业管理革命,对企业文化特质进行较为彻底的吐故纳新,进行多方位的整治和新的融合。例如,内战后的美国由于铁路企业在不懂技术的老板管理下发生了列车相撞事件,从而引发出了企业所有权和经营权相分离的企业革命,导致了企业管理上经营体制的确立。从此,便开始了企业组织文化、企业决策文化、企业动力文化、企业管理文化的一系列新的文化整合。

(5) 伴随着企业文化共同体内发生的剧烈的文化冲突,酿成企业文化危机,最后由企业文化革命来收拾残局。这使企业能够在新的背景之下、新的起点和格局上进行企业文化整合。例如,洛克菲勒在其合伙的石油企业正欲乘势扩大规模之时,原最高决策层的"三驾马车"之间出现了巨大的分歧,最后只好约定把企业卖给出价最高的人。老洛克菲勒与另一位合伙人买下了企业后按其经营意向和宗旨对企业进行了改造,从而使其经营哲学发生了改变。

由此可知,企业文化整合实则是这样两种文化整合:(1)具体的、个别的企业所形成的各个层次的文化整合;(2)抽象的、一般的企业文化所形成的文化整合。从企业文化整合的目的性来看,前者表现出来的更多的是一种积极的、能动的、富有主观选择性的文化整合,后者在本质上则更像是无意识的社会自然历史过程,但选择的结果多半具有明显的进化色彩。显然,无论是主动的企业文化整合,还是被动的企业文化整合都在根本上遵循社会选择原则进行,整合的总趋势是积极的、进步的。

(二)企业文化的变革

1. 企业文化变革内涵

企业文化变革是指由企业文化特质改变所引起的企业文化整体结构的变化。它不仅涉及表层文化的改变,而且涉及深层文化的改变。这种改变涉及企业成员基本价值观念、思维习惯、行为方式、心理的转变,也会使企业内部各种物质利益关系受到冲击。因此,企业文化变革尤其是其中的突发性变革,会遭遇到较为普遍的阻挠,例如企业成员容易产生一些对抗举动。

2. 从"福特"和"通用"的例子看企业价值变革与企业危机的关系

美国汽车大王亨利·福特的兴起和衰落,以及他所创立的巨大汽车帝国福特汽车公司在他孙子手中得以复兴的事迹无疑是企业文化变革方面最为经典的例证。

亨利·福特从 1905 年白手起家,15 年后建立起了世界上最大、盈利最多的制造业企业。福特汽车企业在 20 世纪初叶的美国汽车市场上占据了统治地位并几乎垄断了整个市场,在世界其他绝大多数主要汽车市场上也占统治地位。但只是过了几年,即到了 1927 年,这个几乎是不可摧毁的企业王国已经摇摇欲坠了,一直到第二次世界大战期间都没有什么太强的竞争力。到 1944 年,企业创立人的孙子亨利·福特二世,当时只有 26 岁,没有受过任何训练,也没经验,接管了这家企业,并在两年后通过一次"宫廷政变"把他的祖父推下了宝座,引进了一套全新的管理班子拯救了企业。

福特汽车企业这次深刻的危机及其剧烈的文化冲突,引发了一次深刻的企业价值变革,企业文化完成了一次重大的突变。因为通过这次企业管理革命,福特汽车企业彻底革除和抛弃了以企业创始人为代表和象征的企业文化传统。正是这种落伍的、陈旧过时的文化传统,招致了福特企业在 20 世纪 20 年代中叶至 40 年代中叶的衰败。如同管理学家德鲁克所指出的那样:"福特一世之所以失败是由于他坚信一个企业无需管理人员和管理。他认为,所需要的只是所有主兼企业家,以及他的一些助手。福特与他同时代的美国和国外企业界绝大多数人士的不同之处在于,正如他所做的每一件事那样,他毫不妥协地坚持其信念。他实现其信念的方式是,他的任何一个助手如果敢于像一个管理人员那样行事,做决定或没有福特的命令而采取行动,那么无论这个人多么能干,他都要把这个人开除。"

如果说福特汽车企业是由企业内部危机引发了一场深刻的价值变革,那么通用汽车企业的压力则同时来自内部和外部;如果说福特汽车企业价值革命的主要对象是以企业主文化自居的企业创始人的信念体系和思想支柱,那么通用汽车企业价值变革所需革除的是来自部门、中间层的分散和无序。

小艾尔弗雷德·斯隆在接任通用汽车企业总经理时,通用汽车企业几乎要被庞大的福特汽车企业挤垮了,只能勉强维持一个软弱的第二号位置。它是由那些根本无法同福特汽车企业相匹敌而出盘的小汽车企业拼凑起来的,比临时拼凑起来的金融投机组织好不了多少。生产上,通用没有一种能胜过对手的汽车,营销上没有经销商组织,财力上没有实力。面对这种内忧外患的局面,斯隆对企业进行了大胆的改组。他把那批不守纪律的独立诸侯改造成了一个管理班子。斯隆首先为新的"大企业"提出了一种组织原则分权的原则。他还首先提出了企业目标、企业战略、战略规划的系统方法。通用汽车企业在五年之内成了美国汽车工业中的领先者,并一直保持至今。

由此可见,企业价值变革与企业危机几乎像一对孪生兄弟联系紧密。之所以如此,原因在于:

(1) 企业危机使得企业文化共同体处于最危险的境地,或者是解体、倒闭,完全失败,或者是设法起死回生,两者必居其一。这就需要对企业的危机根源作深刻的剖析。

(2) 企业陷入重大危机之中,除极个别的由不可抗力造成或由偶然的重大决策失误造成的以外,多半是有着深刻的根源。一般说来,其中都包含极为深刻的企业文化冲突,这是由过时的、僵化的企业文化传统造成的。企业危机无非是将企业文化冲突的最终结果暴露出来而已。

(3) 企业文化对峙、冲突的结果,虽然企业文化中的新兴、进步力量暂时失败了,旧有企业文化传统的一统天下未被打破,但旧有传统的能招致企业惨败的弊端却暴露无遗。这就为企业文化行为主体抛弃旧有企业文化传统、倾向并选择新的企业文化模式奠定了基础。

(4) 危机的结果使得整个企业文化行为主体的心灵受到震撼,危机直接把文化冲突的可怕和灾难性结果呈现在他们面前,使他们深深地懂得,作为一个企业文化的行为主体选择什么样企业文化既不是无足轻重的,也不是事不关己的,它涉及到企业群体和企业个体的命运和前途,从而为企业新文化传统的形成提供了心理训练的准备。

3. 企业文化的深层变革——企业价值革命

企业价值革命是企业最深层的文化变革,它可能是局部的也可能是整体的。企业价值革命一般由企业上层人物发动,他们多半都已经或正在成为企业的核心企业家。企业价值革命通常涉及这样几个方面:

(1) 企业价值观的变革。这种变革既可能涉及对企业整体的深层把握,也可能涉及对企业环境变化的重新认识。例如,美国企业已经开始深刻地意识到美国企业价值观和美国管理已经让位于日本企业价值观和日本管理。阿纳齐教授对日本汽车业获得巨大成功的原因的分析,得出了美国企业常规逻辑所难以接受的事实:"日本人似乎拥有庞大的成本优势。使我大吃一惊的是发现那并不在于自动化,他们开辟了一条生产汽车的'群体'路线。他们拥有一支干劲冲天、乐于工作、乐于制造汽车的工作大军。他们把人当作天赋的资源,而不是当作金钱财富,不是当作一台台机器,也不是当作一个个机器管理员,这也许是一切问题的关键所在。这种对企业主体、主要构成、核心资源的价值判定的差别,已经给两国企业业绩带来了巨大的差别,这种业已存在的潜在的危机正迫使美国企业接受新的企业价值观。"

(2) 管理哲学与管理思想变革。这种变革是企业家灵魂深处的变革,人类社会的历史反复证明,要想使杰出的人物放弃他毕生的信念、修改其观点,几乎是不可能的。解决方法只能是或者依靠自然法则的力量,例如像三菱企业的第二代继承人那样,等待创始人岩崎弥太郎在50岁死后,不顾当初的允诺,进行全盘改革,或者像亨利·福特二世对其祖父那样,靠"宫廷政变"来解决。

(3) 企业经营思想变革。有关企业的经营规模、经营范围、经营对象、经营目的(或经营目标)、经营手段、经营角度等等都多次出现重大变革。这种价值变革有些是在某一企业里静悄悄地进行和逐步展开的,有些则是同时在一些企业发生,而后迅速形成一股新的思潮。在当今的世界里,经营管理正面临新的挑战,新的经营思想变革正在挖掘人类新的经营智慧。

第二次世界大战后迅速扩散,20世纪六七十年代风行全世界的许多经营思想正在经受新的检验,正在被21世纪新的经营思想所取代。

五、企业文化建设是一项系统工程

有人认为,企业文化建设在实践中总有一种"虚而不实"、似是而非的感觉。在企业里,厂房矗立着,机器在运转,员工在忙碌,规章制度挂在墙上,产品、成本、产量、利润等等都有具体明确的量化指标,而企业文化却似乎无从把握。

其实,企业文化也是实实在在的,就存在于企业总体运转的每个环节中,它是一个系统工程。如火之燃于薪,企业文化依附于企业的机体,但它又是企业的灵魂,引导着企业的发育成长。

就企业来说,有些根本性的思考是必须而且必然的,如"为什么办企业?""办什么样的企业?"等等,不同的价值观念引导人们做出不同的选择,从而给企业带来不同的命运。就员工个人来说,同样存在着一些终极性的命题,如"生命的意义是什么?""工作的意义是什么?"等等。由此引发的价值评判和选择,决定了一个人工作和生活的根本态度,从而决定了他的生活方式。

问题不在于有没有企业文化,而在于存在着什么样的企业文化,不培育倡扬科学进步的文化体系,愚昧落后的东西就会乘虚而入,这是不能回避的现实。员工把严守工作纪律,按质按量完成工作任务,把按劳取酬,把必要的加班等等当作是理所当然、心甘情愿的选择,还是当作一种急于摆脱的负担,当作无可奈何的服从,就是两种文化的碰撞。员工对职业、权利、义务的态度,对生命、生活的态度,对竞争、合作、人际关系的态度,由这些态度决定的情感情绪、言行举止、工作绩效,就是内在文化的表现。企业文化建设以人为本,就是要通过环境熏陶、认知建构、管理规范、行为培养等等措施,使员工形成正确的价值评判和价值选择,形成良好的心理和行为模式,通过塑造优秀的员工队伍,进而推进企业的发展。这是一项实实在在的系统工程,它的内容、操作、效果都是实实在在的。

企业文化作为一项系统工程,它是一种具有时代特色的经营管理方式,是牵引着企业运行的灵魂。努力构建企业文化,把它转化为生产力,转化为经济和社会效益,这才是企业长久持续发展的最有力的保证。

企业文化案例集锦

案例之一:松下公司的经营理念"松下的产品是副产品,松下真正的产品是人",这是松下公司能够蜚声世界的本质奥秘(是人不是产品,这是经营理念的巨大成功)。

案例之二:从1944年仅有注册资金400万株发展成泰国和东南亚最大商业银行的泰国盘谷银行的经营理念为:银行与国家命运紧密相连,必须以国家利益为重,作为人民代言人的角色，持之以恒地追踪每一阶段国内外经济情况及其表现，加以分析研究，大胆忠实地提出自己的看法，坚持维护民族利益，倾尽全心为经济社会发展作出应有之贡献，为国家和人民提供最大的利益，并将开发成果，在最大范围内分散给全国人民。

案例之三：在台湾民营企业排行榜中名列前茅并在整个环太平洋地区发生深刻影响的台湾塑料企业集团总裁同时号称台湾"塑料大王"的王永庆的经营哲学是其取得巨大成功的最主要的因素。王永庆认为：一个企业的资源可以分为有形和无形，许多人偏重公司外在的资产等有形条件而忽视无形条件。他认为：一个公司经营的成功，人的因素很大，属于人的经验、管理、智慧、品行、观念、勤奋等等无形资产比有形资产更重要，这里诸多无形条件中的核心是中国传统的"仁"、"礼"、"义"、"信"。他认为：企业经营要以盈利为目的，但一个公司如果发生物化的资源亏损，只要算得出来，并不是很严重的事。真正可怕的危险是职工管理意识的蜕变和堕落，做事敷衍搪塞，这种无形的损失远非金钱所能弥补，这才是严重影响到企业存亡的大事。

案例之四：中华民族的吃苦耐劳、勤俭朴素、勇于开拓、顽强拼搏的传统为东亚各国优秀的企业文化所继承和发扬。鞍钢和大庆的企业文化的重要内容之一就是艰苦创业精神。江苏华西集团公司"艰苦奋斗、团结拼搏、服从分配、实绩到位"的企业文化，构成了该集团的创业之本和立业之宝。

案例之五：中国浙江横店集团塑造综合性企业文化，推动企业持续不断地发展。他们把"拜师求艺"和"尊师重教"的传统衍化为尊重知识，尊重人才，学科学，学技术的风气；把"和为贵"的文化传统发展成为"只搞竞争，不搞斗争"的人际关系准则；把"成事靠科技，谋事靠人才"的思想意识衍化成"高科技、外向型、集团化、产业化、商业化"办企业的发展战略，全面吸收了现代经营管理观念，把优秀传统文化与现代观念意识结合起来，形成了一种综合性企业文化，推动了企业的长足发展。

案例之六：海尔的企业文化

海尔的精神：敬业报国，追求卓越

海尔的作风：迅速反应，马上行动

海尔的理念：

▲用人理念：人人是人才，赛马不相马

▲质量理念：优秀的产品是优秀的人干出来的

▲营销理念：先卖信誉，后卖产品

▲市场理念：只有淡季思想，没有淡季市场

▲售后服务理念：用户永远是对的

▲生存理念：永远战战兢兢，永远如履薄冰

小 结

中国有句古语：上下同欲者胜，风雨同舟者兴。在人本管理思想思潮逐渐为人们所接受的今天，企业文化也正发挥着越来越大的作用。强大的企业文化已经成为一种生产力，必将会与资金技术一样成为重要的生产要素。现代企业之间的竞争，不仅包括硬件水平的竞争，企业文化价值观对环境的适应性也将成为关键因素。

企业文化与其他管理活动一样，最终目的是要通过对职工的激励和提高职工间的凝聚力来增强企业运作效率。因此，企业文化建设要结合企业经营特点和文化背景来进行。

管理前沿专题

一、企业流程再造

20世纪60、70年代以来,信息技术革命使企业的经营环境和运作方式发生了很大的变化,而西方国家经济的长期低增长又使得市场竞争日益激烈,企业面临着严峻挑战。

在这种背景下,哈默与钱皮提出应在新的企业运行空间条件下,改造原来的工作流程,以使企业更适应未来的生存发展空间。

(一) 企业流程再造的概念

企业流程再造(Business Process Reengineering,BPR)是指为了在衡量绩效的关键指标上取得显著改善,从根本上重新思考、彻底改造业务流程。其中衡量绩效的关键指标包括产品和服务质量、顾客满意度、成本、员工工作效率等等。

电子商务流程再造是组织为满足顾客的要求和市场竞争的需要,充分利用Internet/Intranet技术,对组织内部以及组织之间的商务流程进行重新的设计和建立,以达到资源及时准确共享的目的,从而降低成本,提高效率和质量。

BPR从现代组织学的观点看,属于组织转型的范畴;从管理理论学派划分的角度看,起源于管理过程学派,是对管理过程学派的创新;从管理理论的经济学原理看,是对古典分工理论的否定,提出了"合工"的思想。BPR并不是一门科学,而是电子商务时代的一种管理技术。

BPR是供应链、工作流、物流、信息流、资金流的接口,是企业快速响应市场需求的重要技术方法。基于因特网、WWW和电子商务的企业流程再造是使企业最大限度地连接到全世界,成为包括全球性的企业,不断改变、修正和重组企业过程,包括供应、购买、销售生产和企业运营的全过程,是企业进行理顺和规范化的管理技术。将ERP与BPR相结合,对企业总体结构、组织、流程以及所有的环节进行考察和重组,建立新的管理程序,真正实现企业合理化和现代化。

可以从以下四个方面深入了解企业流程再造的概念:

1. 企业流程再造需要从根本上(Fundamental)重新思考企业业已形成的基本信念,即对长期以来企业在经营中遵循的基本概念如分工思想、等级制度、规模经营、标准化生产和官僚体制进行重新思考。需要打破定势,进行创造性思维。

2. 企业流程再造是一次彻底的(Radical)变革,是脱胎换骨式的改革,抛弃现有的业务流程和组织结构以及成规陋习,而不是修修补补。

3. 企业流程再造可望取得显著的(Dramatic)进步。

4. 企业流程再造从重新设计业务流程(Processes)入手。业务流程是企业以输入各种原材料和顾客需求为起点到企业创造出对顾客有价值的产品或服务为终点的一系列活动。

BPR确定再造的流程包括绩效低下的流程、重要的流程以及具有再造可行性的流程。

BPR与以前渐进式的变革理论有本质的区别，它是电子商务环境下组织的再生策略，需要全面检查和彻底翻新原有的工作方式，把分散的业务流程重新组装，建立一个扁平化的、富有弹性的新型组织。BPR主要是为了大幅度提高企业的整体绩效而对企业的现有业务流程进行彻底的重新塑造；更深层次的含义是以部门为中心的传统企业转变为以流程为中心的新型企业；再进一步，是要求企业走出自身的界限，将企业纳入整个社会系统中重新审视和定位。

(二) 电子商务与流程再造

流程再造是信息技术革命的产物。信息技术的大量应用打破了企业的传统规则，信息技术可以帮助实现传统企业无法实现的工作方式，采用全新的工作流程。电子商务是最新的信息技术的集成和商业应用，对传统商业模式提出的挑战更加深刻，对企业旧规则的突破将更多。通过利用电子商务来改变业务流程，不仅会对流程再造的理论研究提供新的视角，而且在将电子商务的各种技术应用于增加企业价值的过程中，提供了探索其发展的新机会。

电子商务时代，全球一体化的发展和市场空间的不断扩大，使企业之间的竞争日趋激烈，顾客成为企业的主宰，迫使企业以顾客为中心，不断提高企业的满意度。为此，企业必须具有良好的应变能力，不断为顾客提供价格优惠质量过硬的产品。业务流程再造为企业迎接新时期的挑战提供了良好的机遇。一方面，它抛开传统的劳动分工的思想，强调按自然的工作流程组织生产和管理，将原来因任务分工而被分割的流程重新整合为面向用户的完整流程；另一方面，提出包括组织结构变化、新管理系统设计、企业价值与文化重构在内的一整套企业变革的理论框架。电子商务是一种基于因特网的商务活动过程，在此过程中，对企业经营中大量的业务活动进行再造，提高业务管理的集成化和自动化水平，使其管理工作得以有效地运转，业务工作变得准确而便捷，密切了与合作伙伴间的关系，客户与企业融为一体，从根本上改变了企业传统的封闭式生产经营模式，使企业产品的开发和生产完全根据客户需求动态变化。

所以，企业流程再造和电子商务相互补充和促进，利用现代先进的信息和通信技术对企业的流程进行改造和重新设计是电子商务流程再造的重要发展方向，也是电子商务应用推广的重要基础。

(三) 企业流程再造的原则

BPR的指导思想包括三个方面，即顾客至上、以人为本和彻底改造。尽管这些管理变革思想早已提出过，但随着信息技术的发展和人类总体生活水平的提高，已经使得这些管理思想具有新的含义，BPR将使得这些富有新含义的管理思想在实践中得以付诸实现，从而使企业再造运动具有划时代的意义。

1. BPR的立足点充分显示"优化流程"是为顾客提供增值，提高企业效益。减少企业业务过程中不必要的浪费，使得关键业务流程达到合理有效，可以显著地缩短时间，提高业务工作质量和工作效率，降低整个业务流程成本。

2. BPR以客户为中心的原则，客户是企业最重要的资源，本着提高客户满意度而服务并提高企业核心竞争能力。

3. BPR以"速度和效率"为核心，而不是以专业职能部门为核心，在业务流程中体现"以客户为中心"和"以速度和效率为中心"的特征；

4. BPR 以"标准化"为原则,把业务工作流程的"规则"定好,既要满足客户化的业务工作要求,又要考虑 ERP 系统处理的要求。只有定好了规则,才能发挥快捷、流畅、高效运作的性能。

BPR 是以往全部管理科学研究与实践基础上,充分运用现代信息技术和网络技术进行的一场全新的管理革命。流程再造使人们重新认识企业本质和企业运营过程的结果,摆脱僵化的企业观念,使企业具有更为灵活而开放的形态。

从理论上讲,所有企业再造的最终目的是为了提升顾客在价值链上的价值分配,以重新设计新流程替代原有流程的根本目的,就是运用新的组织结构和管理方式更好地为顾客提供所需要的产品和服务,且增加其价值增值的的程度。反映到具体的流程设计上,就是尽一切可能减少流程中的非增值活动,调整流程中的核心增值活动,其基本原则就是 ESIA:

(1) 清除(Eliminate)

清除主要对企业原有流程内的非增加价值活动予以清除。企业内部容易存在的多余非增值环节主要包括过量产出、活动间等待、不必要信息与资源的传递、反复的加工、过量的库存、产品的缺陷、故障和返工、重复的活动、活动的重组、反复的检验以及跨部门的协调所带来的冗余,从而导致效率不高的情况。

非增值活动的清除是所有系统流程再造进行改造的首要目标。如何清除这些活动或使其最小化,同时又不会给流程带来负面影响是重新设计流程的主要问题。

(2) 简化(Simplify)

在尽可能清除了不必要的非增值环节之后,剩下的仍然是应该进一步进行简化。流程中运转的各种要素需要根据流程清除以后的现状加以简化,这些因素包括:流程表格、程序、各方面的沟通、技术的指导、处于关键流程之间而不易觉察到的流程间的组织以及经常出现问题的区域。

(3) 任务整合(Integrate)

对流程的任务体系充分简化以后,需要对被分解的流程进行整合,以使流程通畅、连贯,更好地满足顾客的需求。任务整合过程是一个不可缺少的环节,因为与原有的流程设计和初始时的流程基本要素状况相比,现有的要素情况已经发生了根本性的改变。作为流程承担者的人,对于任务或是信息的处理能力大大增加了,原先不得不交给几个人的任务,现在一个人就可以完成,这是对流程任务系统进行整合的原因所在。从流程的整体眼光来看,一个流程可以被整合的主要环节包括:任务、任务的承担者、流程的上下游。

(4) 流程任务的自动化(Automate)

流程任务的自动化并不仅仅是计算机化,对于很多流程,计算机的应用往往使得流程更加复杂和繁琐。因此,在流程自动化之前,应该先完成对流程任务的清除、简化和整合。

在流程自动化阶段,需要注意两个重要的问题。其一,自动化并非对于任何流程的管理与控制都是有效的,它仅能加强那些本身控制和运行良好的流程。对于那些流程本身存在问题还未合理解决的企业,只会在增加费用的同时使得流程更加混乱;其二,在对流程进行自动化改造时,没有必要追求完全的计算机系统支持。主要因为这种方式成本高昂,开发时间较长;另一方面,完全自动化的流程对于流程的变化方面具有极大的刚性,使得它随流程再造而改变的难度变得很大,所以,一般采用二八率的原则,即尽量用 20% 的时间和成本,设计和应用一个能完成 80% 流程功能的自动化系统,以求得流程效率的最大化。

（四）企业流程再造的步骤

BPR 所需变革的规模和范围意味着主要的挑战不是理解和设计流程,而是在于实施这些变革,取得预期的目标。

BPR 的具体步骤包括以下两个方面：

1. 业务流程诊断：包括确定流程的主要问题是什么、问题出在某个流程内部还是出在流程之间的关系上、管理流程与经营流程是否一致。

业务流程诊断首先是要营造业务流程再造的环境,利用先进的技术方法进行业务流程的诊断工作。主要任务包括获得企业高层领导的有利支持；做好企业电子商务流程再造的宣传工作；组成企业电子商务流程再造的工作小组并制订工作计划；确定企业的核心业务流程和选定企业电子商务流程再造的备选流程,以及识别电子商务技术环境。

业务流程诊断主要是再造流程分析和流程重新设计。工作包括：对备选流程的进一步分析；制订流程再造计划；对备选流程进行诊断,分析流程中存在的问题；重新设计流程；设计与之相适应的人力资源结构；选择电子商务平台。

2. 业务流程改造策略：即利用创造性的策略,构造新流程。

利用各种流程再造方法,例如角色扮演、文件处理测试以及工作流设计等方法确认流程进一步改造的机会,将全部流程以直观的方式描述新流程展示给高层管理者。并将采纳的方案就需要对流程各个阶段的人力资源重新组织、信息服务开发和执行、流程程序简化等提供整体的策略方案。

在改造策略实施时必须注意各种问题,如在设计人员资源结构时尽量减少员工的不满；在以新的流程为基础的环境中,对员工的培训十分重要等等。

3. 监控与评价：再造流程的监控和评价包括对在流程再造启动阶段设置的质量目标以及新流程进行动态监控。

对流程的度量需要考虑以下方面：流程表现,即循环期、成本、顾客满意度、资源消耗；信息技术表现,即故障时间、文件减少；生产率指数,即每小时的订单处理,销售数量等。评价阶段和诊断和实施阶段之间的有效反馈是必要的。一方面提供对重新设计流程行为的审计,另一方面也为新流程的进一步调整提供依据。新流程与其使用的信息技术的协调是有一个过程的,而且新流程的执行过程是一个不断调整的过程。

企业再造也译为"公司再造"、"再造工程"（Reengineering）。它是 1993 年开始在美国出现的关于企业经营管理方式的一种新的理论和方法。所谓"再造工程",简单地说就是以工作流程为中心,重新设计企业的经营、管理及运作方式。

二、学习型组织

（一）学习型组织理论概述

1. 从个体学习到学习型组织

学习有三个层次,首先是个人学习,其次是组织学习,最后是学习型组织。对个人学习而言,主要是指认知学习、技能学习和情感学习,而组织学习是将组织作为学习的主体看待的。适应性学习和创造性学习是组织学习的两个阶段,对应而言,学习型组织是一种组织管理模式,组织学习是一个组织成为学习型组织的必要条件。

2. 知识视野的学习型组织

在知识经济时代,工作的性质是以知识和学习为标志的,学习型组织充分体现了知识经济时代对组织管理模式变化的要求。传统方式的组织与学习型的组织有非常明显的不同之处：

(1) 传统的基于命令/执行的工作方式：在投入阶段，利用各种资源，以下达命令为具体活动内容；在中间阶段，工作形式是生产经营过程，以执行命令为具体活动方式；在产出阶段，工作形式主要转向商品和服务，活动形式是完成命令。

(2) 知识经济时代的知识流动及工作方式：知识类型分为环境知识、公司知识和内部知识。环境知识如市场情报、技术、政治因素、供应商关系、客户关系，知识信息由环境流向组织；公司知识如声望、品牌形象、广告和促销的内容，由组织流向环境；内部知识如公司文化、风气、数据、雇员等，由组织流向组织。

从以上对比可以看出，知识经济时代，从知识和学习的角度观察企业，发现(1)和(2)两种截然不同的工作方式，知识经济的企业是以(2)所述的三个知识流促使企业运作的。从知识角度理解学习型组织，组织学习包括自觉的运用知识的获得（技能、观察力、关系的发展创造）、共享（知识的传播）和利用（如何使知识产生效益）三个阶段。

3. 圣吉对学习型组织的研究

麻省理工学院圣吉教授从另一个角度论述学习型组织的，他认为，学习型组织不在于描述组织如何获得和利用知识，而是告诉人们如何才能塑造一个学习型组织。他说："学习型组织的战略目标是提高学习的速度、能力和才能，通过建立愿景并能够发现、尝试和改进组织的思维模式并因此而改变他们的行为，这才是最成功的学习型组织。"圣吉提出了建立学习型组织的"五项修炼"模型。

(1) 自我超越（personal mastery）：能够不断理清个人的真实愿望、集中精力、培养耐心、实现自我超越；

(2) 改善心智模式（improving mental models）：心智模式是看待旧事物形成的特定的思维定势，在知识经济时代，这会影响对待新事物的观点；

(3) 建立共同愿景（building shared vision）：就是组织中人们所共同持有的意象或愿望，简单地说，就是我们想要创造什么；

(4) 团队学习（team learning）：是发展成员整体搭配与实现共同目标能力的过程；

(5) 系统思考（systems thinking）：要求人们用系统的观点对待组织的发展。

根据上述的修炼技术，学习型组织应具有以下特点（见图 8-1）：

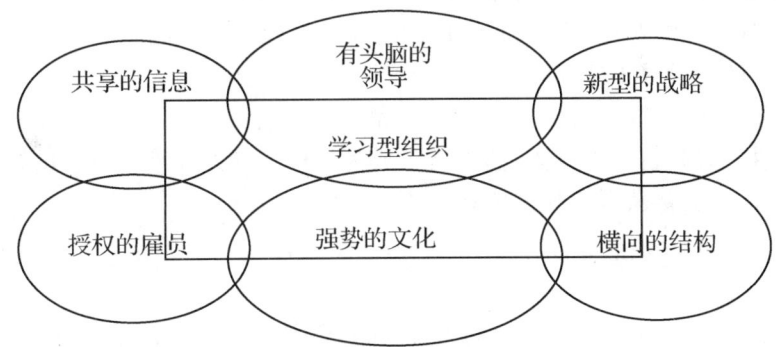

图 8-1　学习型组织

所谓学习型组织，就是充分发挥每个员工的创造性的能力，努力形成一种弥漫于群体与组织的学习气氛，凭借着学习，个体价值得到体现，组织绩效得以大幅度提高。

4. 实现学习和工作的组合

工业时代的许多组织不能称为学习型组织，是因为存在两种分离：从组织角度看，工作与学习的分离；从个人角度看，是工作与知识的分离。前者导致组织绩效中没有学习而带来的改善，后者则妨碍了个体成长。而整合学习、工作与知识的方法，就是创建学习型组织。在成熟的学习型组织中，学习和工作是融为一体的，员工要成为学习型组织的一员，而管理者则要千方百计的提高组织的学习能力。这一方面要求有高素质、自我超越的员工，另一方面在于管理者的认识。

（二）激活学习型组织的细胞

1. "自我超越的人"的假设

员工是组织的细胞，如何看待员工，即对人性有何种假设，是进一步讨论的出发点，同时"激活组织细胞"也是建立学习型组织的关键工作。

（1）理性经济人：人的一切行为都是为了最大限度满足自己的利益，人是由经济诱因引发工作动机的，人的行为通常是合乎理性、精打细算的。

（2）X 理论：人性是懒惰的，缺乏雄心、没有责任感，以自我为中心，反对改革。

（3）Y 理论：基本上与 X 理论相反，认为激发人的潜力和责任心是管理人的工作。

（4）超 Y 理论：人的需求和动机是不同的，因此管理上就不存在对一切人都适用的人性假设。

（5）学习型组织的人性观：从理性经济人、Y 理论的社会人再到超 Y 理论的复杂人，反映了对人性的认识的不断深化。在学习型组织中，人被看作是不断成长的人。

2. 自我超越的修炼

个人美梦通过组织才能实现，组织的发展必须以个人发展为基础。在学习型组织中，个人的自我超越是必不可少的条件，而只有在学习型组织中才有自我超越的环境。

组织中个体的自我超越需要把握以下几个方面：

（1）建立个人愿景：一种期望的未来景象或愿望；

（2）保持创造性张力：愿景与现实的差距，是创造力的源泉；

（3）看清结构性冲突：愿景和现实的差距带给人们心理影响，即人性的意志力能否战胜阻力；

（4）诚实地面对真相：要义是根除看清真实状况的障碍；

（5）运用潜意识：使内心真正关注的目标清晰地展现在人们的脑海。

3. 管理者与员工关系的新格局

将员工视为自我超越的个体，意味着员工和企业的关系发生了根本的变化，从雇员到共同创造者。通过自我超越这项修炼，使得员工成为积极主动的从事创造性的知识工作者，不仅被赋予权力，而且直接获得工作的内在热情。

（三）构建学习型组织的团队

1. 工作群体和团队

团队是从工作群体发展起来的，是学习型组织的基本工作单位和学习单位。团队学习在学习型组织中的作用体现在：它是学习型组织的基本构建单位，是学习型组织的基本学习方式，是构建学习型组织的基本过程。从另一个角度看，学习型组织是团队思想的一种引申，或者说它是以团队运行为基石的。

(1) 团队的形成：工作群体的形成——震荡阶段——规范化——修整。

(2) 团队的绩效：有效的自我管理团队具有比工作群体更高绩效，这为许多企业所证实。

2. 团队学习的方式

(1) 信息交换会议：是团队通常采用的学习方式。

(2) 特别会议制度：是对信息交换会议的有效改造。

(3) 深度会谈和讨论：是团队学习的两项基本技术。在此列出典型的中国会议方式，它和团队学习精神差别很大。

团队学习的过程可以描述为：事件带来混乱——面对冲突的根源——大容器中探询——激发共同创造力。

3. 团队学习与群体决策技术的比较

群体决策的若干方法：

(1) 脑力激荡法：创造一种进行决策的程序，克服互动群体中妨碍创造性方案的从众压力；

(2) 名义群体法：在决策过程中，对群体成员的讨论或沟通加以限制；

(3) 德尔菲法：不需要群体成员见面外，与名义群体法相似；

(4) 电子会议法：借助计算机技术发展起来的一种群体决策技术。

团体学习与群体技术相比，具有本质上的进步性，表现在：团体学习可以提炼出高于个人的团体智力；可以促使组织具有创造性的同时又产生协调一致的行动；成果随着成员扩散到其他的团体中去，进而在组织中形成学习的气氛。

4. 团队学习的典范——微软

分析微软的经验，对团队的学习有更加感性的认识。从微软的"事后共同分析"、"过程审计"、"休假会"中，可以看出这些团队学习设计都符合：悬念假设、参加者互相视为工作伙伴、有一个好的"过程顾问"。此外，博览会议、自带食品午餐会等提供了员工之间面对面的交流方式。

(四) 检视学习型组织的心智

1. 组织的心智模式

心智模式是指那些深深固结于人们心中，影响人们如何认识周围世界，以及如何采取行动的许多假设、陈见和印象。心智模式影响人们如何看待问题和采取行动。在组织中，心智模式具有多方面的体现，对心智模式的检视是学习型组织的重要工具。组织行为理论认为，组织中也存在拟人化的集体思维或组织的心智模式。组织的心智模式的主要特点：一方面是心智模式，另一方面它存在于群体之中，影响着群体的成员。

从如下的方式差异，可以看出新旧心智模式的比较：

(1) 对于时间，旧：单历程的(一时一事)；新：多历程的(一时多事的)

(2) 对于理解方式，旧：部分的理解；新：整体的理解

(3) 对于信息，旧：最终可知的；新：不确定的、无边界的

(4) 对于增长，旧：线性的、有序的；新：有机的、无序的

(5) 对于管理，旧：控制、计划、预测；新：意味着洞察和参与

(6) 对于工人，旧：分类、专业化；新：多面手、不断学习

(7) 对于动机来源，旧：外部作用和影响；新：内部创造力

(8) 对于知识,旧:独立的;新:协作的
(9) 对于组织,旧:设计出了的;新:逐渐演变的
(10) 对于激励,旧:依靠竞争;新:依靠协作
(11) 对于变化,旧:回避的、令人担忧的;新:正常的、一切都是应该有的

2. 检视组织心智的模式

检视组织的心智模式,是完善组织的心智模式的重要基础。例如,检视就是要把隐藏在企业重要问题背后的假设找出来。应该认识到,检视具有难度,因为这种假设是牢牢地植根于组织的背后,反过来又给组织的成员造成压力。

检视的技术:促进观点多元化;培养探询和辩护的精神。

检视心智模式的工作机制:内部董事会(由 2~3 名资深经理组成,可以在各个组织层次产生);改进企划工作(现在的企划工作是建立在旧的心智模式之上的,遵循新的心智模式建立企划工作,如"情景企划"等)。

3. 诊视大公司的心智模式

大公司一般在经过多年发展已经占据统治地位的大企业,常常会滋生一种特有的思维模式:3C 模式,即:自满(complacency)、保守(conservatism)、自大(conceit)。由于 3C 模式的存在,企业的心智模式大大强化,心智模式得以改善的途径被割断,企业的发展将会遇到难题。因此,从心智模式的角度分析大公司病,就成为一个新的视角。检视心智模式对于企业的长期发展至关重要,而知识经济时代要求我们把检视心智模式提到更高的层次加以认识,从一定意义上讲,知识经济时代就是加速检视心智模式的新时代。

(五)确定学习型组织的共同愿望

1. 共同愿望及其描述

建立共同愿望是学习型组织的一项修炼,共同愿望对于企业的转型和维持现状都有重要的意义。共同愿望的简单说法就是:"我们想要创造什么?"正如个人愿望是人们心中特有的意象,共同愿望则是组织中人们共同持有的意象或景象,它创造出众人一体的感觉,并遍布组织活动的全部,使组织的各种不同的活动融为一体。在学习型组织的开始阶段,组织中个别人们的持有相同的愿望,但是只有人人都衷心向往的愿望,才能成为组织的共同愿望,这需要一个培养的过程。

共同愿望的描述:根据奋斗目标描述愿望,可以是定量的也可以是定性的;依据"共同敌人"描述愿望;依据"角色榜样"描述愿望;依据内部转型的构想描述愿望。

2. 建立共同愿望的意义

没有共同愿望,就没有学习型组织。无论转型企业和维持现状企业,共同愿望都起着重要的作用。

转型企业的愿望分析和组织转型共同愿望的作用:

(1) 产生急迫感:识别和讨论危机和机遇;
(2) 建立强有力的领导联盟:群体成员协同作战,发挥高阶层的核心作用;
(3) 构建愿景规划,设计实现愿望的战略;
(4) 沟通愿景规划;
(5) 授权他人实施愿景规划;
(6) 计划并实现短期目标;
(7) 巩固已有成果,深化改革;

（8）使新的工作制度化。

维持现状企业的愿望分析：斯坦福大学的教授们，通过观察许多企业的成长情况，得出结论：当前核心价值和长远愿望规划的统一是维持现状企业愿望核心。

3. 共同愿望的修炼

（1）鼓励个人愿望：共同愿望是由个人愿望会聚而成的，通过会聚个人愿望，共同愿望才能获得能量。必须不断的鼓励成员发展自己的个人愿望，然后把拥有强烈目标感的成员结合起来，可以创造强大的综合效果。

（2）改进高层做法：抛弃原有的从高层开始的做法，要从告知、推销、测试、协商和共同创造五个阶段，建立组织的共同愿望。

（3）学习聆听他人：善于建立共同愿望的管理者，需要在日常谈论这个过程，并与日常生活联系在一起，这样突出的特点就是具有互动性。

（4）融入企业理念：建立共同愿望是企业基本理念的一项，其他理念还包括：目的、使命、价值观。企业的基本理念要回答三个基本问题：追寻什么、为何追寻、如何追寻。追寻什么：追寻愿望一个大家共同创造的未来景象；为何追寻：企业的目标和使命，组织存在的根源；如何追寻：在达成愿望的过程中，核心价值观是一切行动、任务的最高依据和准则。

4. 共同愿望夭折的原因

（1）缺乏协调的能力；

（2）创造性张力消失；

（3）专注的时间不够；

（4）对新的愿望产生分歧。

（六）把握学习型组织的核心

1. 系统思考的管理观念

锻炼系统思考工作是创造学习型组织的核心工作。系统本质上是处于一定的相互关系中并与环境发生关系的各组成部分（要素）的总体（集）。概括的讲，系统思考的管理观念是指管理主体自觉的运用系统理论和系统方法，对管理要素、管理组织、管理过程进行系统分析，旨在优化管理的整体功能，取得较好的管理效果。

2. 学习型组织的系统思考

学习型组织系统思考的基础：系统动力学。系统动力学强调的是相互作用，作为系统动力学研究对象的社会经济系统本身处于千变万化的运动过程，其构成要素（生产力、人力、物力、财力、技术等）都表现出系统动力学的相互作用的本质。

学习型组织系统思考的层次有三个：

（1）事件层次上的思考：采取反应式的行为，结果是"专注于个别的事件、局限思考、归罪于外等"。

（2）行为变化层次的观点：能顺应变动中的趋势，但容易造成学习障碍，如：从经验中学习，但习而不做等；

（3）系统结构层次的观点：能改造行为的变化形态，超越了事件层次和行为层次的局限，专注于解释是什么造成行为变化的形态，例如：对于制造和销售一体的企业，系统结构层次的观点必须显示发出的定单、出货、库存如何变动，从互动中寻找货物不稳定与扩大的效应。由于结构才能触及行为背后的原因，进而进行行为改造。

3. 学习型组织系统思考的工具

学习型组织系统思考的要义就是在于看清复杂事物背后结构的形态。由于这种形态结构一再出现，圣吉给出了它们的基本模型，称为系统基模。不断增强的反馈、反复调节的反馈、时间的滞延是系统基模是三个主要方面。不断增强的反馈是成长的引擎，包括经常听到的词语如滚雪球效应、连锁反应、恶性循环都是不断增强的反馈。反复调节的反馈是系统追求稳定和平衡的一种力量，一个调节的系统就会自我修正，以维持这种状态。时间的滞延是行动和结果的时间差。学习型组织系统思考就是这样一个过程，通过增路循环、调节循环与时间滞延进行的。圣吉根据这些基本的过程，建立了反应迟缓的调节环路、舍本逐末、目标侵蚀、恶性竞争、成长上限、共同悲剧等模型。

4. 系统思考在学习型组织中的位置

系统思考的核心作用：

（1）系统思考和自我超越的修炼：用系统思考的语言和方式指导自我超越的修炼，在系统思考的指引下，个人修炼将彰显自我超越的几个方面，如对环境的认同感、对整体的使命感。

（2）系统思考与团队学习：系统思考的工具对于团队学习是至关重要的。在团队学习中，讨论和深度会谈能够持续下去，必须克服许多障碍。系统思考的方法帮助我们从组织发展的整体上认识出现障碍的原因，从而跳出个人的圈子。

（3）系统思考与改善心智模式：管理者必须学习如何反思他们现有的心智模式，直到习以为常的假设公开接受检验。根深蒂固的心智模式将阻碍系统思考的产生，反过来。系统思考对于有效改进心智模式也是至关重要。

（4）系统思考与建立共同愿望：系统思考是建立共同愿望的沃土。共同愿望描述的是未来的状况，而系统思考则揭示了通向未来的必由之路。有了系统思考，组织中的人们可以清楚的了解现有的政策和行为如何创造或改变现状，找到启动现实的杠杆。一个信心来源就建立起来了；适合建立共同愿望的沃土就开发出来了。

5. 学习型组织的整合

个人的自我超越是整个学习型组织的基础。它为学习型组织提供了宝贵的人力资源，团队的学习都依赖个体的努力，比如改进心智模式、建立共同愿望、系统思考等。

团队学习是一种组织内部的学习，团队学习既是团队的活动内容，同时又是检视心智模式、建立共同愿望的载体和手段。

检视心智模式和建立共同愿望，从时间上看，前者针对业已形成的"组织记忆"，是组织从记忆中学习的体现，后者则是对未来生动的描述，对组织的成长起牵动作用。

系统思考是学习型组织的灵魂。它提供了一个健全的大脑，一种完善的思维方式，个人学习、团体学习、检视心智模式、建立愿望，都因为系统思考的存在，连在一起，共同达到组织的目标。

（七）描摹学习型组织的结构

1. 学习型组织结构的演进

组织的行为和组织的结构是组织的统一体，学习型组织不同于以往的横向或纵向的组织结构。典型的学习型组织表现为网状结构、以地方为主的扁平结构，且在实践中不断变化，将运作和学习融为一体。

基本的组织结构：纵向层级的结构（职能式、事业部、矩阵式结构）。在横向联系上取得突破的是矩阵式结构，但是，矩阵式结构并没有从本质上改变权力支配的作用，许多公司发现,矩阵结构的建立和维持很困难。

学习型组织的网状结构:学习型组织对组织结构的突破就是雇员为公司战略做出以往不能达到的贡献,组织的网状结构中,其不同部分在独立地调整和变革的同时也在为组织的整体使命做出贡献。

2. 以地方为主的扁平式结构

地方为主是学习型组织网状结构的主要特点。学习型组织日益成为以地方为主的扁平式组织,这种组织会尽最大可能将决策权延至离高层最远的地方。"地方为主"的意思是:决策权向组织的结构下层移动,尽可能地让当地决策者面对所有的课题。

采取地方为主的网络结构是知识经济对组织结构的本质要求。因为当我们对自己的行动有真正的责任感时,学习的速度也最快。在知识经济时代,知识就是一种主要资源,知识的分布影响着组织结构。以地方为主的扁平式结构代表着组织结构的方向。与此对应,一些官僚色彩浓厚、"高耸"的传统结构目前都遇到了一些困难。例如,美国的 GE 具有光荣的历史,但是从 70 年代以来,陷入了困境,自从 GE 总裁韦尔齐上台以来,认为 GE 的突破点就是组织结构变革,主要包括三个方面的内容:精简(削减人数达 30%)、扁平化(等级层次平均减少 4 个)、有弹性(适应外部变化、有弹性的灵活组织)。GE 重新恢复生机,而且韦尔齐本人也被喻为"管理奇才"。

以地方为主的扁平化结构,对于传统的领导观念是个极大的冲击。这是因为,在知识经济时代,首先,变革仅从高层领导开始,组织很难发生实质性的变革;其次,没有员工参与的领导行为,只能造成服从而没有参与;第三,高层的判断经常失败。而在未来的学习型组织中,将会出现自上而下、自下而上、平行交流的全方位变革模式,最终目的就是形成平等交流的网络。

3. 不断变动的有机结构

创建学习型组织是要比竞争对手学习得更好、变化得更快。然而组织问题的根本解决就是学习型组织能够形成不断变动的有机结构。不断变动包括:变化、稳定;集权、分权;单一性和多样性等一系列相反倾向,同时又能保持连贯的内聚作用。

对不断变动的必要性的描述,虽然着力点不同,但是主要特点都是寻找两个不同方向(全球化与地区化、稳定与变化、集权与分权、常规与创造等)之间微妙的平衡。这些不同方向的管理观点本身并没有绝对的好与坏,问题就是在于它们与什么样的环境相匹配,同时是否超过了必要的限度。总之,学习型组织的有效管理,表明组织始终是在寻找最佳效益状态的微妙平衡。

4. 运作与学习融为一体

与以往所有的组织形态不同的是,学习型组织代表着一种随时间、环境而不断变化的形态。学习型组织体现为一个过程,一旦过程的动态特征消失,学习型组织将演变为一个僵硬的"运作型组织"。学习型组织意味着变化正在进行着。因此要防范学习型组织转向"运作型组织"。在知识经济时代,由于环境的急剧变化,组织必须及时调整结构,因为昨天的成功不能代表明天继续成功。

(八) 探索学习型组织的活力

1. 组织活力的直观验证

学习型组织受到人们关注的主要原因就是它本身具有的活力。从员工和组织的关系来看,创建学习型组织就是提高员工与组织相互忠诚度的过程。从组织适应社会环境的角度来看,学习型组织强调将组织与周围的关系看成一个系统。这些方面极大的提高了学习型组织的活力。

学习型组织能够带来活力的主要概念就是:学习曲线。学习曲线就是随着累计产量的提高单位成本下降的趋势。造成学习曲线的主要原因:劳动技能不断提高、管理者发现更好的制造方法、简化的设计方法、引进新的制造技术等。实际上,学习型组织中有许多学习以及由此得来的改进,是每时每刻都在发生的。

2. 对学习型组织的经济分析

学习型组织与较高的经济绩效相联系,从直观上看,是因为学习曲线的存在。但是,只有在学习型组织中,这种获利相比较传统企业越发明显。学习型组织的获利体现在:从降低成本中获利,从灵活性上获利。对应而言,学习型组织中,不断改进的变化是没有成本的。传统的观点认为,学习型组织必然存在成本(时间延长、培训费用等),事实上因为学习和问题的解决是生产运作过程中,不可分割的一部分,改进是连续的、生产力持续提高,如果学习型组织以生产为中心而停止考虑改进,才会产生巨大的成本。例如:员工的建议很快得到反馈、评价和实施,使得节约成本等等。

3. 新的测评办法

学习型组织的创建和发展,要求对新的绩效测评体系做出修正。一种新的把学习和创新列入测评体系的平衡记分测评法,就是针对学习型组织的。平衡记分测评法是从四个方面来观察企业,它向经理们提出四个问题:顾客如何看我们(顾客角度)？我们必须擅长什么(内部角度)？我们能否继续提高并创造价值(创新和学习角度)？我们怎样满足股东(财务角度)？在这里,从创新和学习角度进行测评,要求经理们在一段时间内有所改进,而不能躺在荣誉上睡觉！

(九) 拓展学习型组织的空间

1. 企业内部层次的创建

组织的规模不同,但是都可以向学习型组织迈进。甚至有人说,我们的社会正在迈向学习型组织的社会。从实际运用的角度,把企业拓展学习型组织空间的做法,看作是一个连续不断的过程,在这个步骤中,包括三个层次的空间:企业内部的学习型组织、作为学习型组织的企业和学习型组织的联盟。

企业在创建学习型组织的过程中,应从内部高阶团队开始,一步一步拓展学习型组织的空间、最终建立一个学习型组织的企业。从企业内部进行学习型组织的拓展的主要形式有:从高阶团队突破、从职能部门突破、建立学习型组织的实验室。

2. 作为学习型组织的企业

在企业的层次上,学习型组织主要有两种体现形式,一种是校办企业,另一种就是作为学习实验室的企业。作为学习型组织的企业与传统企业明显不同,一个完整的学习型组织的企业表现为一个完整的系统,美国学者马恰德提出学习型组织的一个复杂的系统:学习子系统,组织子系统,知识子系统,员工子系统,技术子系统。

3. 在联盟中学习

企业的实践表明,随着企业关系的改变,一种联盟形态的学习型组织正在逐步兴起之中。表现为:企业关系的改变:从单纯竞争到合作中的竞争;在联盟中学习:两极学习型组织,例如公司 A 与 B,两极学习包括 A 加 B,A 乘 B 两种情况。联盟中学习的目的:通过学习扩展能力、通过学习转换能力。

构建联盟形态的学习型组织必须具备以下条件:联盟的合作者必须相互信任、鼓励员工为联盟学习、确立联盟的共同愿望、提高跨文化的理解力等许多方面。

(十) 开展学习型组织的演练

1. 学习型组织在国内发展现状

学习型组织发起于西方管理学界和企业界,近年来,我国不少企业也对创建学习型组织充满兴趣。但是,真正开始学习型组织演练的企业并不太多,不过有望在不远的将来形成一个热潮。总的来说,对学习型组织前期的研究和推广,基本上还停留在较小的范围,值得一提的是我国台湾学习型组织热,在企业界掀起了改造学习型组织的热潮。

2. 对待学习型组织的正确观念

企业的经验表明,开展学习型组织的演练是提高企业活力的有效办法,是应对知识经济的必然选择。虽然企业的具体环境不同、基础条件有差异,但是在迈向学习型组织的过程中,许多共性的东西是值得相互借鉴的。其中,树立对学习型组织的正确观念是主要因素,主要包括:广泛适用的观念、重点突破的观念(自我超越和提高员工素质、建立共同愿望和提高组织向心力、系统思考与提高组织的思维水平等)、不断修炼的观念、综合运用的观念。

3. 联想:创建学习型组织的典范

联想集团创建于1984年,诞生以来一直健康迅速发展,成为行业的优秀企业和成功的典范。联想的成功是有多方面的原因的,但不可忽视的是联想极富特色的组织学习实践,使得联想能够顺应环境的变化、及时调整组织结构管理方式,从而健康成长。联想具有以下几个组织学习方式:从合作中学习(与惠普、英特尔、微软东芝等保持良好的合作关系)、向他人学习(前车之鉴后车之师,他山之石可以攻玉,以及向顾客学习等)、从自己过去的经验中学习。联想的学习机制:会议、教育和培训、领导议事机制、委员会和工作小组。联想的组织学习保证和促进机制:"鸵鸟理论"(只有比别人有非常明显的优势时,才具有竞争优势)、建立共同愿望(把联想建设成为长久的、有规模的高技术企业)、企业文化认同、领导以身作则、及时调整组织结构、人员合理流动、建立健全管理制度、合理的知识收集、传播和利用。

三、知识管理

知识管理是近年来管理界最为关注的课题之一,它是基于新的经济形态——知识经济的出现以及人们对知识与管理两方面内涵的更深层次的理解而逐渐发展起来的。

(一) 何为知识管理

知识管理作为一种全新的管理学理论,目前还没有一个为大家所广泛认可的定义。几种较有代表性的知识管理定义列举如下:

1. 卡尔·费拉保罗认为:"知识管理就是利用集体的智慧提高应变能力和创新能力,是为企业实现显性知识与隐性知识共享提供的新途径。"

2. Marianne Broadbent认为,知识管理是挖掘并组织个人及相关知识以提高整体效益的一种目标管理流程。也就是说,通过信息管理及组织学习来提高整个组织的知识水准,其目的是获取商业利益。

3. Gartner Group认为:"知识管理是通过对企业组织能力的提升,成功地达到对企业信息的掌握、鉴别、检索、分享与评价。这些信息不仅包括数据、文献,还应包括有企业成员头脑中从未被重视过的隐性知识及专业经验。"

4. David J Skyrine认为:"知识管理是对重要知识及其创造、收集、组织、使用等一系列流程的显性的、系统化管理。它注重于将个人的知识转化为组织的知识并使之得到适当的运用。"

5. 达文波特教授指出："知识管理真正的显著方面分为两个重要类别：知识的创造和知识的利用。"

6. 美国生产力和质量中心（APQC）认为知识管理应该是组织一种有意识采取的战略，它保证能够在最需要的时间将最需要的知识传送给最需要的人。这样可以帮助人们共享信息，并进而将之通过不同的方式付诸实践，最终达到提高组织业绩的目的。

（二）知识管理的基本特征

1. 积累是知识管理的基础

这是企业内开展后续知识管理战略的基础。比如一个企业的档案管理体系，将公司内有价值的文件归档。比如企业的信息系统，将企业的业务数据保存下来。这些都为未来的企业进行决策和判断提供了事实基础。《麦肯锡方法》中提到麦肯锡公司解决问题的程序的第一步就是：以事实为基础。事实是友善的，作为知识创新的土壤，有了宝贵的知识积累，知识创新才能成为可能。比如美国福特公司积累了大量的发动机实验数据、撞车数据，利用这些数据，可以迅速进行计算机的模拟测试。比如通过模拟测试，发现有一种噪音实际是从地板上产生的，而不是其他原因。这样发现了噪音源就是一个重要的突破，为设计新的低噪音的汽车提供了宝贵的依据。相反，对准备进入这个领域的竞争对手而言，他们就会发现这个优势是无法模仿的。

不断将分散在各个员工头脑中的零星知识资源整合成强有力的知识力量，是知识管理的目的，通过对知识积累和应用管理使企业能够更好地运用企业的人才资源，提高对市场的应变能力和创新能力。

2. 共享是知识管理的价值体现

如果知识只是积累，而没有提供共享和交流的手段，没有形成知识在企业内部的自由流淌，那知识积累的价值就没有得到体现。从现今的经济来看，经济模式从封闭性、地区性向开放性、全球性转变。故步自封的想法是可笑和危险的。将企业内宝贵积累的知识在企业内共享和交流。让知识共享成为一个企业的文化。那么一个项目的失败的教训，会为企业所有项目借鉴。一个项目的成功的经验，也会为企业所有项目学习。将一个项目的个体行为，拓展成一个企业的整体行为，将提高企业利用知识的整体价值。

知识管理的核心目标之一是鼓励相互协作，培育知识共享的环境。知识只有通过互相交流才能得到发展，也只有通过使用才能从知识中派生出新知识。知识的交流越广效果越好，只有使知识被更多的人共享，才能使知识的拥有者获得更大的收益。在知识交流管理中，如果员工为了保证自己在企业中的地位而隐瞒知识，或企业为保密而设置的各种安全措施给知识共享造成了障碍，那么将对企业的发展极为不利。知识不进行充分的交流，就无法使其为大多数人所共享，也就无法为企业的发展作出贡献。知识交流管理的目的是要在企业内部实现知识共享。

3. 创新是知识管理的最终追求

它是企业知识管理的终极标靶。知识是创新的源泉，有了知识的积累后，并有了知识在企业内部共享的文化，共享成为企业员工的一种标准行为，才能在企业内部形成脑力激荡，才能产生具有高知识含量的产品。而这时的产品已不过是知识的物质体现。我们可以看到很多著名的公司在创新方面表现出的非凡活力，比如摩托罗拉公司最初是生产汽车收音机和无线电话。

对一个企业来说，迎接知识经济必须首先促进本企业的知识化，包括生产过程的知识化、劳动者的知识化、管理的知识化和生产产品的知识化。促进企业知识化的重要举措就要进行知识和技术创新、大力引进知识和技术、激发员工学习和利用知识技术与经验、加大科技投入、开展员工知识与技术培训等。

(三) 实施知识管理的步骤

首先：确定公司的战略目标和核心竞争力在哪里

由于知识管理不能脱离公司的目标而独立存在。它必须与公司的总体战略目标相一致，才能有生存和发展的基础。神州数码的长远目标是"做一个长久的、有规模的、高科技的百年企业。"根据这个战略目标制定出神州数码的知识管理战略规划书，即"长久的"——知识必须有积累；"有规模的"——知识必须能在大范围内共享；"高科技的"——管理的知识必须能提炼成高附加值的。

其次：确定公司知识管理的重点领域是哪些

首先明确公司的核心竞争力是哪些？比如神州数码强大的市场渠道能力、运作能力。公司哪些业务是未来的发展重点？比如神州数码网络产品的研发，软件产品的研发。分析公司潜在收益最大的环节等等。从而确定组织内部优先实行知识管理的部门或流程名单。可以采用"得分卡"方式对各个需要改进的环节或流程进行一个实施知识管理的综合衡量，定义出实施的先后次序。力争找到投入最小，见效最快的环节，可以在企业内部起到示范的作用。

再次：对引入知识管理管理的业务环节或流程进行分析

分析该项业务环节或流程想要做到什么，而做到这些必须具有什么能力。比如我们经常说某事必须要某人来做，才能顺利完成。这里的某人所具有的能力和技能，就是在这个环节进行知识管理的内容。将这些管理起来，就能达到该项业务环节或流程想要做到什么的目标。并分析该环节现有的知识，包括显形知识和隐性知识，存放在哪里？制定出它的知识树状图。

第四步：根据上述分析，制定相应的知识管理方案

该项业务环节或流程的知识需求是哪些？得到这些知识的障碍在哪里？制定出破除障碍达到目标以及选择相应的最成熟的工具。制定出知识管理实施的计划书。

最后：对引入知识管理的业务环节或流程进行实施前和实施后的评估

了解知识管理策略是否对该项业务有了明显的和可衡量的效果，同时也是对前期分析和知识管理实施的一个检测。并根据评估的结果来调整公司的知识管理计划。

通过在企业内部实施上述知识管理步骤后，将在企业建立起知识管理系统。它包括：

企业的知识中心：注意这里不是简单的信息中心的概念。包括企业知识的评估和收集系统，成为企业对知识贡献的评价体系。

企业知识检索系统：能为员工提供更加智能化的知识检索，而不是简单的一种搜索结果的堆积。

企业的专家名录：通过知识管理将提炼出企业的各项业务的专家和专长，为企业解决问题提供最佳人选和组合。

参 考 文 献

1. 单凤儒. 管理学基础(第三版). 北京:高等教育出版社,2007
2. 武智慧. 管理学基础. 北京:科学出版社,2007
3. (美)斯蒂芬·P·罗宾斯. 管理学. 北京:中国人民大学出版社,2004
4. (美)理查德·L·达夫特. 管理学(第五版). 北京:机械工业出版社,2005
5. 李大军. 中外企业文化知识500问. 北京:企业管理出版社,2002
6. 徐国良,王进. 企业管理案例精选精析. 北京:经济管理出版社,2003
7. 余秀江,张光辉. 管理学原理. 北京:中国人民大学出版社,2004
8. 吴志清. 管理学基础. 北京:机械工业出版社,2006
9. 张德. 企业文化建设. 北京:清华大学出版社,2003
10. 王建民. 企业管理创新理论与实践. 北京:中国人民大学出版社,2003
11. 孙健民. 人力资源开发与管理. 北京:中国人民大学出版社,1999
12. 梁绍川. 企业文化与管理方式. 广州:暨南大学出版社,2002
13. 陆国泰. 人力资源管理. 北京:高等教育出版社,1999
14. 马陵. 疆界的终结:全球化. 北京:新华出版社,2001
15. 杨文士,张雁. 管理学原理. 北京:中国人民大学出版社,2000
16. (美)伊查克·爱迪思. 把握变革. 北京:华夏出版社,2001
17. (美)彼得·德鲁克. 卓有成效的管理者. 上海:上海译文出版社,2000
18. 郑立梅. 管理学基础. 北京:清华大学出版社,2007
19. 阚雅玲,朱权,游美琴. 管理基础与实务. 北京:机械工业出版社,2008
20. 郑文哲. 管理学原理. 北京:科学出版社,2005